인간 감성으로 풀어보는
행동경제학 이야기

최성희 지음

Σ 시그마프레스

인간 감성으로 풀어보는
행동경제학 이야기

발행일 | 2022년 8월 25일 1쇄 발행

저　자 | 최성희
발행인 | 강학경
발행처 | ㈜시그마프레스
디자인 | 김은경, 이상화, 우주연
편　집 | 윤원진, 김은실, 이호선
마케팅 | 문정현, 송치헌, 김인수, 김미래, 김성옥

등록번호 | 제10-2642호
주소 | 서울특별시 영등포구 양평로 22길 21 선유도코오롱디지털타워 A401~402호
전자우편 | sigma@spress.co.kr
홈페이지 | http://www.sigmapress.co.kr
전화 | (02)323-4845, (02)2062-5184~8
팩스 | (02)323-4197

ISBN | 979-11-6226-402-7

<big>행</big>동경제학의 학문적 인기는 매우 높습니다. 유명 행동경제학자들을 초빙하기 위한 영미권 대학들의 노력은 치열하며, 행동경제학에 관심이 높아진 미래의 대학원생들을 받아들이기 위해서 대학원들은 행동경제학에 특화된 석사 및 박사 학위 프로그램을 경쟁하듯 개발하고 있습니다. 소위 Top-Tier에 속하는 150개 이상의 미국 대학교들의 경제학과 교과목 목록을 보면 행동경제학 관련 강의가 매 학기 개설되고 있으며, 학생들의 수강 신청 인기도 매우 높은 것으로 알려져 있습니다.

하지만 국내의 상황은 외국의 상황과 많이 다릅니다. 행동경제학 강의가 개설되는 국내 대학교 경제학과의 수는 매우 적은 것으로 확인됩니다. 전 세계적으로 행동경제학에 대한 관심이 고조되고 있음을 우리는 연일 매스미디어를 통해 접하고 있지만, 막상 우리나라 대학생들이 행동경제학을 배울 수 있는 대학의 교과목 수강 기회는 극히 제한적이라는 안타까운 현실만 마주할 뿐입니다.

행동경제학을 대학 강의로 들어보고 싶지만 그 기회가 희소한 국내 대학교의 수많은 학생들을 위해, 저는 "인간 감성으로 풀어보는 행동경제학 이야기"라는 K-MOOC 원격 강의를 만들었습니다. 경제학 전공자가 아닌 타 전공의 학생들도 행동경제학에 대한 개념을 이해하고 학습할 수 있는 강의이며, 이 책은 바로 이 강의에 맞추어진 저서입니다. 따라서 저는 독자가 이 책을 읽을 때 마치 제 원격 강의를 듣고 있는 듯한 느낌을 받을 수 있는 문체를 사용하였습니다. 과거 옥스퍼드대학교출판부의 *Clarendon Lectures in Economics* 명서가 강의식 문체를 통해 어려운 경제학 지식을 보다 많은 사람들에게 더욱 친숙하게 전달할 수 있었던 것처럼, 이 책도 다양한 전공의 대학생들에게 친숙하게 다가갈 수 있기를 희망합니다.

이 책과 K-MOOC 강의는 인간 감성의 특징을 다루는 행동경제학의 기초 핵심 지식부터 최근에 떠오르는 흥미로운 주제까지를 최대한 포괄적으로 다룰 것입니다. 행동경제학에서 말하는 감성적 인간의 행동이 완벽하게 합리적인 인간의 행동과 어떻게 다른지 비교할 수 있게, 기존 경제학에서 가르치는 합리적 선택 이론도 비전공자들이 쉽게 알 수 있도록 필요할 때마다 친숙한 예제로 설명하였습니다. 이 책의 독자와 원격 강의 수강생들이 기존의 주류 경제학의 논리로 설명이 불가능한 현실 경제사회의 비이성적 현상들을 보다 정확하게 해석할 수 있는 능력을 함양하는 데 이 책이 도움이 되기를 기대합니다. 또한 경제학, 심리학, 경영학, 뇌신경과학, 사회학, 정치학 등 다양한 전공 학문들이 융복합된 행동경제학을 학습함으로써 학문의 다채로움과 학문 간 유기적 연결성도 즐길 수 있기를 바랍니다.

이 저서를 완성하기까지, 저를 행동경제학과 실험경제학의 세계로 안내해 주고 성장할 수 있도록 도움을 준 사람들에게 감사의 인사를 전하고 싶습니다. 먼저 신제도경제학과 행동경제학에 특화된 경제학 프로그램을 제공해 준 클레어몬트대학교 대학원 경제학과와 클레어몬트대학의 학제 간 교류 시스템에 고마움을 전합니다. 특별히, 신뢰 연구와 신경경제학의 경험을 쌓게 해주신 Paul Zak 교수, 실험경제학 강의 자료와 최신 실험 기법 등을 흔쾌히 공유해 주신 Monica Capra 교수, 그리고 금융시장의 비이성적 행동 패턴에 대한 행동 재무학 주제의 박사 학위 논문을 성공적으로 마무리할 수 있게 도와준 Arthur Denzau 교수, Thomas Willett 교수, Darren Filson 교수에게 깊은 감사의 인사 를 드립니다. 마지막으로 녹록지 않은 국내의 실험 연구 환경에서도 제 실험 연 구실이 지속적으로 운영될 수 있도록 헌신을 다해준 실험실 연구생들과 스태 프에게 고마움을 표합니다.

2022년 5월, 싱그러운 라일락 꽃길이 마주 보이는 연구실에서

차례

제**1**장

합리적 인간과
행동경제학

합리적 인간에 대한 경제학의 역사

행동경제학은 인간의 감성적이고 비합리적인 행동을 연구하는 경제학입니다. 그래서 행동경제학은 인간의 경제적 행동을 완벽하게 합리적이고 이성적인 결과물로 해석하는 기존 주류 경제학과 구별됩니다.

행동경제학이 기존 주류 경제학과 차별점을 갖기 시작하는 부분은 바로 연구대상으로서의 인간을 바라보는 관점입니다. 행동경제학은 인간이 자신의 행동과 의사결정을 완벽하게 합리적이며 이성적인 처리 과정을 통해 만들어 내는 존재라고 생각하지 않습니다. 따라서 행동경제학은 기존 주류 경제학이 간과하는 인간의 비합리적 의사결정 과정을 파악하고, 이러한 과정을 통해 반복적으로 발현되는 인간의 비합리적 행동 패턴들을 보다 올바르게 이해하도록 도와줄 수 있습니다.

그렇다면 행동경제학이 말하는 인간의 **비합리적 행동**은 정말 자주 일어나는 현상일까요? 전술하였듯이 기존의 주류 경제학은 인간의 완벽한 합리성을 전제합니다. 그래서 주류 경제학에서는 합리적 인간이라면 당연히 합리적 의사결정을 내릴 것이며, 이러한 결정은 모두 합리적 결과물일 것이라고 해석합니다. 아마 지금 이 글을 읽고 있는 여러분도 "경제적 의사결정은 당연히 합리적이고 이성적으로 내리지 않나? 아니, 가끔 실수로 돈 계산을 잘못할 수도 있겠지만 대체로 돈과 관련된 의사결정은 금전적 손해가 나지 않게 합리적이고 이성적으로 하잖아?"라고 반문할 수도 있겠습니다. 즉 많은 사람들이 인간의 비합리적 행동은 마치 실수처럼 불규칙하게 가끔 일어나는 현상일 뿐, 규칙적으로 반복해서 자주 일어나는 현상은 아니라고 생각합니다.

저도 이러한 반문에 충분히 공감합니다. 사실 저 역시 인간 행동의 합리성을 절대적으로 지지했던 경제학 전공자 중 한 명이었으니까요. 아마 소위 주류 경제학을 공부한 전공자일수록 **인간의 의사결정은 합리적 사고의 결과물**이라는 확고한 신념을 가지고 있을 것입니다. 왜냐하면, 주류 경제학에 등장하는 인간이라는 존재는 완벽한 합리성을 가진 호모 에코노미쿠스Homo Economicus이기 때문입니다. 호모 에코노미쿠스에 대한 공식적 정의는 없지만,[1] 경제학자들이 통상적으로 정의하는 **호모 에코노미쿠스**의 개념은 다음과 같습니다.

> 오로지 경제적 합리성에만 기초를 두면서 자기 이익을 극대화하기 위
> 하여 개인주의적 행동을 하는 인간

자신의 경제적 이익극대화에 몰두한다는 호모 에코노미쿠스의 일반적 개념에 따르면, 경제적 인간이라는 존재는 따뜻한 느낌보다 매우 차가운 느낌을 가지고 있습니다.[2] 사랑이나 미움, 기쁨이나 슬픔 같은 인간의 감성이 느껴지기보다, 자신의 물질적 이익을 위해 냉철하고 이성적으로 행동하는 인간으로 느껴지기 때문일 것입니다. 호모 에코노미쿠스의 뇌에는 온통 냉철한 이성만이 자리 잡고 있을 뿐, 따뜻한 감성이나 심리적 착각 등은 전혀 존재하지 않아 보입니다.

사실 현재를 살아가는 우리는 대부분 이러한 호모 에코노미쿠스의 일반적

---

[1] 미국 클레어몬트대학교의 Paul Zak 교수는 호모 에코노미쿠스를 "일부 경제 이론과 교육학 등에서 사용되는 호모 사피엔스에 대한 언어유희(wordplay)"라고 언급하였다(Paul Zak, *Moral Markets : The Critical Role of Values in the Economy*, Princeton University Press, 2008, p. 158).

[2] 이준구, 인간의 경제학, 알에이치코리아, 2017, p. 22.

개념에 대해 불편하게 생각하지 않습니다. 오히려 경제적 의사결정자로서의 인간의 모습으로 너무나 당연하게 받아들이고 있지요. 아마도 매우 오랫동안 자유시장주의가 지구촌 경제의 성공 모델로 받아들여지고, 이러한 시장 시스템 아래에서 이익극대화 문제가 경제학의 핵심 가치로 다루어지면서, 호모 에코노미쿠스는 자연스럽게 경제적 인간의 전형으로서 자리를 잡았다고 생각됩니다. 그렇다면 사익 추구를 도모하는 합리적이고 이성적인 인간, 호모 에코노미쿠스를 경제적 인간의 전형으로 삼았던 그 역사적 시작은 도대체 언제였을까요?

그 대답으로서 현대경제학의 아버지로 불리는 애덤 스미스에 대한 이야기를 하지 않을 수 없겠습니다. 경제학 전공자가 아니더라도 애덤 스미스의 **보이지 않는 손**은 들어보셨을 것입니다. 애덤 스미스는 1776년 저서 **국부론**에서 **시장의 보이지 않는 손**을 언급하면서 가격 시스템의 유용성을 설명합니다. 그는 가격에 의해 시장 내 상품의 거래와 분배가 자율적이고 합리적으로 달성되면서 시장의 효율적 분배 능력이 계속 유지된다고 강조하였습니다. 바로 이 **가격**을 **보이지 않는 손**이라고 불렀지요. 가격결정 과정을 통해 상품 거래와 분배가 합리적으로 운영되는 시장이라고요? 그렇다면 이 시장을 움직이는 참여자들, 수요자와 공급자인 인간들도 당연히 합리적이어야 되겠습니다. 그래야 그들이 참여하고 만들어 내는 상품 거래와 분배의 결과 또한 합리적일 테니까요.

다시 말해 **국부론**에서 애덤 스미스는 이러한 시장의 효율성과 합리성을 설명하기 위해 시장에 참여하는 수요자와 공급자 역시 합리적 의사결정자임을 언급한 것입니다. 애덤 스미스는 각자의 이익극대화를 위해 행동하는 인간의 합리성이 전체 경제사회를 효율적이고 윤택하게 돌아가게 하는 원동력이라고 주장하면서, 다음과 같은 문장을 통해 합리적 사익 추구의 정당성을 표현하기도 하였습니다.

> 우리가 저녁 식사를 할 수 있는 것은 정육점, 양조장, 빵집 주인의 자비
> 심 덕분이 아니라 그들이 자기 이익을 중시하기 때문이다. 우리는 그들
> 의 인도주의에 호소하는 것이 아니라 그들의 이기심에 호소한다.[3]

사실, 이 문장은 소위 자본가와 자유시장주의 옹호론자들에게 자주 인용되면서 애덤 스미스 역시 자유시장주의 옹호론자로 많이 알려지게 되었습니다. 즉 애덤 스미스는 "인간이란 자신의 경제적 이익극대화를 추구하기 위하여 매우 합리적이고 이성적인 판단을 내리는 존재다"라는 주장을 선구적으로 펼친 경제철학자로 알려지게 되었는데요. 하지만 애덤 스미스가 말하는 이기심과 합리성은 타인을 전혀 고려하지 않고 자신의 이득만을 고집하는 이기심은 절대로 아닙니다. 애덤 스미스는 사익을 추구하는 이기적 인간이라도 반드시 도덕성이 전제되어야 한다고 강조하였습니다. 오히려 애덤 스미스는 도덕성을 잃어버린 이기적 인간의 사익 추구는 시장의 효율적 작동을 방해한다고 보았습니다. 그는 인간의 이기심을 적절하게 통제하는 도덕적 감성이 자유시장경제의 효율적 작동, 유지 및 성장에 기여할 수 있다고 강조하였습니다.

그러면서 애덤 스미스는 인간이라는 존재를 "사익 추구에 몰두하는 아주 완벽하게 합리적인 존재라기보다는 자신의 도덕적 감성을 의사결정 과정에 반영"하는 존재로 보았습니다. 인간을 도덕적 감성의 소유자로 판단하고, 이 도

---

3) 애덤 스미스, 국부론 Ⅰ, 유인호 역, 동서문화사, 2017, p. 33.

덕적 감성이 자유시장경제 시스템에서 핵심적 역할을 담당한다는 애덤 스미스의 주장은 **국부론**보다 무려 17년 앞서 저술된 **도덕감정론**에 매우 자세하게 나옵니다.[4] 그 자세하고 많은 내용 중에서, 다음 두 문장만 선별하여 소개합니다.

"인간의 경제적 행동은 다양한 심리적 감정들에 의해 영향을 받는다."
"동일한 규모라면 만족보다는 불만족이 더욱 크게 느껴진다."

첫 번째 문장은 원문에서 **Passion, Emotion, Fear, Anger** 등의 인간 심리를 표현하는 단어를 사용하며, 이들이 경제적 행동에 영향을 준다고 분명히 적혀있습니다. 냉철한 이성과 합리성을 가진 **호모 에코노미쿠스**라면, 이런 비이성적 감정들이 결코 경제적 의사결정 과정에 들어오지 않도록 통제해야겠지요. 따라서 애덤 스미스가 **도덕감정론**에서 말하는 인간은 분명히 호모 에코노미쿠스가 아닙니다.

두 번째 문장은 호모 에코노미쿠스라면 절대로 하지 않을 의사결정이기에 더욱 흥미롭습니다. 호모 에코노미쿠스는 **동일한 규모**의 만족과 불만족은 그 절댓값에서 반드시 같다고 느꼈을 것이기 때문입니다. 여러분의 이해를 돕기 위해 이렇게 생각해 보지요. 지금 여러분이 10만 원을 얻었을 때 느끼는 만족감을 한번 상상해 보시고, 그다음에는 10만 원을 잃었을 때의 불만족감을 상상해 보세요. 냉철하게 합리적이고 이성적으로 판단을 하는 사람이라면, 10만 원을 얻었을 때 느끼는 만족감이 10일 경우 10만 원을 잃었을 때 느끼는 불만족감은

---

4) 앞서 **국부론**을 언급하면서 다루었던 '보이지 않는 손(invisible hand)'의 개념도 **도덕감정론**에서 처음 소개되었다.

−10이어야 합니다. 즉 동일한 규모의 만족과 손실이 가지는 느낌은 절댓값으로 동일해야 합니다. 하지만 두 번째 문장은 동일한 10만 원의 규모일지라도, 10만 원을 얻었을 때 느끼는 만족감은 10이지만 잃었을 때 느끼는 불만족감이 절댓값으로 동일한 −10이 아니라 절댓값으로 더 큰 수치인 −(10+α)가 된다는 의미입니다. 아마 여러분이 로또복권에 당첨되어 100만 원의 당첨금을 받았을 때의 만족감보다, 당첨된 줄 알았는데 취소가 되어 이미 받은 당첨금 100만 원을 다시 반납할 때 느끼는 불만족감이 훨씬 더 클 것입니다.

앞에 소개한 **도덕감정론**의 두 번째 문장은 2002년 행동경제학자로서 노벨경제학상을 수상한 대니얼 카너먼의 위험회피 이론과 일치하는 구절입니다. 나중에 보다 자세하게 다루겠지만, 애덤 스미스의 **도덕감정론**에서 이미 인간의 경제적 의사결정 과정에서 이성보다 감성이 중요한 역할을 담당하고 있음이 서술되었다는 것은 경제학적으로 큰 의미가 있습니다. 인간의 이기심은 도덕적 감정에 의해 통제될 수도 있으며, 인간이 이기심이라는 합리성만이 아니라 도덕성과 같은 감성을 가지고 의사를 결정하는 존재임이 현대경제학의 출발점에서부터 주장되었다는 증거가 되기 때문입니다.

미국경제학회를 대표하는 저명학술지 중 하나인 *Journal of Economic Perspectives*에 2005년에 출간된 논문이 있습니다. "Adam Smith, Behavioral Economist"라는 제목의 이 논문에는 애덤 스미스가 매우 다양한 사례를 통해 감성적이고 심리적인 요인들로 영향을 받는 의사결정자로서의 인간들을 묘사한 사실이 기술되어 있습니다. 그래서 이 논문을 읽고 나면 '애덤 스미스가 혹시 최초의 행동경제학자가 아니었을까' 하는 생각이 들 정도입니다.

애덤 스미스 이후에도 인간의 경제적 의사결정이나 행동이 합리적이라기보다 감성적이라는 주장이 계속 나왔습니다. 1910년대 제도경제학파는 경제 이론 연구에 있어 심리학 개념 적용의 필요성을 강조하였습니다. 제도경제학자들은 표현 그대로 **제도**가 경제 현상을 설명하는 가장 중요한 요소라고 판단하는 학자들입니다. 이들은 인간의 심리적·감성적 요인을 중요하게 여겼는데, 그 이유는 이들이 경제 행위를 설명하는 데 있어 핵심 요인으로 간주되었던 **제도의 성격을 독립된 심리적 개체**로 인식했기 때문입니다.

제도는 매우 다양한 개념을 가지고 있습니다. 제도란 법이나 규칙 같은 문서화된 제도도 있지만, 문서가 아닌 관습이나 문화, 이데올로기같이 문서화되지 않는 제도들도 있습니다. 이렇게 다양한 제도의 개념 중에서 제도경제학파는 **습관적 사고**를 주목했습니다. 그들은 인간이 습관적으로 생각하는 사고 체계나 이념, 대상 등이 있다면, 그가 내리는 경제적 의사결정은 이성적이고 합리적으로 이루어지는 것이 아니라 이런 습관적 사고의 방식에 따라 객관성을 갖지 못하고 감정적이고 주관적으로 이루어진다고 주장했습니다. 하지만 20세기 초 중반은 자유시장주의의 경제적 효율성이 강력한 힘을 발휘하며 정치적으로나 학문적으로 전 세계를 호령하던 시기여서, 제도경제학파의 이러한 주장은 그다지 주목을 받지 못하였습니다.[5]

이제 서두에서 던진 질문으로 다시 돌아가 봅시다. 우리는 정말로 완벽하게 합리적 의사결정을 하는 호모 에코노미쿠스일까요? 현대경제학의 아버지라고

---

5) 시기적으로 빌프레도 파레토가 경제학 제요(*Manuale di economia politica*)를 1906년에 출판하면서 소위 일반균형 이론을 완성하고, 파레토최적(Pareto Optimality)을 통해 합리적인 수학 분석이 경제 연구의 핵심으로 자리를 잡게 되면서 자연스럽게 인간의 심리적 분석 연구는 상대적으로 관심을 받지 못하였고 결국 경제학의 영역에서 벗어나게 되었다는 일부 의견도 존재한다.

불리는 애덤 스미스도 18세기부터 자유시장경제체제의 합리적 의사결정자뿐만이 아니라 도덕적·감성적 인간의 존재와 특징, 그리고 그 역할을 주장하였습니다. 20세기 초에는 제도경제학파가 주관적이고 편의적인 사고에 따라 의사결정을 하는 인간을 조명하기도 했지요. 이러한 역사적 문헌들을 참조해 볼 때, 인간을 완벽한 이성의 합리적 의사결정자로 규정하는 주류 경제학의 통념에 이제 물음표를 던져볼 필요가 있겠습니다.

저는 이 저서와 함께 진행되는 K-MOOC 강의를 통해, 인간의 경제적 의사결정이 기존 경제학 통념과는 달리 얼마나 감성적이고 합리적이지 못한 방식으로 이루어지고 있는지를 소개하고자 합니다. 18세기 애덤 스미스의 **도덕감정론** 이후 수많은 경제학자들이 발견한 사실과 그들이 구축해 낸 흥미로운 이론과 연구 결과, 그리고 제가 직접 연구한 결과물과 경험 사례들을 가지고 경제학을 전공하지 않는 사람들도 충분히 이해하고 공감할 수 있도록 하고자 최대한 이야기 형식으로 설명하겠습니다. 물론 "경제학의 언어가 수학"[6]이다 보니 수학적 표현이 부득이하게 제시될 수도 있습니다만, 수학적 표현은 최소화하고 최대한 이야기 형식으로 전개하여 소위 문과 전공자들에게 "경제학은 복잡하고 어려운 학문이다"라는 선입견이나 거부감이 들지 않도록 노력하겠습니다.

지금까지의 이야기를 정리하자면, 행동경제학이란 인간의 감성적이고 심리적인 요인이 작용되어 경제적 의사결정이 내려지는 현상을 연구하는 경제학입니다. 행동경제학의 영어식 표현으로 Behavioral Economics, Psychological

---

6) 광범위하게 인용되는 표현은 "Mathematics is called the language of science"이지만, 미국 펜실베이니아대학교의 George Mailath 교수를 비롯한 수많은 경제학자들이 경제학에 적용시켜 유사하게 인용하고 있다.

Economics 등 다양한 표현이 존재합니다. 한글 번역으로는 행동경제학, 행태경제학, 심리경제학 등 다양한 표현이 있습니다. 본 저서와 K-MOOC 강의에서는 현재 가장 보편적으로 사용 중인 **행동경제학**이라는 명칭을 사용하겠습니다.

앞서 말씀드렸지만 행동경제학은 점점 복잡다단해지는 현실 사회에서 살아가는 우리 모두에게 유용한 정보를 제공할 것입니다. 우리 주위에서 벌어지는 경제사회적 현상들이 이성적이고 합리적인 인간들이 내린 결정이라고만 해석하는 것이 오히려 현실적이지 않습니다. 많은 경제사회적 현상들이 실제 감성적이고 비합리적인 인간들이 내린 결정이었다는 사실을 깨달을 때, 비로소 우리는 우리 경제사회의 현상들을 올바르게 해석할 수 있습니다. 더욱이 이러한 인간의 비합리적 의사결정들이 규칙적으로 발현된다는 사실도 깨닫는다면, 앞으로 이러한 비합리적 행동들이 미래에도 다시 나타날 수 있음을 예측할 수 있습니다. 궁극적으로 인간 행동에 대한 올바른 이해와 예측은 나를 비롯한 타인의 행동 패턴을 더욱 정확하게 이해할 수 있어서 서로의 비합리적 행동에 대한 오해를 줄이고 오히려 신뢰 형성에도 기여할 수 있습니다. 물론, 인간 행동 패턴의 원인을 올바로 이해한다면 결국 인간 행동 본질이 정확하게 반영된 정책이나 조직 문화 등을 설계하는 데에도 크게 기여할 것입니다.

행동경제학의 발전 과정

18세기 애덤 스미스와 20세기 초반 제도경제학파도 경제 현상을 설명하기 위해 인간의 감성적 특징 및 개념들을 주목해 왔음이 확인되었습니다. 그러나 이

때까지만 하더라도 인간 감성에 대한 개념을 경제학 모형 내에서 설명하기보다 개연적 아이디어로 제시하였을 뿐이었습니다. 당연히 **행동경제학**이라는 용어나 명칭은 거론되지도 않았습니다.

그럼 **행동경제학**이라는 명칭이 처음 공식적으로 사용되었던 때는 언제였을까요? 그 해답은 미국 앨라배마대학교의 에릭 앵그너와 카네기멜론대학교의 조지 로웬스타인이 2006년에 출판한 논문에서 찾을 수 있습니다. 이 논문은 해럴드 존슨의 1958년 논문과 케네스 볼딩의 1961년 논문에서 **Behavioral Economics**라는 명칭이 공식적으로 사용되었다고 보고합니다. 행동경제학이란 명칭을 공식적으로 처음 사용하였다는 사실은 학문적으로 매우 중요한 의미를 가집니다. 왜냐하면 공식적 명칭의 첫 사용은 행동경제학이라는 학문의 정체성을 공식적으로 인정하고 시작하였음을 의미하기 때문입니다.

그럼 이 두 논문이 어떤 의미로 Behavioral Economics라는 명칭을 사용하였는지, 존슨의 1958년 연구부터 살펴보겠습니다. 제목부터 흥미롭습니다. "Exploration in responsible business behavior : An exercise in behavioral economics", 번역을 하면 "책임감 있는 경영 행동 탐구 : 행동경제학 실습"입니다. 이 연구는 민간기업의 최고경영자가 사익극대화만 추구하지 말고 사회적 책임을 다해야 함을 강조하고 있습니다. 제목에서 사용된 **responsible**이라는 용어는 본문에서 **socially responsible**이라는 표현으로 그 의미가 더욱 구체화됩니다. 자유시장경제체제가 주도하는 미국 경제의 발전을 위해서, 미국의 민간기업 최고경영자들은 사익 추구와 사회적 책임을 (둘 중 하나만 선택하는 것이 아닌) 공히 모두 고려해야 하며, 특히 사회적 책임을 다하기 위해서 최고경영자는 사회도덕적 가치를 인지하는 능력을 반드시 함양하고 이를 경영 행동으로 옮

겨야 한다고 강조하고 있습니다.

존슨의 연구가 주장하는 "시장 참여자의 사익 추구도 중요하지만 이들의 도덕적 감성 역시 자유시장경제체제가 유지되고 성장하기 위해 필요하다"라는 말이 친숙하게 느껴집니다. 왜 그럴까요? 맞습니다. 이 주장은 애덤 스미스가 **국부론**과 **도덕감정론**을 통해 제시한 주장과 동일하기 때문에, 여러분에게 익숙하게 들렸을 것입니다. 다만 애덤 스미스는 정부의 정책결정자들을 대상으로 주장한 것이고, 존슨은 민간기업의 최고경영자들을 대상으로 도덕적 감성의 중요성을 강조한 것이 다를 뿐입니다. 존슨은 이 논문을 통해 민간기업의 최고경영자는 행동경제학을 현실에서 발휘해야 한다고 주장했습니다. 그것은 바로 이익극대화를 위해 오로지 돈에만 매몰되어 경영 활동을 펼칠 것이 아니라, 생산된 제품이 사회도덕적 가치를 훼손시키고 있지는 않은지 아니면 사회도덕적 가치 증진에 기여하고 있는지를 반드시 염두에 두라는 주문이었습니다. 사익극대화만을 추구하는 호모 에코노미쿠스가 보기엔 너무나도 합리적이지 않은 고려대상, 즉 인간의 정서적·도덕적 가치를 고려하고 이것이 반영된 의사결정을 하라고 민간기업의 최고경영자들에게 요구한 것이지요. 그리고 인간과 사회의 정서적·도덕적 가치를 반영한 이러한 최고경영자의 의사결정을 **Behavioral Economics**라고 언급한 것입니다.

볼딩은 1961년 논문에서 "미래의 경제학은 두 방향으로 나아갈 것이다"라고 언급하였습니다.[7] "첫 번째 방향은 전형적인 경제 변수인 시장 가격, 생산

---

7) Kenneth E. Boulding, "Contemporary economic research". In Donald P. Ray(ed.), *Trends in Social Science*, [1958]1961, pp. 9~26.

물, 생산 요소들을 다루는 전통 경제학이며, 두 번째 방향은 당시엔 다루지 않았던 새로운 경제 변수가 연구되는 경제학"이라고 예측하였는데요. 두 번째 방향에서 말하는 새로운 경제 변수는 바로 "인간의 의사결정에 영향을 주는 인지적·심리적 요소"라고 언급하였습니다. 볼딩은 전통적 시장 변수만으로 경제 현상을 이해하는 경제학 이외에 인지적·심리적 변수를 가지고 경제 현상을 연구하는 경제학의 필요성을 예측하였고, 이러한 새로운 경제학에 **Behavioral Economics**라는 명칭을 붙였던 것입니다.

드디어 1978년, 허버트 사이먼이 노벨경제학상을 수상하면서 행동경제학이 경제학 발전에 기여하였음을 처음으로 인정받게 됩니다. 허버트 사이먼은 인간의 비합리적 판단과 선택에 대한 연구를 수행하였는데요. 그는 "인간의 인지 능력은 생물학적으로 한계를 가질 수밖에 없기에 합리성 자체가 완벽할 수는 없으며, 그 결과 제한적으로 작동된 합리성으로 내린 의사결정들은 모두 완벽하게 합리적일 수 없다"라고 주장하였습니다. 따라서 허버트 사이먼의 연구에 따르면, 인간의 의사결정은 주류 경제학자들이 주장하는 것처럼 그렇게 합리적이지 못할뿐더러 매우 제한적일 수밖에 없다고 합니다. 이렇게 정리된 개념이 바로 허버트 사이먼이 최초로 제안한 **제한된 합리성**Bounded Rationality입니다.

허버트 사이먼은 정통적인 순수경제학자가 아니었습니다. 그는 경제학자, 행정학자, 심리학자, 인지과학자이자 컴퓨터 과학과 인공지능 분야에도 탁월한 식견을 가진 다재다능한 학자였습니다. 아마도 그의 이러한 박학다식이 당시에도 주류 경제학이 전제하는 인간의 합리성에 대한 사고 체계를 비평할 수 있는 배경으로 작용한 듯싶습니다. 하지만 경제학적 방식을 통한 증명이 부족하다고 비평을 하는 당시 주류 경제학자들에게는 큰 지지를 받지 못한 것으로

전해집니다.[8]

허버트 사이먼은 20세기 초중반에 활동하였던 구행동경제학파를 대표하는 학자로도 알려져 있습니다. 학계에서는 1910년대의 제도경제학파들부터 허버트 사이먼의 연구전성기인 1950~1960년까지의 행동경제학자들을 구행동경제학파라고 부릅니다. 이 구행동경제학파 시대에는 당시 주류 경제학자들이 금과옥조처럼 여겼던 인간의 합리성 체계에 의문을 제기하면서 연구를 진행시킨 것이 가장 큰 특징이자 성과라고 할 수 있습니다. 피터 얼이 1988년에 출판한 편집 저서에 따르면 이 **구행동경제학파**가 활발하게 활동했던 미국의 대표 2개 학교가 있었는데, 그곳은 바로 카네기멜론대학교와 미시간대학교이었습니다. 허버트 사이먼이 카네기멜론대학교에, 그와 긴밀한 연구공조를 하던 조지 카타나가 미시간대학교에 있었던 사실과 대조해 본다면, 피터 얼의 주장처럼 당시 **구행동경제학파**의 학문적 본거지는 카네기멜론대학교와 미시간대학교라고 짐작할 수 있겠습니다.

하지만 허버트 사이먼도 그랬듯이 구행동경제학파의 연구 결과들은 주류 경제학자들에게 충분한 지지를 받지 못하였고, 결국 경제학계 전반에 미친 영향력은 그렇게 강력하지 않았다고 합니다. 허버트 사이먼과 같이 구행동경제학파 연구자들 역시 경제학적 모형을 이용한 연구 방식으로 증명을 하지 못한 점을 경제학 연구의 한계로 지적받고 있습니다.

경제학의 언어를 사용한 행동경제학이 경제학계에서 인정을 받기 시작한 것

---

8) 사이먼도 당시 "인간이 전지전능(omniscience)하다는 가정이 말도 되지 않는다며 주류 경제학자들을 조롱하였다"라고 회고한다(1997년 회고록 *Models of My Life*, p. 144). 당시 사이먼과 완벽한 합리성을 가정하는 주류 경제학자 간에는 상호 친밀한 관계 유지가 어려웠을 것으로 추측된다.

은 소위 신행동경제학파가 전면에 등장하면서부터입니다. 신행동경제학파는 경제학의 수리 모형과 경제학 개념 등을 적용해 가면서 매우 적극적으로 인간의 감성적이고 비합리적인 의사결정들을 설명하였습니다. 이러한 노력으로, 신행동경제학파의 시대는 "행동경제학이 경제학의 독립적 하위 학문으로 확립된 시대"로 인정을 받고 있습니다.[9]

신행동경제학파를 대표하는 학자들은 요즘 언론이나 방송 매체에 자주 등장하여 여러분도 한 번씩 접해봤을 것입니다. 우선 신행동경제학파를 대표하는 첫 주자로서 2002년 노벨경제학상 수상자인 대니얼 카너먼, 그리고 대니얼 카너먼이 수상 소감에서 수상의 공로를 돌렸던 요절한 천재 학자 아모스 트버스키가 언급됩니다. 이들은 1974년 *Science*라는 학술지와 1979년 *Econometrica*라는 학술지에 실린 논문으로 행동경제학을 경제학의 독립적 학문 분야로 자리 잡게 하면서 노벨경제학상도 수상하는 쾌거를 이루어 내었습니다. 이 두 개 논문의 핵심 내용은 "불확실성과 위험이 존재하는 상황에서 인간의 행동이 비합리적임을 경제 이론 및 실증 모형 내에서 설명한 것"입니다. 이들의 연구 성과는 "경제학의 역사를 변화시켰으며, 행동경제학을 '더 이상 개연적 아이디어가 아닌' 주류 경제학의 반열에 올려놓았다"라고 평가받고 있습니다.[10] 바로 이 '더 이상 개연적 아이디어가 아닌'이란 표현이 신행동경제학파가 구행동경제학파와는 엄연히 다른 학파로 분류되는 기준이 됩니다.

---

9) "In this (New Behavioral Economics) section, we describe the emergence and establishment of behavioral economics as an independent subdiscipline of economics." E. Angner & G. Loewenstein, "Behavioral Economics", Elsevier's *Handbook of the Philosophy of Science*, Vol. 5, 2006, p. 29.

10) D. Laibson & R. Zeckhauser, "Amos Tversky and the Ascent of Behavioral Economics", *Journal of Risk and Uncertainty*, 16(1), 1998, p. 19.

신행동경제학파를 언급하면서 빼놓을 수 없는 경제학 분야가 있으니 그것은 바로 실험경제학이라는 분야입니다. 2002년 대니얼 카너먼과 노벨경제학상을 공동으로 수상한 사람이 바로 버넌 스미스라는 실험경제학자인데요. 그에 따르면 인간의 합리성을 전제로 한 기존의 경제학 모형으로는 인간의 비합리적 행태를 분석하기가 어려웠으며, 심리학 실험이나 자연과학 실험과 같이 인간을 대상으로 한 실험을 통해 피실험자들의 행동을 직접 관찰하는 방법이 더욱 효과적이었습니다. 실험경제학은 인간의 비합리적 행동을 규명하는 데 매우 적절한 방법론으로 부상하였으며, 행동경제학과 실험경제학 간 상호 연계성을 가지면서 발전적 역할을 나누어 가진 것은 어쩌면 학문 발전상 필연적일 수밖에 없었다고 생각합니다. 행동경제학의 이론과 가설들이 실험경제학을 통해 얼마나 유용하게 검증되었는지는 제2장에서 등장하는 전망 이론부터 마지막 장에서 등장하는 신경경제학과 신경경영학까지 계속 확인될 것입니다.

1970년 이후 신행동경제학파의 연구는 더욱 왕성하게 발전하며, 행동경제학이 경제학의 핵심적 분야로 자리를 잡는 데 크게 기여합니다. 〈그림 1-1〉은 1948년부터 2000년까지 행동경제학 주제와 연계되어 수행된 실험경제학 논문 수의 변화를 나타냅니다. 1974년과 1979년 신행동경제학파의 선두 주자인 대니얼 카너먼과 아모스 트버스키가 2개의 핵심 논문을 발표한 이래로 1981년 이후 행동경제학 기반의 실험경제학 논문 수가 증가하기 시작하면서 2000년까지 약 20년 동안 무려 500% 이상 증가하였습니다. 500% 증가는 실로 어마어마한 수치이자 행동경제학에 대한 경제학계의 연구적 관심이 폭발하였다는 것을 반증하는 통계 수치라 할 수 있겠습니다. 홀트(2019)에 따르면, 2010년 이후 300개에 다다랐던 논문 수가 2019년에는 500개를 초과하였습니다.

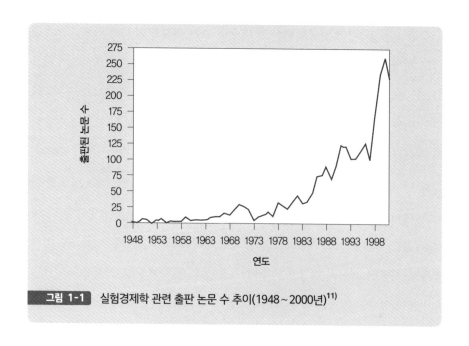

그림 1-1   실험경제학 관련 출판 논문 수 추이(1948~2000년)[11]

21세기로 들어서면서 행동경제학에 대한 관심은 더욱 뜨거워지고 있습니다.
2011~2020년까지의 10년 동안 노벨경제학 수상자들을 살펴보면, 무려 5명의
행동경제학자나 실험경제학자들이 포진하고 있음이 확인됩니다. 2013년 로버
트 실러는 비이성적인 금융 거래 현상에 대해서 연구한 공로를 인정받았고, 베
스트셀러 넛지의 저자이자 2017년 노벨경제학상 수상자인 리처드 세일러는 행
동경제학을 체계화한 공로를 인정받았습니다. 2019년 아브히지트 바네르지,
에스테르 뒤플로, 마이클 크레이머는 지구촌 빈곤 문제 해결을 위하여 지금까
지 미시경제학 위주로 운영되어 온 실험경제학을 거시경제학 분야에 접목시킨

11) Charles A. Holt, *Markets, Games, and Strategic Behavior* : *An Introduction to Experimental Economics* (*Second Edition*), Princeton University Press, 2019, p. 18 Figure 1.2 재구성.

공로를 인정받아 수상의 영예를 안았습니다. 비록 노벨경제학 수상자는 아니지만, 엄청난 학문적 공헌을 해온 수많은 행동경제학자들과 실험경제학자들이 여전히 학문적 성과를 만들어 내면서 양질의 사회 발전에 기여하고 있습니다. 오늘날 정상의 위치에 서있는 저명한 행동경제학자들은 대부분 1970년대 신행동경제학파 시대를 경험한 학자들입니다. 이들에게 가르침과 학문적 영감을 받으면서 행동경제학과 실험경제학은 발전을 멈추지 않을 것입니다.

행동경제학자들은 여타 경제학 세부 분야와 아예 다른 학제와의 연계를 통해 그 학문적 영역을 확장하고 있습니다. 예를 들어 인간의 비합리적 행태를 금융자산시장에 적용시켜 행동재무학Behavioral Finance이 발전하였으며, 최초 미시단위의 연구를 거시경제 정책평가로 확대시킨 행동거시경제학Behavioral Macroeconomics이 주목을 받고 있으며, 조세 정책이나 투표심리 등과 연계되어 행동공공경제학Behavioral Public Economics이나 행동공공선택론Behavioral Public Choice Theory이 개발되고 있습니다. 심지어 신경과학과 연계되어 신경경제학Neuroeconomics이라는 새로운 학문 영역이 개척되기도 하였습니다.

제**2**장

제한적 합리성

우리는 제1장에서 구행동경제학파를 언급하며, 이를 대표한 학자로서 1978년 노벨경제학 수상자인 허버트 사이먼에 대한 이야기를 나누었습니다. 허버트 사이먼은 기존 주류 경제학의 철학적 기초라 할 수 있는 **완벽한 합리성**을 가진 인간인 호모 에코노미쿠스에 의문을 제기하고, 오히려 인간의 비합리적 성향을 분석하면서 **제한적 합리성**이라는 용어를 공식적으로 처음 제안한 사람입니다.

제한적 합리성은 용어에서 읽히듯이 인간의 합리성 자체를 전적으로 부인하는 것이 아닙니다. 다만 기존의 주류 경제학이 전제하는 호모 에코노미쿠스가 보유하고 있는 합리성이 너무 완벽해서 비판을 한 것이지요. 호모 에코노미쿠스가 가지고 있는 합리성의 의미는 다음의 세 가지로 정리될 수 있습니다.

(1) 선택을 결정할 때 필요한 **모든** 정보를 **완전하게 확보**하고 있으면서,
(2) 이렇게 모든 완전한 정보가 확보된 상태에서 내린 결정이 결국 어떤 결과를 낳을지도 **아주 완벽하게 예측할 수 있는 능력**을 가지고 있으며,
(3) 이러한 선택의 결정들이 개인의 효용극대화에 기여해야 하는데, 방금 선택한 결정들이 과연 개인의 효용극대화에 기여하는지를 식별하기 위해서 매우 복잡한 문제들을 풀어야 하는 상황에 직면한다면, 이런 문제들을 풀기 위한 금전적 여유, 즉 자금도 충분히 가지고 있는 능력자

어떻습니까? 인간이 이렇게 완벽한 능력을 가진 존재라고 생각하나요? 허버트 사이먼은 이렇게 완벽한 합리성과 이성을 가진 인간은 현실적으로 존재할 수 없다고 주장합니다. 그리고 인간이 가지고 있는 합리성은 표현 그대로 **제한적**으로 작용한다고 주장합니다. 1957년 인간 모형 작업을 통해 제한적 합리성

의 원리가 제시되었는데, "인간의 문제 해결 능력과 문제의 실제 규모에는 격차가 존재한다"라는 것이 핵심 내용이었습니다. 즉, 인간이 가지고 있는 문제 해결 능력은 그 문제가 해결되기 위해 필요한 능력보다 부족하다는 말입니다. 1964년 논문에서는 합리성에 대한 정의도 내렸습니다. 그는 인간의 합리성을 "주어진 조건과 제한 요인들에 의해 부과된 제약 안에서, 주어진 목적 달성을 위해 적합한 행동양식"이라고 하였습니다. 즉 인간의 합리성은 완벽하게 작동되는 것이 아니라, 인간은 주어진 조건이나 제한 요인들에 영향을 받으며 이렇게 제한된 능력 안에서 적절하게 행동하는 존재라고 보았던 것이지요.

다음의 문제를 풀어보면, 인간의 합리성이 우리의 기대처럼 완벽하게 작동되고 있지 않음을 확인할 수 있습니다. 제가 중고 마켓에서 총 1100원을 가지고 공책 한 권과 연필 한 자루를 구입했습니다. 가격을 살펴보니 공책이 연필보다 1000원 더 비쌌는데요. 그럼 연필은 얼마였을까요? 많은 사람들은 어렵지 않게 연필은 100원이라고 대답할 것입니다. 하지만 정답은 100원이 아니지요. 연필이 100원이었다면, 1000원 더 비싼 공책은 1100원이고 그럼 저는 애초에 1200원이 필요했을 텐데요? 그렇습니다. 정답은 연필 50원입니다. 그래서 1000원 더 비싼 공책 가격은 1050원이었고, 저는 1100원으로 공책 한 권과 연필 한 자루를 샀던 겁니다.

연필 가격을 맞히지 못했다고 자책할 필요는 없습니다. 허버트 사이먼이 주장한 대로 모든 인간이 가지고 있는 합리성은 제한적일 뿐 결코 완벽할 수는 없으니까요. 방금 소개한 문제는 셰인 프레데릭이 **인지 반응 테스트**Cognitive Reflection Test(이하 CRT)라고 해서 인간의 직관 능력이 얼마나 제한적인지를 보여주는 유명한 질문을 한국적 상황에 맞추어 재구성한 것입니다.[1] 실제 문제를 지적 능력이 우수한 집단을 대상으로 풀게 하였는데, 그때에도 무려 약 50%의 오답이 나왔다고 하니 인간의 제한적 합리성은 지적 수준과는 상관이 없는 것임을 깨닫게 합니다.

2005년 *Journal of Economic Perspectives*에 실린 셰인 프레데릭의 CRT 예제를 2개 더 살펴볼까요? 5대의 인쇄기로 5권의 책이 인쇄되는 데 5분이 걸린다고 합니다. 100대의 인쇄기로 100권의 책을 인쇄하는 데 얼마의 시간이 걸릴까요? 대부분이 100분이라고 쉽게 답하지만, 정답은 5분입니다. 문제에서 주어진 정보는 1대의 인쇄기로 1권의 책을 인쇄하는 데 드는 시간이 5분이라고 알려주므로, 100대의 인쇄기로 100권의 책을 인쇄한다면 여전히 5분이 걸리겠습니다. 주어진 정보를 정확하게 파악하여 해석하지 않고, 직관으로 답을 하려는 우리 인간의 모습을 재차 확인하는 순간입니다. 다음 예제는 연못 위를 덮고 있는 연잎에 대한 문제입니다.[2] 이 연못 위의 연잎은 매일 그 수가 두 배씩 늘어나며 연못을 덮고 있다고 합니다. 전체 연못을 덮는 데 48일이 걸렸다면, 연못의 반을 덮는 데는 며칠이 걸릴까요? 많은 사람들이 48일의 1/2인 24일이라고 말하지만, 정답은 47일입니다. 왜냐하면 47일에 반을 채워야 그다음 날 두 배로 늘어나는 연잎으로 연못 전체를 덮을 수 있기 때문입니다.

여러분이 이 문제를 틀렸다고 그렇게 기분 나빠 할 필요도 없을뿐더러, 더욱이 이 문제들을 단순한 난센스 퀴즈로 무시하면서 인간 합리성은 완벽하다고 고집을 피울 필요도 없습니다. 이런 문제의 정답을 풀지 못하는 우리의 모습은

---

1) 실제 문제는 "야구방망이와 야구공의 전체 가격이 1.10달러이며, 방망이가 공보다 1달러 더 비쌀 때 공의 가격은 얼마인가"이다.
2) 실제 문제는 "호수 위의 수련잎"이다. 한국식으로 재구성하였다.

우리 인간의 인지 시스템이 만들어 낼 수밖에 없는 모습이기 때문입니다. 인간은 어떤 문제를 인지하고 그 대답을 찾을 때, 추론적 사고 체계를 곧바로 가동시키지 않습니다. 침착하고 논리적인 추론적 사고 체계를 거치기에 앞서, 즉각적으로 반응하는 지각이나 직관적 사고 체계를 먼저 가동시킵니다. 이러한 인지 시스템 가동의 구조적 특징으로 인해 인간의 합리성은 제한적으로 발휘되면서 의사결정이나 반응 행동들이 완벽하게 합리적일 수 없게 되는 것입니다. 그리고 이러한 인간의 비합리적 행동들은 **일시적 현상**이 아니라 **반복적이고 지속적으로 발생되는 필연적 현상**입니다.

인간의 인지 시스템을 좀 더 자세히 살펴보겠습니다. 〈표 2-1〉에 인간의 인지 시스템을 3단계로 구분하고, 그 단계별 주요 내용을 정리하였습니다. 첫 번째 지각 단계는 거의 전류 자극과 같은 신경 반응 수준의 단계입니다. 두 번째 직관 단계부터 1차 인지 시스템으로 분류되고, 세 번째 추론 단계가 2차 인지

표 2-1 인간의 인지 시스템

	지각	직관 1차 인지 시스템	추론 2차 인지 시스템
과정		빠름 나열적 혹은 평행적 자동적 노력이 필요 없음 연상적 습득에 있어 경직적 감성적	느림 종속적 통제적 노력이 필요함 규칙 지배적 유연함 감정 중립성
내용	지각에 의한 인식 전류 자극적	개념적 표현 과거, 현재, 미래 상황이 언어로 일깨워짐	

시스템이라고 할 수 있습니다. 그러니까 지각에서 직관, 그리고 추론으로 가면서 인지 단계가 점점 고도화되는 것으로 이해하면 되겠습니다.

　인간의 합리성은 제한적으로 작동된다는 이 **제한적 합리성**은 행동경제학의 철학적 요체입니다. 인간은 문제를 풀 때, 2차 인지 시스템을 이용하여 풀기보다는 지각이나 1차 인지 시스템을 자동적으로 먼저 가동하여 풀려고 합니다. 지각이나 직관으로 문제를 해결하려고 하면 종종 오류를 낳지요. 이러한 인지 구조적 특성에 따른 인간의 제한적 합리성은 인간이 복잡한 경제 문제에 직면할 때 최적 선택Optimal Choice을 방해하고, 오히려 최적 수준에 미치지 못하는 최적 선택 근처의 준최적 선택Suboptimal Choice을 하게 만듭니다. 따라서 인간의 완벽한 합리성을 전제하는 주류 경제학만으로는 현실에서 자주 발생되는 인간의 준최적 선택의 결과들을 설명하기가 어려운 것입니다.

　경제학을 전공하지 않은 학생들에게는 최적 선택이 무엇이고 준최적 선택은 또 무엇인지 그 개념이 생소할 수 있겠습니다. 일반 경제학 교재에서 다루는 합리적 소비자의 선택에 대한 다음의 예제를 풀어보면 경제학 비전공자들이 최적 선택에 대한 개념을 이해하는 데 도움이 될 것입니다.

　여기 철수라는 소비자를 가정해 봅시다. 철수는 재화를 소비할 때 주관적 만족도를 느끼는데, 이 만족도를 **효용**이라는 경제학 용어로 부릅시다. 지금 철수가 소비하는 재화로 **머핀**이 있습니다. 철수는 **머핀** 한 개를 소비할 때 효용을 느끼는데, 그때의 효용 수치를 14라고 합시다. 머핀 2개를 소비하면 1개를 소비할 때보다 총효용은 커질 것입니다. 이해하기 편하게, 머핀 1개를 먹고 또 머핀 2개까지 소비했을 때 더 커진 총효용의 수치를 24라고 합시다. 철수가 머핀을 추가로 소비할 때마다 변화하는 총효용의 수치를 〈그림 2-1〉의 표 두 번째 열

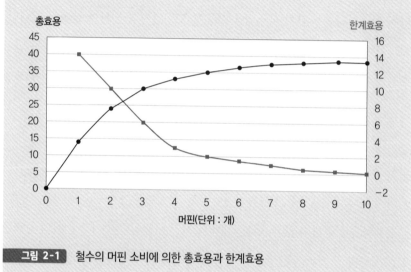

머핀(개)	총효용	한계효용	머핀(개)	총효용	한계효용	머핀(개)	총효용	한계효용
0	0		4	33	3	8	38	0.5
1	14	14	5	35	2	9	38.4	0.4
2	24	10	6	36.5	1.5	10	38.5	0.1
3	30	6	7	37.5	1			

그림 2-1 철수의 머핀 소비에 의한 총효용과 한계효용

을 보면 확인할 수 있습니다. 하지만 소비하는 머핀 개수가 늘어날 때마다 철수의 총효용 **증가분**은 오히려 감소합니다. 표의 세 번째 열, 경제학 용어로 **한계효용**이라는 이름으로 정리된 수치가 바로 머핀 소비 한 단위당 총효용의 **증가분**입니다. 이렇게 한계효용이 감소하는 의미를 담아 경제학에서는 이를 **한계효용 체감의 법칙**이라고 부릅니다. 한계효용 체감의 법칙에는 인간이라면 당연히 가지는 특성이 반영되었습니다. 철수는 첫 머핀 1개를 먹을 때의 만족감(즉 효용)이 두 번째 머핀을 먹었을 때 느끼는 만족감보다 클 것이며, 당연히 두

번째 먹은 머핀의 효용이 세 번째 먹은 머핀의 효용보다 클 것입니다. 세 번째, 네 번째 머핀을 소비할 때도 마찬가지겠지요? 다시 말해서 추가적으로 머핀을 1개씩 먹을수록 효용은 점점 줄어들게 됩니다. 물론 머핀 소비에 대한 효용 수치 변화는 사람마다 조금씩 다를 수는 있겠지만, 소비를 한 단위씩 늘릴 때마다 한계효용이 감소하는 패턴은 모든 사람이 동일하게 가지는 특징일 것입니다. 그래서 〈그림 2-1〉의 그래프와 같이 총효용은 머핀 소비가 늘어날수록 증가하지만, 한계효용은 감소하는 형태로 표현될 수 있겠습니다.

이번엔 철수가 소비하는 또 다른 재화인 쿠키에 대한 효용을 생각해 봅시다. 철수가 쿠키 한 개를 소비하였을 때 느끼는 효용은 머핀과 비교하여 다를 수 있지만, 쿠키를 먹을 때마다 느끼는 총효용은 더욱 커지고 한계효용은 점점 작아지는 패턴은 동일합니다. 〈그림 2-2〉는 철수가 쿠키를 소비하면서 느끼는 총효용 수치와 한계효용 수치를 계산하고 그래프로 표현한 것입니다.

이제 철수는 베이커리에 가서 머핀과 쿠키를 사려고 합니다. 단, 현재 철수가 가진 돈으로 살 수 있는 머핀과 쿠키의 개수에는 제약이 있습니다. 경제학에서는 이런 상황을 **예산 제약**이라고 부릅니다. 만약 철수가 예산 제약을 가지고 있지 않다면, 아마 쿠키와 머핀을 무한정 살 것입니다. 무한대의 머핀과 쿠키 소비는 철수에게 무한대의 효용을 제공할 수 있을 테니까요. 하지만 예산 제약 아래에서 철수는 자신에게 가장 큰 효용을 제공하는 최적의 개수를 선택해야 합니다. 〈표 2-2〉는 현재 철수가 머핀과 쿠키 소비에서 최적의 개수를 결정할 수 있는 선택 옵션을 보여줍니다. 예를 들어 선택 A를 통해 머핀을 하나도 안 산다면 쿠키를 10개 살 수 있는데, 그때 느끼는 총효용은 55.7입니다. 하지만 선택 B를 통해 머핀을 하나 산다면 쿠키는 8개밖에 못 사는데, 이때의 총효용

쿠키(개)	총효용	한계효용	쿠키(개)	총효용	한계효용	쿠키(개)	총효용	한계효용
0	0		4	35.7	7.2	8	52.2	2.7
1	10.5	10.5	5	41.5	5.8	9	54.2	2
2	20.1	9.6	6	46	4.5	10	55.7	1.5
3	28.5	8.4	7	49.5	3.5			

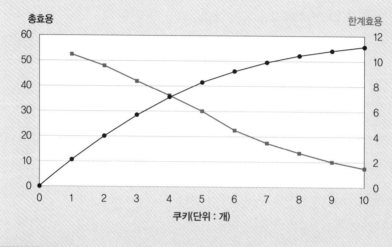

그림 2-2 철수의 쿠키 소비에 의한 총효용과 한계효용

은 66.2입니다. 또한 선택 C를 통해 머핀을 2개 산다면 쿠키는 6개밖에 못 사는데, 이때 철수가 느끼는 총효용은 70입니다. 그리고 나머지 선택 D, E, F가 있습니다. 과연 철수에게는 어떤 선택을 통해 몇 개의 쿠키와 머핀을 소비하는 것이 최적일까요? 맞습니다. 선택 C를 통해 머핀 2개와 쿠키 6개를 소비하면 철수는 70이라는 가장 큰 효용을 가질 수 있습니다.

얼마나 많은 사람들이 이처럼 머핀 한 개, 쿠키 한 개씩을 소비할 때마다 자신의 효용을 정확하게 계산하고, 그 효용을 계산하기 위해 모든 정보를 완벽하

표 2-2 철수의 선택 옵션

선택	머핀 수량	머핀 총효용	쿠키 수량	쿠키 총효용	머핀+쿠키 총효용
A	0	0	10	55.7	55.7
B	1	14	8	52.2	66.2
C	2	24	6	46	70
D	3	30	4	35.7	65.7
E	4	33	2	20.1	53.1
F	5	35	0	0	35

게 수집하고, 그 계산된 효용들의 비교도 정확하게 인지하여 최종적으로 자신의 효용을 극대화시키는 최적의 판단을 수행할까요? 저는 이렇게 완벽한 합리성을 가지고 자신의 최종 의사결정을 수행하는 사람이 많지 않을 것이라 생각합니다. 앞서 호모 에코노미쿠스가 가지고 있는 완벽한 합리성의 세 가지 의미를 실제로 작동시켜서 선택 C를 결정하는 인간이 오히려 드물 것입니다.

사실 허버트 사이먼도 인간의 제한적 합리성에 주목하면서, 기존 주류 경제학적 관점에서 주장하는 소위 최적 선택이 오히려 비현실적인 모습이며 현실에서는 최적 선택 근처의 어디에서 선택될 것이라 주장합니다. 즉 현실에서의 인간들은 대부분 준최적 선택을 한다는 것입니다. 앞의 예제에서 철수 역시 인간이기에 인지 시스템상 구조적 한계를 가질 것이고, 결국 이 머핀과 쿠키의 문제에 직면하게 되었을 때 추론 단계의 인지 시스템으로 그 정답을 완벽하게 찾아내기가 어려울 것입니다. 더욱이 애초에 철수는 머핀-쿠키 소비 조합에 대한 완전한 정보를 가지고 있지 않을 수도 있으며, 본인의 머핀-쿠키 소비에 대한 효용 측정을 완벽하게 계산하리라고 장담할 수도 없는 것이지요.

따라서 인간의 이러한 제한적 합리성으로 인해 기존 주류 경제학이 설명하지 못하는 다양한 이상 현상들이 발생합니다. 행동경제학에서는 이러한 이상 현상을 **어나멀리**^{Anomaly}(복수형 : Anomalies)라고 합니다. 합리성에 기반을 둔 행동을 정상으로 보는 기준에서는 이러한 합리적이지 않은 행동들이 비정상적으로 보일 수도 있습니다. 어나멀리는 완벽한 합리성에 기반을 둔 선택 결과가 아니기에 최적 선택 혹은 합리적 의사 선택과는 분명한 격차가 있습니다. 행동경제학은 인간의 경제 행동에서 나타나는 이러한 어나멀리들을 연구대상으로 다룹니다. 다음 장에서부터 이러한 어나멀리에 대해 보다 자세하게 학습해 보도록 하겠습니다.

제 **3** 장

전망 이론

전망 이론의 개념과 이해

전망 이론을 이해하기 위해 먼저 기대효용 가설부터 이야기해야겠습니다. 기존의 주류 경제학은 기대효용 가설을 통해 합리적 인간은 합리적인 기대효용을 측정하고 있다고 주장합니다. 기대효용 가설에서 기대는 영어로 expected, 즉 미래를 예상하는 것을 말합니다. 합리적 인간은 어떻게 합리적으로 미래에 발생할 효용을 측정할 수 있을까요?

동전 던지기 게임을 생각해 봅시다. 동전을 던져서 앞면이 나오면 1000원을 얻고, 뒷면이 나오면 1000원을 뺏기는 게임입니다. 합리적 인간은 이 동전 게임의 기대효용을 다음과 같이 합리적으로 계산할 수 있겠죠. "앞면이 나올 확률은 2분의 1이고 그때의 효용은 1000원이며, 뒷면이 나올 확률도 2분의 1인데 그때의 효용은 −1000원이구나. 그러면 $(1000 \times \frac{1}{2}) + (-1000 \times \frac{1}{2})$을 계산한 값이 내가 이 동전 던지기 게임을 했을 때 기대할 수 있는 효용이 되겠구나"라는 합리적 판단 과정을 거칠 것입니다. 따라서 주류 경제학이 말하는 합리적 기대효용 측정법은 다음과 같은 식으로 표시될 수 있습니다.

$$U(x_1)p_{x1} + U(x_2)p_{x2}$$

여기에서 x_1은 앞면이 나오는 사건으로, 이 x_1이 나왔을 때의 효용값은 함수 U로 측정된다고 가정합시다. 즉 $U(x_1)$은 앞면이라는 사건 x_1이 나왔을 때 느끼는 효용값이 됩니다. x_2는 뒷면이 나오는 사건으로, 뒷면이 나왔을 때의 효용값은 $U(x_2)$로 표시되는 것입니다. 여기 p는 확률을 말하는데, p_{x1}은 앞면이 나올 확률이고, p_{x2}는 뒷면이 나올 확률입니다. 동전 던지기 게임에 이 공식을 적용하면, $U(x_1) = 1000$, $p_{x1} = \dfrac{1}{2}$, $U(x_2) = -1000$, $p_{x2} = \dfrac{1}{2}$을 대입하여 기대효용값이 0원으로 계산되는 것입니다. 합리적이고 이성적인 계산 방법, 이것이 합리적 기대효용 측정법입니다.

전망 이론의 시작은 이 합리적 기대효용 가설에 의문을 가지면서 시작합니다. "미래의 불확실성이 존재한다면 인간은 과연 합리적 기대효용 가설을 잘 작동시킬 수 있을까?"라는 질문이 전망 이론의 시작입니다. 그러니까 **전망 이론** Prospect Theory은 앞으로 일어날 미래 사건에 대하여 인간의 인지 행태를 설명합니다. 합리적 기대효용 가설이 주장하는 것처럼 인간은 불확실한 미래의 사건에 대하여 합리적이고 이성적으로 인지하고 대응하는 것이 아니라, 미래의 어떤 불확실성에는 적극적으로 인지하고 대응하면서도 또 다른 불확실성에는 소극적으로 인지하고 대응하는 인간의 행태를 잘 보여줍니다.

그렇다면 전망 이론이 주장하는 미래의 불확실성에 대한 인간의 합리적이지 못한 태도가 과연 얼마나 설득력이 있는지 다음의 테스트를 통해 확인해 봅시다. 먼저 미래의 **잠재적 이득**에 대한 테스트입니다. 표현 그대로 이득이 잠재되어 있는 미래의 사건에 대하여 인간이 일반적 선호 규칙을 드러내는지를 확인해 보고자 합니다.

여기 두 개의 게임(A와 B)이 있습니다. 게임 A는 100% 확률로 90만 원 상금을 가져갈 수 있는 게임이고, 게임 B는 90% 확률로 100만 원 상금을 가져갈 수 있는 게임입니다. 여러분은 어떤 게임을 선택하여 참여하시겠습니까? 많은 실험 연구 결과, 대부분의 사람들은 게임 A를 더 선호하였다고 합니다. 왜 그랬을까요? 인간은 **이득이 발생하는 상황에서는 이득을 확실하게 가져가는 가능성**

을 선호하는 반면, 이득을 가져가지 못하는 위험의 가능성은 회피하려는 선호 규칙을 가지고 있기 때문입니다. 100%의 확률로 90만 원을 주는 게임 A를 게임 B보다 더 선호하는 행동이 지극히 합리적인 판단이라고 항변하고 싶으신가요? 그럼 다음 실험까지 확인해 봅시다.

이번에는 **잠재적 손실** 테스트입니다. 표현 그대로 손실이 잠재되어 있는 미래의 사건에 대하여 인간의 일반적 선호 규칙이 어떻게 드러나는지를 확인하는 테스트입니다. 게임 C는 100%의 확률로 90만 원을 뺏기는 게임이고, 게임 D는 90%의 확률로 100만 원을 뺏기는 게임입니다. 이 실험 참가자의 대다수는 게임 C보다 게임 D를 더욱 선호했습니다. 비록 90%의 확률로 100만 원을 잃는 더 큰 손실을 감수하더라도(100%의 확률로 90만 원을 잃는 것과 비교하였을 때), 혹시나 10% 확률로 아무것도 잃지 않는 가능성에 희망을 걸고 싶었겠지요. 즉, 미래에 **손실**이 발생하는 상황에서는 더 큰 위험이 발생하더라도 그 손실을 회피하고 싶은 인간의 선호 규칙이 드러난 것입니다.

이제 앞서 본 잠재적 **이득** 및 **손실** 테스트에서 드러난 인간의 선호 규칙이 왜 합리적이지 않은지 그 이유를 설명하겠습니다. 합리적 인간이라면 테스트마다 나오는 두 개의 선택 게임에서 선호 차이를 느낄 수 없습니다. 합리적 인간이라면 "저는 게임 A보다 게임 B를 더 선호해요!"라고 말할 수 없기 때문입니다. 왜냐구요? 합리적 기대효용 가설에 따르면 모든 테스트에서 선택하라고 나오는

표 3-1	이득이 예상되는 두 개의 게임 중 선택 : A와 B
게임 A	게임 B
100% 확률로 90만 원 상금이 걸린 게임	90% 확률로 100만 원 상금이 걸린 게임

표 3-2	손실이 예상되는 두 개의 게임 중 선택 : C와 D

게임 C	게임 D
100% 확률로 90만 원을 뺏기는 게임	90% 확률로 100만 원을 뺏기는 게임

두 개의 게임은 모두 동일한 가치와 효용을 가지고 있으니까요. 앞서 합리적 기대효용 측정법을 사용하면, 잠재적 이득 테스트에서 나오는 게임 A의 기대효용은 90만 원이고, 게임 B의 기대효용 역시 90만 원입니다. 두 게임이 제공하는 기대효용이 같으면 동일한 만족감을 제공한다는 것이고, 두 게임에 대한 선호는 동일하다고 결정을 내리는 인간이 합리적 인간이지요. 잠재적 손실 테스트 역시 마찬가지입니다. 게임 C의 기대효용은 −90만 원이고 게임 D의 기대효용 역시 −90만 원입니다. C와 D는 동일한 기대효용을 제공하니, 합리적 인간이라면 두 게임에 대한 선호 차이를 못 느낍니다.

하지만 수많은 실험 연구 결과는 인간이 합리적이지 못한 선호 규칙을 가지고 있다고 웅변합니다. 대니얼 카너먼과 아모스 트버스키는 인간의 비합리적 의사결정의 배경 원인으로서 불확실한 상황에서 작동하는 인간의 심리적 요인을 지목하였습니다. 그들은 불확실한 상황하에서 인간이 위험에 대하는 일반적 행태를 **전망 이론**이라고 부르면서 다음과 같이 설명하였습니다.

> 불확실한 상황에서, 인간은 이득이라는 조건하에서는 위험(불확실성)을 감수하려는 경향이 약하지만, 손실이라는 조건하에서는 위험을 감수하려는 경향이 강해진다.[1]

즉, 기대효용 가설 기준으로 **동일한 효용, 동일한 가치**임에도 불구하고 미래의 조건이 이득이냐 혹은 손실이냐에 따라 인간이 위험을 감수하려는 심리는 동일하지 않으며, 결국 선호가 달라지고 선택도 달라진다는 것이지요. 재차 강조하지만 **동일한 가치나 효용을 가지고 있음에도 불구**하고 말입니다.

이번에는 우리 주변에서 일어나고 있는 전망 이론의 사례들을 소개하겠습니다. 첫 번째, 보험상품 가입 사례입니다. 보험은 우리가 불확실한 미래에 대비하고자 구입하는 금융상품입니다. 혹시 모를 자동차 사고에 대비하여 모든 운전자는 자동차 보험을 구입하고, 아무리 성실한 농부일지라도 자연재해라는 예측 불가능한 위험으로 인해 농작물이 피해를 입을 가능성에 대비하는 보험상품을 구입합니다.

그런데 우리가 보험상품을 구입할 때마다 항상 고민하는 것들이 있습니다. 미래의 불확실한 위험이 발생할 확률은 과연 얼마나 될까? 그 위험이 발생했을 때 실제 입을 손실 규모는 얼마나 될까? 불확실한 미래의 위험에 대비하기 위해 지불하는 보험료는 나의 경제적 생활에 얼마나 부담이 될까? 등 우리는 이런 고민들 앞에서 보험 가입 결정을 망설이다가 결국에는 미래의 위험을 지나치게 감수하거나 아니면 지나치게 회피하는 결정을 내리곤 합니다. 실제 미국에서 토네이도나 지진과 같은 자연재해 보험 가입자들이 기존 자연재해 보험을 해지하고 수익률이 높지 않은 보험상품에 가입하는 현상이 보고된 적도 있습니다. 이들은 낮은 확률이지만 큰 손실이 발생될 수 있는 자연재해 위험에 대비하는 보험은 과감하게 해지하면서, 이 보험에 들었을 때 발생하는 잠재적 보

---

1) D. Kahneman & A. Tversky, "Prospect theory : An analysis of decision under risk", *Econometrica*, 47(2), 1979, p. 263.

험료 손실을 피했다고 스스로 만족해합니다. 게다가 자연재해 보험에 들어가던 보험료를 낮은 이자율의 금융상품에 투자함으로써 나름대로 미래의 잠재적 이익을 확보했다고 생각합니다. 확률이 낮은 자연재해 대비 보험을 해지하고 그 보험료를 저금리 적금상품에 투자하는 사람들이 바로 앞서 잠재적 손실 테스트에서는 게임 D를 더욱 선호하고 잠재적 이득 테스트에서는 게임 A를 더욱 선호하는 사람들이라고 해석할 수 있습니다.

두 번째 일상 사례는 우리 주위에서 쉽게 접할 수 있는 안전운전 의무를 무시하는 우리의 운전 습관입니다. 2020년 도로교통공단이 발행한 "교통사고 통계분석"에 따르면, 가해운전자의 법규 위반으로 총 22만 9600건이 적발되었는데, 그중 안전운전 의무 불이행이 54.9%로 압도적 1위를 차지했으며(2위가 신호 위반으로 12.2%), 사망자 비율에서도 안전운전 의무 불이행이 압도적 1위인 66.7%(2위가 신호 위반으로 9.4%), 부상자 수에서도 압도적 1위인 52.4%(2위가 신호 위반으로 13.2%)를 차지하였습니다.[2]

그럼에도 불구하고, 안전운전 의무에 대한 사회적 경각심은 그렇게 높지 않아 보입니다. 언제나 자신만의 그럴듯한 이유를 대면서 안전운전 의무사항들을 지키기보다는 편리함을 최우선으로 여기는 경향이 강합니다. 안전운전 의무를 지키는 것을 오히려 시간 낭비 및 개인적 손해라고 생각하고 이 손해를 회피하고자 더 큰 위험(교통사고 사망 및 부상)을 감수하려는 모습들도 보입니다. 보행자들도 마찬가지입니다. 멀리 횡단보도까지 가서 보행자 신호를 기다리는 게 손해라고 느끼는 보행자들이 많습니다. 횡단보도까지 찾아가는 노력이나

---

2) "교통사고 통계분석", 도로교통공단, 2020년판(2019 통계), p. 28.

보행자 신호를 기다리는 노력이 손실이라고 생각하고 무단 횡단하는 보행자들을 우리는 자주 목격합니다. 최근 이륜차 사고 사망 원인의 41%가 머리 상해라는 내용을 널리 알려도, 헬멧 착용을 정신적·물질적 비용 부담이라 생각하는 많은 이륜차 운전자들은 여전히 헬멧 착용을 회피하고 있습니다. 이륜차를 운전하다가 사고가 날 확률은 크지 않다고 믿으며 헬멧 착용을 거부하는 운전자들은 잠재적 손실 테스트에서 게임 D를 더욱 선호하는 사람들과 일맥상통한다고 해석할 수 있겠습니다.

이번엔 영화를 통해 더 큰 위험을 감수하려는 손실 회피형 인간들을 만나봅시다. 2021년 하반기 전 세계를 강타한 넷플릭스 시리즈 〈오징어 게임〉에는 456억 원에 목숨을 건 게임 참가자들이 나옵니다. 이들은 자신의 일상에서 극한의 생활고에 시달리는 사람들인데 이렇게 가난으로 평생 고통스럽게 사느니 비록 매우 낮은 확률이지만 456억 원이라는 거액에 가장 소중한 가치인 자신의 목숨을 베팅합니다. 가난의 고통이라는 손실을 회피하고자 우승할 확률이 매우 낮고 심지어 목숨까지 잃게 되는 456억 원 상금 게임에 참가하는 사람들. 이 드라마가 전 세계적으로 흥행에 성공한 이유는 바로 가난이라는 손실을 피하고자 더 큰 위험을 감수하려는 인간의 비합리성에 많은 사람이 공감했기 때문이라 생각됩니다. 그러니까 〈오징어 게임〉의 흥행은 전 세계의 많은 사람이 게임에 참가하는 등장인물들이 비합리적인 인간들이라 공감을 못했던 것이 아니라, 오히려 이런 인간의 모습이 현실적이라고 공감했다는 의미를 담고 있는 것은 아닐까요?

2006년 동명의 만화를 원작으로 제작된 〈타짜〉라는 영화도 소개합니다. 입체적인 캐릭터들과 흥미진진한 전개로 두 편의 후속작품이 더 나올 만큼 〈타짜〉

1편은 시간이 많이 흘렀음에도 여전히 많은 사람으로부터 사랑을 받는 영화입니다. 이 〈타짜〉 1편에 보면 자식의 병원비로 도박을 하는 대학 교수가 나옵니다. 이 사람은 도박으로 인해 이미 많은 경제적 손실을 겪고 있습니다. 자식 병원비까지 도박으로 탕진된 것을 알고 주인공 고니가 돈다발을 다시 안겨주며 이제 다시는 도박판에 얼씬도 하지 말라고 충고하는 장면이 나옵니다. 그런데 이 교수는 지금까지 잃은 돈을 만회하고자 주인공이 안겨준 돈을 들고 다시 도박장으로 향합니다. 이 무모한 교수는 손실을 회피하기 위해 혹시나 성공을 바라면서 더 큰 위험을 감수하려는 전망 이론형 인간이라고 할 수 있겠습니다.

우리는 전망 이론과 실험 연구를 통해 불확실성이 존재하는 상황에서 합리적 기대효용 가설이 잘 작동되지 않음을 확인하였습니다. 더욱 구체적으로, 이득이 발생하는 조건에서는 불확실한 위험을 감수하려는 경향이 약해지는 반면, 손실이 발생하는 조건에서는 불확실한 위험을 감수하려는 경향이 강해집니다. 이 일정하고 반복적인 의사결정 패턴은 인간의 의사결정이 합리적이지 않음을 명확하게 증명하고 있습니다. 이제 전망 이론에 대해 보다 학문적으로 접근하고 이해하기 위해 전망 이론의 세 가지 인지적 특징을 살펴보겠습니다.

전망 이론의 인지적 특징

〈그림 3-1〉에 두 개의 패딩 의류가 있습니다. 이 두 개의 패딩 의류는 품질과 색깔 등이 완전하게 동일한 제품이며, 판매 가격 역시 3만 원으로 동일합니다. 하지만 현실에서 이 두 제품의 판매량은 비슷하지 않았다고 합니다. 완전하게

가격 : 3만 원 　　　　　 파격 세일 : 4만 5000원 ➪ 3만 원

ⓒ 최성희

그림 3-1 　동일한 가격이 제시된 동일한 품질의 패딩 의류 : 소비자들의 선호 차이

동일한 제품에 판매 가격까지 동일하였지만, 파격 세일이라는 문구를 붙여놓고 4만 5000원짜리를 3만 원에 파는 쪽에 소비자들의 선택이 더 많았다고 하네요.

절대적 최종 가치를 정확하게 판단하는 합리적 소비자에게 이 두 패딩의 가치는 동일합니다. 따라서 합리적 소비자라면 두 패딩 사이에 선호 차이는 존재하지 않습니다. 하지만 현실 세계의 소비자는 그렇게 합리적이지 않았습니다. 도대체 무엇이 현실 소비자들에게 두 패딩 사이의 선호 차이를 만들게 하였을까요? 현실 소비자로서의 인간은 제품의 절대적 최종 가치를 선호의 기준으로 두지 않습니다. 인간은 자신의 주관적인 기준점을 근거로 제품의 가치를 평가하고 판단합니다.

이러한 주관적 기준점에 의존하여 나의 선택이 이득인지 손실인지를 판단하게 되면, 그 선택이 주는 **심리적 만족도**, 즉 경제학에서 말하는 효용이 판단되는 것이고, 결국 판단된 효용은 최종 선택에 영향을 끼칩니다. 그러니까 최종 선택에 영향을 주는 배경은 **합리적이고 객관적인 정보**가 아니라 **주관적 기준점, 기준점 대비 가치 판단과 심리적 만족도**가 되겠습니다.

방금 보여드린 패딩의 사례에서 두 제품이 동일한 판매 가격과 동일한 품질을 가진, 즉 동일한 가치를 가진 패딩임에도 불구하고 소비자의 가치 판단 기준점을 자극한 것은 바로 **파격 세일** 정보(원래 가격 4만 5000원에서 할인된 3만 원에 판매)였습니다. 이 파격 세일 패딩을 본 소비자의 가치 기준은 4만 5000원에 설정되는 것이고, 판매 가격이 3만 원인 이 패딩을 구입하면 1만 5000원의 경제적 이득이 발생한다고 느끼게 되는 것이며, 결국 이러한 이득 발생의 느낌이 더 높은 심리적 만족도를 제공함으로써 소비자로 하여금 더 높은 선호를 유발하게 되는 것입니다. 파격 세일 문구가 붙은 패딩이 더 선호되는 이유를 전망 이론으로 다음과 같이 정리할 수 있습니다.

인간의 경제적 의사결정의 기준은 합리적 기대효용 가설이 주장하는 것처럼 선택 대상의 절대적 최종 가치가 아니다. 선택 대상에 대한 개인의 주관적 혹은 상대적 기준점을 근거로 가치를 추정한다. 결국 이러한 상대적 가치 추정으로 경제적 이득 발생 여부의 판단은 심리적 만족도에 영향을 주고 최종 선택에 영향을 준다.

전망 이론은 가치 판단에 대한 인간의 심리적 특성을 다음과 같이 정리합니다. 첫째, 선택의 최종 가치는 합리적 계산으로 인지되는 것이 아닙니다. 개인의 주관적(상대적) 기준에 근거를 두고 이득 규모를 추정하고 그 최종 가치를 판단합니다. 둘째, 동일한 규모의 이득과 손실이 주는 가치는 절대로 동일하지 않습니다. 이 내용은 애덤 스미스의 **도덕감정론**에 나오는 문장을 통해 지난 시간에 논의하였습니다. 완벽하게 합리적인 인간이라면 동일한 규모의 이득이 제공하는 플러스 가치와 동일한 규모의 손실이 제공하는 마이너스 가치가 절댓값으로 반드시 같아야 하겠지요. 따라서 전망 이론이 제시하는 이 두 번째 인지적 특징을 통해, 인간은 손실을 회피하려는 성향을 가지고 있음을 알 수 있습니다. 이득보다 손실에서 느끼는 감정적 파급 효과가 더욱 크기에, 당연히 손실을 더욱 피하려는 행동으로 이어질 수밖에 없겠지요.

마지막 세 번째로, 가치에 대한 민감도는 일정하지 않습니다. 동일한 가치라도 현재 어떤 규모의 선택을 하는 상황이냐에 따라 그 가치에 대한 체감도가 달라진다는 뜻입니다. 예를 들어, 동일한 1만 원의 가치라 할지라도 여러분이 3만 원짜리 핸드폰케이스를 사러 갔을 때 1만 원 할인 서비스가 주는 체감도와 1억 원짜리 고급 자동차를 사러 갔을 때 1만 원 할인 서비스가 주는 체감도는 다릅니다. 3만 원짜리 핸드폰케이스를 사러 갔을 때 직원이 "내일 오시면 1만 원 더 싸게 살 수 있으니 내일 오시겠어요?"라고 한다면, 아마 대부분의 사람들은 그 1만 원의 가치를 크게 체감하여 내일 다시 방문하여 구매할 수 있지만, 1억 원짜리 자동차를 사러 갔을 때 직원이 "내일 오시면 1만 원을 할인받을 수 있는데 내일 다시 오시겠습니까?"라고 묻는다면 대부분이 "그냥 오늘 살게요"라고 말할 것입니다. 고급 자동차를 살 때의 1만 원의 가치는 핸드폰케이스를 살 때보다 상대적으로 덜 체감되는 것이지요. 즉 전망 이론은 상대적으로 작은 규모의 선택일 때 느껴지는 가치민감도가 큰 규모의 선택일 때 느껴지는 가치민감도보다 크다는 것을 이야기합니다.

이와 같이, 가치 판단에 대한 인간의 세 가지 심리적 특징이 반영된 함수식이 있습니다. 이 함수가 가설가치 함수Hypothetical Value Function입니다. 그래프로 그리면 〈그림 3-2〉와 같습니다. 가로축은 이득 혹은 손실을 나타내는데요. 0을 기준으로 오른쪽 플러스가 되는 방향을 이득, 왼쪽 마이너스가 되는 방향을 손실이라고 가정합시다. 즉 가로축에서 0을 기준으로 오른쪽으로 이동할수록 많은 이득을 뜻하고, 왼쪽으로 갈수록 많은 손실을 뜻합니다. 여기서 말하는 영점(0)은 바로 개인의 기준점이 되겠습니다. 영점을 기준으로 이득과 손실을 파악하고, 그 이득과 손실의 정도에 따라 인간은 세로축에서 심리적 가치를 측정하는 것입니다. 즉 그래프의 세로축은 이득이나 손실에 대하여 인간이 실제 느끼는

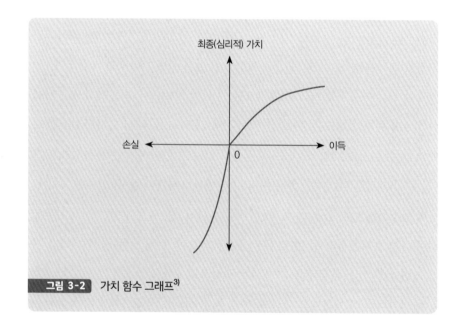

그림 3-2 가치 함수 그래프[3]

3) D. Kahneman & A. Tversky, "Prospect theory : An analysis of decision under risk", *Econometrica*, 47(2), 1979.

가치를 나타냅니다. 대니얼 카너먼과 아모스 트버스키는 이 가치를 인간이 인지하는 최종(심리적) 가치라고 불렀습니다.

손실이 커질수록 인간이 인지하는 가치는 하락하고 이득이 커질수록 역시 인간이 인지하는 가치는 상승할 테니, 그래프와 같이 우상향하는 가치 곡선이 그려질 수 있겠습니다. 하지만 우리는 이득과 손실이 각각 동일한 규모일지라도 인간은 심리적으로 이득에서 오는 정(+)의 가치보다 손실에서 오는 부(-)의 가치를 더 크게 느낀다는 심리적 특징을 학습하였습니다. 그렇다면 우상향하는 가치 곡선의 그래프는 손실 부문의 기울기가 이득 부문의 기울기보다 훨씬 급격하게 그려져야 합니다. 10만 원, 20만 원, 30만 원을 얻었을 때의 만족보다 10만 원, 20만 원, 30만 원이 손실되었을 때의 불만족이 더 커야 하니까요.

마지막으로, 이 가치 함수에서 나타나는 가치민감도 체감의 특징을 설명하겠습니다. 수학적으로 표현하자면 가치민감도 체감이 되기 위해서 가치 함수의 접선의 기울기 절댓값은 점점 작아져야 합니다. 가치민감도 체감의 법칙에 따르면 동일한 1만 원이라도 이득의 규모가 큰 쪽으로 갈수록 최종(심리적) 가치는 점점 작아진다는 것을 3만 원짜리 핸드폰케이스와 1억 원짜리 자동차 구매 사례를 가지고 학습하였습니다. 그래서 이러한 가치민감도 체감의 특징을 그래프에 반영하면 이득 규모가 커질수록(가로축 위의 영점에서 오른쪽 방향으로 이동할수록) 이득 1단위의 심리적 가치 증가분은 점점 작아지게 표현되어야 합니다. 손실의 상황에서도 마찬가지겠지요.

세 가지 심리적 특징이 반영된 가설가치 함수의 곡선 그래프는 뒤이어 나오는 〈그림 3-3〉의 곡선과 같이 표현됩니다.

전망 이론의 현실 적용 사례

자신의 투자금액에 손실이 발생되는 것을 좋아하는 사람은 없을 것입니다. 일반적으로 대부분 사람들의 투자 성향은 이익을 위해 모험을 감수하기보다는 이익이 좀 적더라도 손실만은 피하려는 쪽에 더 가깝습니다. 전망 이론은 대부분의 사람들이 가지는 이러한 손실 회피적인 투자 성향을 설명하는 데 유용합니다.

먼저 친환경에너지 시설 투자에 대한 인간의 의사결정 행태를 살펴봅시다. 최근 기후 환경 변화에 대한 세계적 관심이 높아지면서 친환경에너지에 대한 관심 역시 높아지고 있습니다. 사실 친환경에너지 개발에 대한 관심과 노력은 약 20여 년 전부터 꾸준하게 있어 왔습니다. 다만 이 새로운 에너지가 기존의 화석연료나 거대 원자력에너지를 대체할 가능성과 자체 공급 능력의 불확실성 때문에, 결정적인 순간에 친환경에너지 투자 및 개발은 주저되었습니다. 이렇게 새로운 에너지 투자 및 개발에 대한 불확실성, 그리고 이러한 불확실성을 대하는 인간의 심리적 가치가 친환경에너지 개발을 어렵게 하였다는 논리는 방금 배웠던 가치 함수로써 설명될 수 있습니다.

〈그림 3-3〉처럼 가로축에서 영점을 기준으로 오른쪽은 에너지 시설 투자로 발생되는 이득, 왼쪽은 손실이라고 표시합니다. 친환경에너지 시설 투자로 생각해 볼 수 있는 이득이라면 석탄과 같은 화석연료 사용을 줄임으로써 기후 환경이 개선되는 점 등 다양한 경제사회적 이득을 떠올릴 수 있을 것입니다. 친환경에너지 시설 투자로 발생할 수 있는 손실이라면 기존 화석연료나 거대 원자로에 비해 에너지 사용 비용이 높아질 수 있는 점 등이 거론될 수 있겠지요. 세

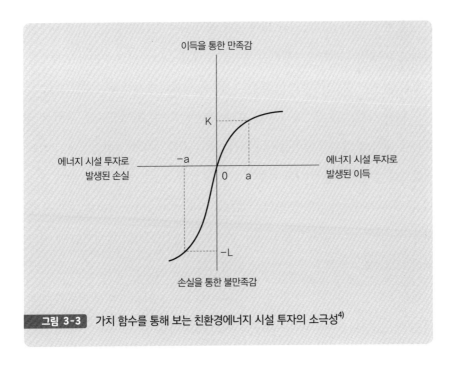

그림 3-3 가치 함수를 통해 보는 친환경에너지 시설 투자의 소극성[4]

로축은 이 친환경에너지 시설 투자로 에너지 소비자들이 느낄 수 있는 만족감이나 심리적 가치를 나타냅니다. 이제 전망 이론의 가설가치 함수 그래프를 대입시키면, 에너지 소비자들이 친환경에너지 시설에 투자하였을 때 발생하는 이득 혹은 손실이 비록 a만큼 동일하더라도 그때 느끼는 최종 가치는 손실 쪽에서 더 크게 느껴질 것입니다. 따라서 손실 회피 성향의 투자자는 친환경에너지 시설 투자에 주저할 수밖에 없게 되겠지요. 탄소중립이라는 글로벌 미션 아래에서 전 세계는 이제 친환경에너지 사용을 선택이 아닌 의무로 받아들여야 하

4) 김지효, 심성희, "정책변화 대응을 위한 에너지수요관리 정책의 법제적 기반 및 정책수단 체계화 연구", 에너지경제연구원 수시연구보고서, 2016.

는 상황이 되었습니다만, 지난 20여 년간 왜 인류는 친환경에너지 시설 투자를 현재와 같이 적극적으로 수행하지 못하고 그렇게 소극적이고 주저하는 태도를 보였는지, 이 전망 이론의 가치 함수 그래프는 명확하게 설명해 주고 있습니다.

두 번째 사례로 주식시장의 처분 효과Disposition Effect를 소개합니다. 우선 처분 효과에 대한 정의부터 알아봅시다. 처분 효과란 투자자가 실현손실인 주식의 처분보다 실현이익인 주식의 처분을 더 선호하는 현상을 말합니다. 쉽게 말해서, 주식 투자자가 보유한 주식의 가격이 하락하여 손실이 발생하면 그 손실 주식을 적극적으로 처분하지 못하지만, 가격이 올라서 이익이 발생하면 그 이익 주식은 적극적으로 처분하는 행동을 말합니다.

처분 효과는 일반 투자 이론에 근거를 둔 주식 투자 이득 극대화 전략과 배치되는 행동입니다. 주식 투자 이득이 극대화되기 위해서는 보유한 주식의 가격이 상승하면 계속 보유하면서 이익 증대를 꾀하고, 만약 가격이 하락하면 더 이상 보유하지 않고 그 손실 주식을 처분해야 손실 증대를 피할 수 있겠지요. 하지만 인간은 전망 이론이 말하는 것처럼 손실을 더 크게 느끼는 손실 회피 동물입니다. 그래서 보유한 주식의 가격이 상승하면 "혹시나 지금 상승한 가격이 내일은 떨어져서 오늘 누릴 수 있는 이득이 사라지는 것 아니야?"라고 걱정하면서 바로 매도 처분하고, 가격이 하락하면 "지금 팔면 손실이 확정되니 일단 버티다가 본전이 되면 그때 팔아야지"라고 하며 가격이 하락하는 보유 주식을 매도 처분하지 않습니다.

합리적 인간이라면 최초 자기가 샀을 때의 가격을 기준점으로 봐야 하지만, 희한하게도 사람들은 지금 상승한 가격을 기준점으로 삼으려고 합니다. 앞서 전망 이론에서의 기준점을 **주관적**이라고 표현했지요? 이 **주관적**이라는 표현은 절대로 바뀌지 않는 기준점이라는 뜻이 아니라, 기준점이 자신이 정하는 기준에 따라 언제든지 바뀔 수 있다는 뜻입니다. 즉 합리적이고 이성적으로 절대 기준점이 설정되어 있는 것이 아니라, 사람은 자신이 처한 상황에 따라 자신의 심리적 변화에 맞추어 기준점을 설정할 수 있어서 **주관적** 기준점이라고 부르는 것입니다.

사람들은 주식을 매입할 때의 가격을 이 주식 투자를 통해 기대하는 이익과 손실의 기준점으로 생각하지 않습니다. 만약 이 보유 주식의 가격이 상승한다면, 매입할 때의 가격은 곧 잊어버리고 상승된 가격이 바로 이 주식 투자의 기대 이익과 손실 판단의 기준점이 됩니다. 이러한 현상을 발견한 연구논문들이 매우 많습니다. 최근 연구에 따르면 주식 가격이 52주 고점에 도달하였을 때 매도가 급증하고 있음이 밝혀졌습니다.[5] 그 배경 원인으로, 투자자들이 매입 가격을 이익 실현의 기준으로 삼는 것이 아니라 52주 고점 가격을 이익 실현의 기준점으로 삼았기 때문이었음이 제시되었습니다. 투자자들에게 주식 투자 이익 실현은 매입 가격 대비 몇 % 상승 수준에서 결정되는 것이 아니라, 가격이 상승하면 계속 상승세를 지켜보다가 52주 고점 가격에 도달했을 때 매입 가격과 관계없이 대부분의 투자자가 이익 실현을 위해 매도한 현상이 발견된 것입니다. 이 연구 결과는 52주 고점 가격이 바로 주식 투자자의 이익 실현을 위한 심리적 가치의 기준점으로 작용하였음을 보여줍니다.

----

5) Ying Hao et al., "The 52-week high, momentum, and investor sentiment", *International Review of Financial Analysis*, 57, 2018, pp. 167~183.

제**4**장

하이퍼볼릭
시간할인율

시간할인율 개념 : 지수 형태 대 하이퍼볼릭 형태

행동경제학자들은 제한적인 합리성을 가진 인간에게서 반복적으로 나타나는 비합리적인 행동을 어나멀리라고 부릅니다. 이러한 어나멀리 중에서 하이퍼볼릭 시간할인율에 대한 이야기를 들려드리겠습니다. **하이퍼볼릭 시간할인율**이라는 두 단어의 조합은 경제학 전공생들에게도 그렇게 친숙하지 않을 것입니다. 일단 시간할인율이라는 용어부터 살펴봅시다.

경제학에서는 **미래**에 발생할 편익이나 비용을 **현재**의 기준으로 판단할 때 일정한 **할인율**을 적용하여 계산합니다. 왜냐하면 동일한 규모의 편익이나 비용은 시간의 변화에 따라 그 경제적 가치도 달라지기 때문입니다. 지금 여러분이 10만 원을 가지고 있다고 가정해 봅시다. 이 10만 원을 오늘 당장 사용하면 10만 원이 주는 경제적 가치를 **오늘** 누릴 수 있지만, 1년을 참는다면 **1년 후**에나 이 10만 원이 주는 경제적 가치를 누릴 것입니다. 그러나 오늘 10만 원의 가치와 1년 후 10만 원의 가치가 동일하지 않습니다. 1년 후에는 물가도 오르고 자산 가치도 변해서 오늘의 10만 원이라는 가치가 1년 후에도 동일할 수는 없기 때문입니다.

오늘의 10만 원의 가치가 1년 후에는 얼마의 가치를 가지게 될 것인지 궁금하다면 은행 예금의 경우를 고려하면 됩니다. 오늘 10만 원을 쓰지 않고 은행 예금에 넣어둔다면, 1년 후에는 이 10만 원에 예금이자가 붙을 것입니다. 다시 말하면, 오늘 10만 원의 가치가 1년 후에는 (10만 원＋예금이자)가 되는 것이고, 1년 후의 (10만 원＋예금이자)를 오늘의 가치로 환산하면 10만 원이 되는 것입니다. 따라서 미래 가치를 현재 가치로 환산하기 위해서는 시간에 따른 할인율을 적용해야 합니다. 예제를 통해 좀 더 쉽게 확인해 봅시다.

현재 연이자율이 5%라고 가정합시다. 그러면 1년 뒤에 가지고 있는 10만 원의 현재 가치는 약 9만 5000원이라고 추정할 수 있습니다. 왜냐하면 오늘 약 9만 5000원이라는 현재 가치를 소비하면서 누리지 않고 1년 동안 은행 예금으로 넣어두고 1년을 흐르게 하면 5% 이자율, 즉 5000원이 얻어져서 10만 원의 가치가 되니까요. 그럼 2년 뒤에 가지고 있을 10만 원이라는 미래 가치도 오늘의 현재 가치로 환산할 수 있겠습니다. 연이자율이 5%일 때 2년 뒤의 10만 원의 미래 가치는 현재 가치로 약 9만 원 정도라 추정할 수 있겠네요. 이런 재무적 원리에 입각하여 기존의 표준 경제학은 **시간할인율**이라는 개념을 적용하여 미래 가치를 현재 가치로 계산하는 공식을 다음과 같이 만들었습니다.

$$현재\ 가치 = \frac{1}{(1 + 시간할인율)^T} \times 미래\ 가치$$

이 공식에서 **시간할인율**에는 일반적으로 금융시장의 이자율이 사용됩니다. 여기서 T는 시간을 의미합니다. 1년 후면 1, 2년 후면 2, 3년 후면 3이라는 수치를 대입합니다.

이제 이 공식을 가지고 미래 가치를 현재 가치로 환산하는 연습을 계속해 봅시다. 미래 가치가 계속해서 10만 원이라고 하면, 미래 가치에 10만 원을 대입하면 되겠습니다. 그리고 시간할인율에 연이자율 5%를 일정하게 적용한다면 0.05라는 숫자를 대입하면 됩니다. 그럼 1년 뒤의 10만 원이라는 미래 가치는 현재 가치로 9만 5238원, 2년 뒤의 10만 원은 현재 가치로 9만 703원, 3년 뒤의

10만 원은 현재 가치로 8만 6384원으로 환산할 수 있습니다. 물론 공식의 T값에 4, 5, 6…을 계속 대입하면 원하는 미래 연도 수치에 따라 미래 가치 10만 원의 현재 가치를 계산할 수 있겠습니다.

〈표 4-1〉과 〈그림 4-1〉은 미래 연도 30년까지 대입하여 각 미래 연도에서의 가치를 현재의 가치로 환산한 결과입니다. 1년 뒤 10만 원은 현재 가치로 9만 5238원, 2년 뒤의 10만 원은 현재 가치로 9만 703원, 3년 뒤의 10만 원은 현재 가치로 8만 6384원으로 각각 계산이 가능하며, 계속 계산하다 보면 30년 뒤의 10만 원은 현재 가치로 2만 3138원이 됩니다. 30년 후까지, 각각의 미래 연도별 10만 원이 현재 가치로 얼마인지를 그래프로 표현하면 〈그림 4-1〉과 같이 나타납니다. 미래 연도별 10만 원이 현재 가치로 얼마인지를 그려본 현재 가치 그래프는 접선의 기울기 절댓값이 점점 작아지는 지수 형태 할인 함수이며, 미래 연도로 갈수록 우하향하는 곡선으로 그려집니다.

표 4-1 미래 10만 원의 현재 가치 : 할인율 고정

미래 연도(T)	시간할인율	10만 원의 현재 가치	미래 연도(T)	시간할인율	10만 원의 현재 가치
1	0.05	95238	7	0.05	71068
2	0.05	90703	8	0.05	67684
3	0.05	86384	9	0.05	64461
4	0.05	82270	10	0.05	61391
5	0.05	78353	⋮	⋮	⋮
6	0.05	74622	30	0.05	23138

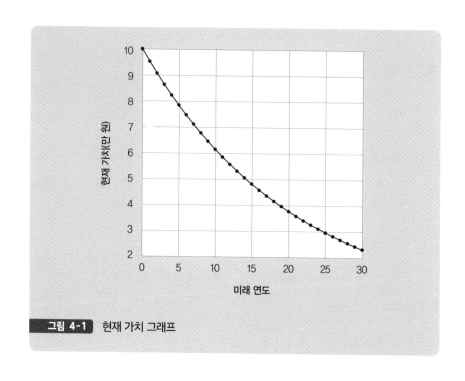

그림 4-1 현재 가치 그래프

지금까지 살펴본 이 **미래의 시간을 할인하는 방식**은 1937년 폴 새뮤얼슨이
소개한 것으로, **지수형 할인**이라는 이름으로 널리 사용되고 있습니다. 공식에
서 보시다시피 분모의 지숫값 T만 변하는 지수형 함수 형태의 곡선임을 쉽게
알 수 있습니다. 지수형 할인 공식은 시간 개념을 도입해 경제 변동의 특성을
분석하는 경제 동학이나 미래 투자를 통해 얻을 수 있는 가치가 과연 현재 기준
으로 얼마나 가치가 있는지를 평가하는 재무 분야에서 매우 유용하게 사용되
고 있습니다.

하지만 행동경제학자들은 학문적으로나 실무적으로 통념처럼 받아들여지
고 사용되고 있는 지수형 할인 개념에 의문을 가지기 시작했습니다. 경제학 문
헌에 따르면 지수형 할인 공식에 최초로 의문을 품은 사람은 로버트 스트로츠

로 알려져 있는데,[1] 1981년 세일러가 간단한 실험을 통해 시간할인율이 시간이 흐름에도 일정하게 유지되지 않음을 발견합니다.[2] 구체적으로 시간할인율이 어떻게 일정하지 않은지 실험 과정과 결과를 살펴보도록 합시다.

첫 번째 실험은 사과 가져가기입니다. 세일러는 실험 참가자들에게 이렇게 물었습니다. "1년 뒤에 사과 1개를 가져가시겠습니까? 아니면 1년 하고 하루 뒤에 사과 2개를 가져가시겠습니까?" 대부분의 응답자는 1년 하고 하루 뒤에 2개를 가져가는 것을 선호했답니다. 어차피 1년을 기다렸는데 하루 정도 더 기다려서 사과 2개를 가져가는 것이 이득이라고 생각한 것 같습니다. 하지만 이번엔 질문을 바꿔 "오늘 사과 1개를 가져가시겠습니까? 아니면 내일 사과 2개를 가져가시겠습니까?"라고 물었더니, 대부분의 응답자들은 오늘 사과 1개를 가져가는 것을 선호했다고 합니다.

물리적으로 동일한 하루를 더 기다리는 문제였음에도, 1년 후의 하루와 지금의 하루는 응답자들에겐 절대 동일하지 않게 느껴졌음을 보여주는 실험 결과입니다. 응답자들에게 하루만 더 기다리면 사과 1개를 더 가질 수 있다는 공통점이 있었지만, 1년을 기다린 후의 하루가 주는 시간 가치와 당장 내일이 주는 하루의 시간 가치는 분명히 달랐음을 의미하는 것이지요. 당장 오늘과 내일 사이에 놓인 하루에 대해서는 심리적으로 매우 큰 체감도를 느껴서 높은 시간할인율이 산정된 것이고, 1년과 1년 1일 사이에 놓인 하루에 대해서는 심리적으

1) S. Frederick et al., "Time discounting and time preference : A critical review", *Journal of Economic Literature*, Vol. XL, 2002, p. 366.
2) R. Thaler, "Some empirical evidence on dynamic inconsistency", *Economics Letters*, 8(3), 1981, pp. 201~207.

로 작은 체감도를 느껴서 상대적으로 낮은 시간할인율이 산정된 것입니다.

즉 현재에서 더욱 가까운 미래에 빨리 경제적 편익을 얻고 싶어 하는 인간의 감성적 욕구가 내일 2개가 아닌 오늘 1개의 사과를 가져가겠다는 실험 참가자들의 모습으로 드러난 것이며, 이로써 인간이 먼 미래보다 가까운 미래에 대해 더 높은 가치를 느끼면서 현재와 가까운 시점의 미래에 대하여 더 높은 시간할인율을 적용하고 있음이 확인된 것입니다. 모든 미래에 일정한 시간할인율을 적용하지 않고, 현재와 가까운 미래에는 더 높은 시간할인율을 적용하고 현재에서 점점 더 먼 미래로 갈수록 더욱 낮은 시간할인율을 적용시키는 현상을 **최근 편향적 할인 현상**이라고 부릅니다.

1981년 세일러의 논문은 이자율과 관련된 대표적인 실험을 하나 더 보여줍니다. 실험 참가자들은 질문을 받습니다. "당신은 지금 15달러를 받을 수 있습니다. 그런데 지금 받지 않는다면 1개월 뒤에 받거나, 1년 뒤에 받거나, 아니면 10년 뒤에 받을 수 있습니다. 만약 나중에 받는다면, 지금 받는 15달러의 가치와 동일하게 만들기 위해 1개월 뒤에는 얼마를 받아야 하는지, 1년 뒤에는 얼마를 받아야 하는지, 그리고 10년 뒤에는 얼마를 받아야 하는지 답해주세요." 중간값^{Median}을 기준으로 확인한 결과, 오늘의 15달러를 1개월 뒤에 받는다면 20달러를, 1년 뒤에는 50달러를, 10년 뒤에는 100달러를 받아야 한다고 대답했습니다(〈표 4-2〉 참조). 액수 자체만 보면 나름대로 합리적인 수준으로 금액을 산정한 것처럼 보입니다. 그런데 이 늘어난 액수를 연간할인율로 계산하면, 345%, 120%, 19%가 산출됩니다. 액수로는 그럴듯하게 키운 것처럼 보였지만, 할인율을 보니 1개월을 기다려야 하는 경우의 할인율보다 1년을 기다려야 하는 경우의 할인율이 거의 1/3 수준으로 낮아지고요, 그리고 10년을 기다려야

표 4-2	오늘의 15달러를 미래에 받는다면 얼마를 받아야 합니까? 15달러 보상 실험		
현재	1개월	1년	10년
15달러	20달러[*]	50달러[*]	100달러[*]
연간할인율(%)	345	120 (100[**])	19(7.7[**])

주 : [*]는 응답들 중 중간값. [**]는 선정 기간별 할인율. 예를 들면 1개월 후(또는 1년 후)부터 1년 후(또는 10년 후)까지.

하는 경우에는 또 1년 할인율보다 1/6 이상 낮아지는 것이 발견됩니다. 선정 기간별로 연간할인율을 보면 더욱 급격하게 감소하고 있는 현상이 밝혀진 것이지요. 표의 괄호에 표시된 바와 같이, 1개월 후부터 1년 후까지 기간으로 보면 연간할인율이 100%로 더욱 낮아지고, 1년 후부터 10년 후까지 기간으로 보면 연간할인율이 7.7%까지 더욱 낮아졌습니다.

현재와 가까운 미래의 시간에 대해서는 더 높은 할인율을 적용하여 당장 현재에 15달러의 편익을 누리고 싶어 하는 성향을 보이는 반면, 현재에서 더욱 멀어지는 미래일수록 낮은 시간할인율이 적용되고 있습니다. 마치 미래의 보상에 대해서는 느긋하고 관대한 사람들처럼 보이기도 합니다. 이렇게 계산된 결과를 보면, 모든 미래의 시간에 동일한 시간할인율을 적용하는 것보다, 현재와 가까운 미래에는 더 큰 할인율을 적용하면서 점점 더 먼 미래에 대해서는 상대적으로 작은 할인율을 적용하는 **최근 편향적 할인율**이 더욱 현실적이라고 생각됩니다.

지수형 할인과 최근 편향적 할인 간 차이를 더욱 명확하게 이해하고자, 이 두 개의 할인 곡선의 그래프 형태를 비교해 보겠습니다. 우리는 이미 각 미래 연도의 10만 원이 현재 가치로 얼마인지 지수형 할인에 근거하여 계산한 결과를

〈표 4-1〉에서 확인할 수 있었습니다. 하지만 지수형 할인이 아닌 최근 편향적 할인에 근거할 경우, 미래 연도별 10만 원은 현재 가치로 얼마일까요? 최근 편향적 할인에 근거한 미래 연도별 10만 원의 현재 가치 계산 결과는 〈표 4-3〉에 정리되어 있습니다. 최근 편향적 할인율이 적용된 현재 가치는 지수형 할인이 적용된 현재 가치보다 작습니다. 그리고 이 작음의 격차가 $T=1$부터 $T=5$까지는 커지지만, $T=6$부터는 그 격차가 줄어듭니다. 따라서 지수형 할인과 최근 편향적 할인이 적용된 현재 가치 그래프를 동시에 그려서 비교해 보면, 〈그림 4-2〉에서와 같이 확인할 수 있습니다. 최근 편향적 할인율이 적용된 현재 가치 그래프는 지수형 할인이 적용된 현재 가치 그래프보다 낮은 곳에 위치하며, 그 낮음의 격차는 현재로부터 가까운 미래에서 출발하여 점점 벌어지다가 일정한

표 4-3 미래 10만 원의 현재 가치 : 최근 편향적 할인율

미래 연도(T)	시간할인율	10만 원의 현재 가치	미래 연도(T)	시간할인율	10만 원의 현재 가치
1	0.0595	94384	9	0.0521	63312
2	0.0575	89421	10	0.0515	60406
3	0.0560	84920	11	0.0513	57557
4	0.0550	80722	12	0.0512	54819
5	0.0542	76804	13	0.0511	52192
6	0.0535	73146	14	0.0510	49706
7	0.0529	69709	15	0.0509	47332
8	0.0524	66459	⋮	⋮	⋮

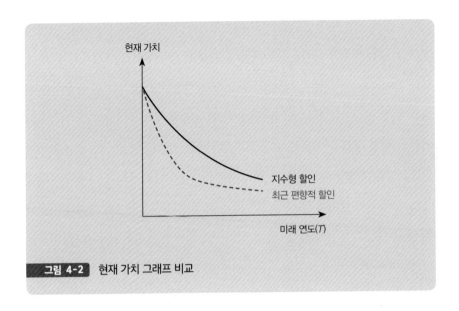

그림 4-2 현재 가치 그래프 비교

시간이 지나면 점점 줄어드는 모습을 가지는 것입니다.

지수형 할인 곡선과 최근 편향적 할인 곡선이 이렇게 다른 형태를 가지는 근본적 이유는 함수식이 다르기 때문입니다. 앞서 지수형 할인 함수식과는 달리 최근 편향적 할인은 현재에서 먼 미래로 진행될수록 시간할인율이 작아지기에 미래 가치가 현재와 가까운 미래에서 급격하게 떨어지다가 먼 미래로 갈수록 매우 완만하게 하락합니다. 이런 최근 편향적 할인 특성이 반영된 함수식은 다음과 같습니다.[3]

$$현재\ 가치 = \frac{1}{(1+\alpha T)} \times 미래\ 가치$$

----

3) 여러 형태의 최근 편향적 시간할인 함수식이 제시되고 있지만, 최근 편향적 할인의 대표적 함수로 인정을 받는 Richard Herrnstein(1981)과 James Mazur(1987)의 함수식을 소개한다.

여기에서 T는 시간 변수입니다. α는 최근 편향의 정도를 나타내는 가중치 계수입니다. 세계적 학자들로부터 인정을 받은 함수식이라 생각하니 왠지 복잡하고 어려울 것이라는 선입견도 생길 수 있겠습니다. 하지만 이 함수식은 여러분이 중학교 수학 시간에 배웠던 유리 함수의 형식과 동일합니다. 고급수학 이론의 회전 행렬을 이용하거나 쌍곡선의 기본 성질을 활용하면 유리 함수가 쌍곡선임을 증명할 수도 있지만, 이 책에서 이런 수학적 증명을 다루지는 않겠습니다. 우리가 알아야 할 핵심 포인트는 이 함수식이 쌍곡선의 형태를 가진다는 것입니다. 그래서 경제학자들은 쌍곡선의 영어식 표현인 **Hyperbolic**이라는 단어를 사용해서 쌍곡선 할인 혹은 하이퍼볼릭 할인이라고 부릅니다.

이 단순화된 쌍곡선 할인 함수식을 미래 가치 10만 원의 현재 가치 그래프로 그리면 〈그림 4-3〉과 같습니다. 분모의 α값이 커질수록, 즉 최근 편향 성향이

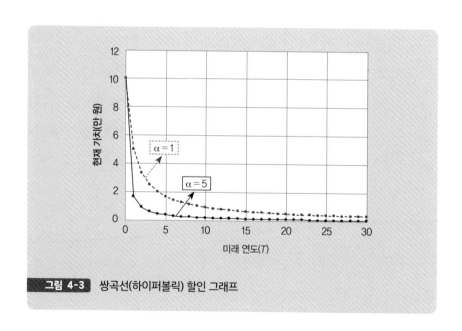

그림 4-3 쌍곡선(하이퍼볼릭) 할인 그래프

강할수록 현재와 가까운 미래의 시간에 대하여 시간할인율이 급격하게 높아집니다. 결국 급격하게 높아지는 할인으로 더욱 가파르게 떨어지는 쌍곡선 형태의 곡선이 그려지게 되는 것입니다.

최근 편향적 할인 현상의 보편성

세일러의 1981년 실험 논문은 인간의 최근 편향적 할인 성향에 대한 연구를 고취시킨 선구자적 역할을 담당하였습니다. 이 논문에 영향을 받은 수많은 후속 연구들이 인간의 최근 편향적 할인 성향을 재확인하였습니다.[4] 이제 인간의 최근 편향적 할인 행동은 특수한 현상으로 치부되지 못하는 일반적이고 보편적인 인간 행동으로 받아들여지고 있습니다. 최근 편향적 할인 현상에 대한 수많은 연구들 중에서 비교적 최근의 실험 연구이면서도 아시아 국가인 일본을 사례로 삼은 연구를 소개합니다.

채무분쟁과 관련된 2010년 일본의 전국실험조사[5]를 살펴봅시다(이해를 돕기 위해 원화로 환산하였습니다). 여기 채권자는 채무자로부터 1년 뒤 10만 원을 받기로 되어있습니다. 그런데 상환 만기일 90일 전이 되어서 채무자가 채권자에게 1주일만 상환을 연기해 달라고 요청합니다. 채권자는 좀 난감하겠지만,

---

4) Frederick et al.(2002)에 따르면, 수많은 후속 확인 논문들로 Uri Benzion, Amnon Rapoport & Joseph Yagil(1989), Gretchen Chapman(1996), Gretchen Chapman & Arthur Elstein(1995), John Pender(1996), Donald Redelmeier & Daniel Heller(1993) 등이 거론된다.

5) 이케다 신스케, 왜 살찐 사람은 빚을 지는가, 김윤경 역, 와이즈베리, 2013, p. 99에서 인용.

채무자의 1주일 연기 요청을 받아들이면서 연기에 대한 이자액을 요구할 것입니다. 이때 채권자들이 생각하는 1주일 연기에 대한 보상 이자액이 얼마 정도면 되겠냐고 조사한 결과, 평균 910원으로 조사되었다고 합니다. 이 금액을 연이율로 계산하면 약 47.7%가 됩니다.

그런데 만약 채무자가 만기일 2일 전에 급하게 연락이 와서 1주일만 연기해 달라고 할 땐 보상 이자액이 얼마로 조사되었을까요? 이번 연기 요청 기간도 역시 1주일이니까 약 910원이 1주일 연기에 대한 이자액으로 조사되었을까요? 아닙니다. 비록 동일한 **1주일**이라는 기간에 대한 연기 요청이지만, 만기 2일 전에 요청받았을 때는 채권자들이 요구하는 보상 이자액이 평균 1010원이었답니다. 이 금액을 연이율로 계산하면 약 52.8%에 해당됩니다.

동일한 1주일이지만, 상환 날짜가 채권자의 눈앞에 닥쳤을 때의 1주일은 더 큰 가치로 느껴지고 먼 미래의 1주일은 상대적으로 작게 느껴졌던 것입니다. 그 결과, 현재와 가까운 미래의 1주일에 채권자는 더 높은 이자율을 적용하고, 현재와 먼 미래의 1주일에는 상대적으로 더 낮은 이자율이 적용한 것이지요. 이 일본 사례는 세일러의 1981년 논문에서 수행된 15달러 보상 실험의 1개월, 1년, 10년에 대한 이자율이 점점 작아졌던 결과와 일치합니다. 인간이 현재와 가까운 미래의 시간에는 높은 할인율을 적용하는 반면, 현재와 먼 미래의 시간에는 상대적으로 작은 할인율을 적용한다는 것이 2010년 일본 사례에서도 재확인되었습니다.

이번에는 세일러의 1981년 논문에서 수행한 사과 실험과 같이 하루라는 시간의 가치가 현재와 가까운 미래냐 아니면 현재와 먼 미래냐에 따라 달라지는 또 다른 실험을 소개합니다. 사람들에게 31일째 되는 날 11만 원을 받을 것인지 아니면 30일째 되는 날 10만 원을 받을 것인지 선택하라고 했습니다. 대부분이 하루 더 기다리고 31일째 되는 날 11만 원을 가져가는 것이 좋다는 대답을 합니다. 24시간이라는 시간 비용을 1만 원으로 측정한 것 같군요. 그런데 동일한 사람들을 대상으로 또 다른 질문을 합니다. "오늘 10만 원을 가져갈래요? 아니면 내일 11만 원을 가져갈래요?" 이번에는 사람들의 선호가 바뀝니다. 대부분이 오늘 10만 원을 가져가겠다고 합니다. 24시간이라는 시간 비용이 이제는 1만 원을 초과한 것으로 생각됩니다. 즉, 현재와 가까운 미래의 시간에는 높은 이자율을 적용하려고 하고, 현재와 먼 미래의 시간에는 상대적으로 낮은 이자율을 적용하려는 현상이 나타난 것으로 해석할 수 있습니다.

이러한 최근 편향적 할인 현상, 동일한 1일이라는 시간도 먼 미래에서는 충분히 선호하지만 가까운 미래에서는 선호하지 않게 되는 이러한 현상을 **선호역전**Preference Reversals이라는 명칭으로 부르기도 합니다. 이 선호 역전에 대한 세일러의 연구를 잇는 대표적 후속 연구들로 그린L. Green, 프리스토N. Fristoe와 마이어슨J. Myerson(1994), 커비K. N. Kirby와 헤른스테인R. J. Herrnstein(1995), 밀러A. Millar와 나바리크D. J. Navarick(1984) 등이 거론됩니다.

동물을 상대로 선호 역전 현상을 실험한 연구들도 많습니다. 그중에서 비둘기를 대상으로 한 선호 역전 현상 실험을 하나 소개하겠습니다. 1981년 에인슬리G. Ainslie와 헤른스테인은 비둘기들을 다음과 같은 장치가 설계된 새장에 넣어두고 관찰했습니다. 새장 안에는 빨간불이나 초록불이 켜진 막대가 있는데, 비둘기가 이 막대를 부리로 쪼면 곡물이 나오게 하였습니다. 단 빨간불이 켜진 막대를 쪼면 적은 양의 곡물이 바로 나오게 한 반면, 초록불이 켜진 막대를 쪼면 많은 양의 곡물이 나오지만 약 4초 정도 늦게 나오도록 설계하였습니다. 충분한 시간이 흘러, 비둘기들은 막대에 초록불이 켜질 때와 빨간불이 켜질 때의 곡물량의 차이와 시간의 차이를 알아차렸다고 합니다. 비둘기들은 어떤 색깔의 막대를 쪼아서 곡물 먹기를 더 선호하였을까요? 비둘기들은 빨간불의 막대를 쪼아서 비록 적은 양이지만 빨리 곡물을 얻는 쪽을 선호했다고 합니다. 그러니까 비둘기 역시 곡물의 양이 적더라도 1초라도 빨리 가져가는 쪽을 선택한 것입니다.

비둘기의 기다림과 먹이의 양을 관찰한 실험을 보니 우리가 오래전부터 알고 있던 원숭이들이 나오는 고사성어가 하나 떠오릅니다. "조삼모사", 열자 황제편과 **장자** 제물론편에 나오는 고사성어이지요. 송나라 저공이라는 사람이 기르고 있던 원숭이들에게 도토리를 먹이로 주어야 하는데, 아침에 3개, 저녁에 4개를 준다고 하니 원숭이들이 화를 내었지만 아침에 4개, 저녁에 3개를 준다고 하니 원숭이들이 분노를 누그러뜨리고 흔쾌히 받아들였다는 이야기를 다들 알고 있을 것입니다. 우리는 조삼모사를 통해 주로 이 고사성어가 내포하는 교훈적 메시지에 초점을 맞추었습니다. 저공처럼 간사한 꾀로 남을 속이는 사람의 모습 혹은 원숭이들처럼 당장 눈앞에 닥친 현실에만 몰두하는 어리석은 행동을 비평할 때 이 고사성어를 사용하는 것이라고 강조했던 선생님의 말씀이 기억납니다.

하지만 저는 이 책을 통해 조삼모사에서 나타나는 저공의 행동이나 원숭이들의 행동을 윤리적 옳음과 그름이나 계산 능력의 합리성과 비합리성이라는 이분법적 관점으로 해석하고 싶지 않습니다. 조삼모사라는 고사성어를 통해 "저공과 같이 윤리적으로 그릇된 행동은 하지 말아야 한다"라는 평가를 내리기보다는, 오히려 모든 인간은 조삼모사의 원숭이들처럼 현재와 가까운 시간에 대하여 높은 할인율을 부과할 수 있음에 공감하고, 이를 인간의 자연스러운 경제 행동으로 보는 것이 우리 주변에서 일어나고 있는 경제 현상들을 더욱 정확하게 이해하는 데 도움이 되는 것이라고 해석하고 싶을 뿐입니다.

시간할인율 어나멀리의 일정한 규정들

기존의 표준 경제학이 주장하는 것과 달리, 시간할인율은 일정하지 않으며 최근 편향적(쌍곡선, 즉 하이퍼볼릭 형태의) 시간할인율의 특징을 가지고 있음이 많은 연구를 통해 증명되었습니다. 이렇게 시간할인율이 일정하지 않음을 보여주는 시간할인율의 어나멀리는 일정한 규정의 형태로 일상 속에 존재하고 있음이 밝혀지고 있습니다. 이러한 규정의 형태는 주로 실증분석이나 실험을 통해 발견되어 **실증 규정들**Empirical Regularities이라고 불립니다. 본 수업에서는 **크기 효과, 부호 효과, 지연-속결 간 비대칭성, 결과 개선 선호, 소비 선택 선호의 독립성 위배** 등 총 5개의 시간할인율 어나멀리의 규정들을 소개하겠습니다.

첫째, 크기 효과는 시간할인율이 보상의 크기가 작으면 더 많이 할인되고 보상의 크기가 크면 상대적으로 적게 할인된다는 것을 의미합니다. 앞서 1981년 세일러의 15달러 보상 실험에서 오늘의 15달러를 1년 후에 받는다면 50달러는 받아야 한다는 실험 결과를 기억하실 겁니다(〈표 4-2〉 참조). 이 50달러는 연 이자율로 120%였습니다. 그럼 실험금액을 키워서 250달러로 하면 어떻게 될까요? 만약 오늘의 250달러를 1년 후에 받아야 한다면 피실험자들은 350달러는 받아야 한다고 응답합니다. 절대금액으로 보면 약 100달러가 늘어났습니다. 응답자들이 나름대로 충분히 늘린 것처럼 보입니다. 하지만 이를 연이자율로 계산하면 약 34%입니다. 15달러 실험이었을 때 1년 후 보상금액(50달러)이 연이자율로 120%였음과 비교하면 오히려 이자율이 낮아졌습니다. 이번에는 오늘의 3000달러를 1년 후에 가져간다면 얼마가 되어야겠냐고 물었더니 4000달러라고 응답했답니다. 절대금액으로 보면 무려 1000달러가 늘어났네요. 절대금액 증가분만 보면 역시 충분하게 늘린 것 같지만, 연이자율로 계산하면 약 29%입니다(〈표 4-4〉 참조).

2005년 일본에서도 이와 비슷한 설문조사를 실시했었습니다(이해를 돕기 위해 원화로 환산하였습니다). 1년 후 10만 원에 대해서는 약 6.7%의 할인율이 적용되었으나, 1000만 원에 대해서는 약 1.2%만 적용되었습니다. 사람들은 보상금액의 절대 액수가 커지면 이전에 자기가 적용했던 시간 비용이 충분히 보상받았다고 생각하고 이자율로 환산된 수치를 정확하게 인지하지 못합니다. 절대 액수가 커짐으로써 이자율이 오히려 낮아지고, 결국 최근 편향적 시간할

표 4-4 최근 편향적 할인율의 크기 효과[6]

오늘 받을 금액	1년 후 보상금액	이자율
15달러	50달러	120%
250달러	350달러	34%
3000달러	4000달러	29%

---

6) R. Thaler, "Some empirical evidence on dynamic inconsistency", *Economics Letters*, 8(3) 1981 내용 재구성.

인율이 적용되지만 상대적으로 절대 액수가 커지면(작아지면) 할인율 하락 폭이 작아지게(커지게) 된다는 것입니다.

이러한 실험 결과들을 통해 시간할인율 성향에서 보상의 **크기**에 따라 나타나는 일정한 규정이 발견되고, 보다 구체적으로 표현하자면 보상의 크기가 커질수록 하락하는 시간할인율을 덜 하락시키는 행동을 유발한다고 하여 **크기 효과**라는 명칭이 붙게 된 것입니다.

두 번째 일정한 규정은 부호 효과입니다. 부호 효과란 앞으로 일어날 미래의 사건이 이득과 관련되었느냐[즉, 양(+)의 부호의 성격을 가지느냐] 아니면 손실과 관련되었느냐[즉, 음(−)의 부호의 성격을 가지느냐]에 따라 시간할인율이 다르게 적용되는 현상을 말합니다. 많은 실험 연구를 통해 만약 미래의 사건이 이득인 경우에는 손실인 경우에 비해 더 큰 할인율이 적용된다는 점이 발견되고 있습니다.

예를 들어 조지 로웬스타인의 1988년 논문은 부호 효과 현상을 대표적으로 보여줍니다. 피실험자들에게 "당신은 지금 10달러를 상금으로 받을 수 있는데, 만약 이 10달러를 지금 받지 않고 1년 뒤에 받아야 한다면 얼마를 받겠습니까?"라고 물었습니다. 피실험자들은 "10달러를 지금 받지 않고 1년 뒤로 미뤄서 받는다면 21달러를 받아야 한다"라고 대답합니다. 21달러를 연이자율로 계산하면 약 74%입니다. 이번에는 피실험자들에게 "당신은 지금 10달러를 벌금으로 내야 하는데, 만약 10달러를 지금 내지 않고 1년 뒤에 낸다면 얼마를 내야 한다고 생각합니까?"라고 물었습니다. 그러자 그들은 "15달러"라고 대답합니다. 연이자율로 계산하면 약 40.5%입니다.

동일한 규모의 액수일지라도 이것이 이득이냐 아니면 손실이냐에 따라 시간할인율이 달라졌습니다. 행동경제학자들은 우리가 앞서 다루었던 전망 이론을 가지고 이 부호 효과의 어나멀리를 설명합니다. 인간이 동일한 규모라도 이득에서 느끼는 만족보다 손실에서 느끼는 불만족이 더 크므로, 미래의 손실을 회피하기 위해 미래의 시간할인율을 본능적으로 작게 적용하는 것이고, 따라서 손실을 미래로 미루기보다는 최대한 빨리 처리하고 싶은 인간의 감성적 판단이 작용되었다고 보는 것입니다.

부호 효과의 시간할인율 어나멀리는 일상에서 자주 경험할 수 있습니다. 예를 들어, "좋은 소식이 하나 있고 나쁜 소식이 하나 있어. 무엇부터 들을래?"라는 질문을 받았을 때 많은 사람이 나쁜 소식부터 먼저 듣기를 원합니다. 나쁜 소식을 좋은 소식보다 먼저 듣고 싶은 이유는 지금 듣지 않고 미래로 미루었을 때 적용되는 할인율은 좋은 소식이 나쁜 소식보다 더 높기 때문입니다. 마치 1988년 로웬스타인의 실험에서 상금 10만 원은 74%의 시간할인율이, 벌금 10만 원은 40.5%의 시간할인율이 적용되었던 것처럼 말이지요. 지금 현재 동일한 규모의 이득과 손실을 주는 좋은 소식과 나쁜 소식에 직면한 사람들은 좋은 소식에 상대적으로 더 높은 시간할인율을 적용하여 지금이 아닌 미래에 들어도 충분히 높은 가치를 누릴 것이라 생각하지만, 미래 이자율이 상대적으로 낮게 적용되는 나쁜 소식은 좋은 소식보다 미래 가치가 낮기에 기왕이면 나쁜 소식을 먼저 들려달라고 하는 것입니다.

저도 개인적으로 이 부호 효과 현상을 경험한 기억이 있어서 소개할까 합니다. 저는 미취학 아이들과 노는 것을 즐깁니다. 대학원생일 때에는 지역의 작은 교회에서 예배 시간 동안 성도들의 미취학 자녀들과 함께 놀아주는 선생님 역할을 수년간 맡은 적도 있습니다. 대학원을 졸업하고 바쁜 직장생활을 하면서,

저는 주말마다 제 아이들과 함께 피크닉이나 체육 활동 등을 하며 주중에 쌓였던 스트레스도 해소하고 나름대로 정신적, 신체적 재충전 시간을 가졌습니다. 하지만 직장생활이라는 게 보통 만만치 않아서, 주중에 끝내지 못한 업무를 주말에 숙제처럼 해야 할 경우가 빈번했습니다. 그래서 금요일 오후 5시경이 되면, 주말에 처리해야 할 숙제 같은 일과 아이들과 놀러갈 계획, 이 두 가지 이벤트가 제 눈앞에 놓여있었지요. 저는 아주 특별한 상황이 아니라면, 토요일에 숙제 같은 업무를 먼저 처리하고, 일요일에 아이들과의 피크닉을 즐겼습니다. 손실과 연관된 일을 먼저 하고, 이득과 연관된 일은 나중에 하는 저의 행동은 시간할인율의 부호 효과와 상통합니다. 숙제처럼 힘든 일은 미래로 보냈을 때 상대적으로 낮은 이자율이 적용되니 하루라도 빨리 처리하는 것이 더 만족스러운 것이고, 피크닉처럼 즐거운 일은 미래로 보냈을 때 상대적으로 높은 이자율이 적용되니 최대한 나중으로 미루는 것도 충분히 감당할 만큼 만족스러웠기 때문입니다.

제가 방금 "아주 특별한 상황이 아니라면"이라는 전제를 달면서 저의 부호 효과 경험 사례를 소개했지요? 시간할인율 부호 효과의 전제 조건이 이익과 손실의 규모가 동일해야 하는 것인데, 저는 이익−손실 규모가 동일하지 않은 특별한 상황도 마주했었습니다. 바로 밀린 업무라는 숙제가 제공하는 손실의 규모가 피크닉이 제공하는 이익이 규모에 비해 아주 작았던 상황입니다. 이러한 상황일 때 숙제가 제공하는 손실에 대한 저의 심리적 불만족도 역시 작아지기에, 자연스럽게 손실 회피 성향이 저한테 잘 발동되지 않았습니다. 숙제의 손실 규모가 작아질수록 숙제를 빨리 해결해야겠다는 동기도 작아져서 결국 숙제를 최대한 미뤘던 기억이 납니다. 그러면 저는 토요일부터 일요일 오후까지 1박

2일로 아이들과 신나게 놀고 와서, 일요일 늦은 저녁이 되어서야 '뭐, 할 수 있는 데까지만 해보자'라는 마음으로 그 숙제를 적당히 처리하곤 했지요. 이렇게 특별한 상황, 손실의 규모가 너무 작은 경우에는 부호 효과가 발현되지 않을 수도 있다는 것을 꼭 유념해 주시길 바랍니다.

　서울대학교 이준구 교수의 인간의 경제학(2017)이라는 책에도 부호 효과에 대한 흥미로운 사례들이 나옵니다. 이준구 교수는 시간할인율의 부호 효과 현상을 일반 경제학자들이 설명하기엔 "머리를 긁적"거릴 만큼 쉽지 않다고 표현합니다. 호모 에코노미쿠스에게는 즐거운 일은 가능한 한 빨리 즐기고 불편한 일은 가능한 한 뒤로 미루는 것이 최선의 선택이기 때문이며, 경제학 전공자 역시 호모 에코노미쿠스의 행동에 공감할 수 있겠습니다. 호모 에코노미쿠스라면, BTS와 같은 셀럽과 만나는 약속은 가능한 한 빨리 실행으로 옮기고 싶고, 극강의 고통을 주는 전기충격을 받는 일이라면 내 생이 다하는 날까지 미루고 미루어서 죽기 직전에 받는 것이 최선일 것입니다. 하지만 현실에서 인간의 행동은 이와는 정반대로 나타난다고 이준구 교수는 지적합니다. 사람들은 셀럽과의 만남 이벤트를 예상과 달리 상당히 먼 날짜로 잡고서 그 이벤트가 오는 미래의 시간까지 감당하기를 원했으며, 극강의 고통을 주는 전기충격도 예상과 달리 당장 그 충격을 받겠다고 응답했다는 것입니다. 이는 경제학으로 설명할 수 없는 심리학의 영역이라고 소개하면서, "무언가 좋은 것이 있을 때 바로 소비하지 않고 두고두고 천천히 음미하려는 마음과 무언가 나쁜 것이 있을 때 뒤로 미루지 않고 바로 처리해 버리려는 마음"[7]으로 설명하였습니다.

---

7)　이준구, 인간의 경제학, 알에이치코리아, 2017, p. 296.

하이퍼볼릭 시간할인율의 일정한 규정들 중에서 지연-속결 간 비대칭성을 소개합니다. 1988년 로웬스타인의 실험은 미래의 보상이 예상했던 시간보다 더 지연되어 주어지느냐 아니면 예상했던 시간보다 더 빨리 주어지느냐에 따라 인간이 책정하는 시간할인율이 달라지는 현상을 발견해 냅니다. 실제 실험에서는 VCR 제품을 사용하였지만, 저는 한국적 상황에 맞게 VCR 대신 비디오게임 프로그램으로 바꾸어 실험 내용을 각색하고자 합니다.

여기 매우 인기 있는 비디오게임 프로그램이 있습니다. 한 구매자는 온라인으로 구매 지불을 완료하였지만 워낙 인기가 많아 게임 회사로부터 1년 뒤에나 이 게임 프로그램을 배달받을 수 있다는 연락을 받습니다. 이 구매자는 지불 후 배달이 될 때까지 1년이 걸릴 줄은 전혀 예상하지 못했습니다. 이때 게임 회사는 구매자에게 제안을 합니다. "속결 서비스 혜택을 사용하시면 1년을 기다리지 않고 지금 바로 배달을 받을 수 있습니다. 이 속결 서비스 사용을 위해 얼마를 지불하시겠습니까?" 구매자들의 응답을 종합해 보니, 평균 54달러(약 7만 원)를 내고 속결 서비스 사용을 허락했답니다.

추가 실험을 합니다. 온라인으로 돈을 지불하고 언제 배달되는지 물어보는 구매자들에게 게임 회사는 제품 배달은 역시 1년 뒤에 이루어진다고 말해줍니다. 1년이나 기다려야 되는지 몰랐던 이번 구매자들도 당황스러워합니다. 하지만 게임 회사의 이번 질문은 다릅니다. "배달 시간이 1년 연기된 것으로 인해 얼마의 보상을 원하십니까?" 조사 결과, 이 질문에 대한 대답은 평균 126달러(약 16만 원)였답니다.

동일한 1년이라는 시간인데 하나는 예상했던 것보다 **속결**되는 1년에 대한 가치를 54달러로 책정한 반면, 다른 하나는 예상했던 것보다 **지연**되는 1년에 대한 가치를 126달러로 매깁니다. 즉 동일하게 1년이라는 시간이라도, 이것이 자신이 기준으로 잡고 있는 시간에서 지연되는 것이냐 아니면 속결되는 것이냐에 따라 시간할인율은 같지 않음이 명백하게 드러난 실험 결과입니다. 이러한 현상을 시간할인율의 지연-속결 간 비대칭성이라고 말합니다.

네 번째 시간할인율 어나멀리의 일정한 규정으로서 결과 개선 선호를 소개합니다. 다음의 실험을 보시지요. 여기 서로 다른 임금 지급 방식이 담긴 두 개의 시간 선택이 있습니다. 어느 쪽을 더 선호하십니까?

> 선택 1 : 재직 기간 20년. 근무 연차가 1년씩 늘어날 때마다 임금이 점점 올라가는 방식
>
> 선택 2 : 재직 기간 20년. 근무 연차가 늘어나도 임금 변화가 거의 없는 방식

참고로, 이 직장에서 재직하는 동안 업무는 동일합니다. 그리고 총 20년의 재직 기간 동안 받는 임금 총액을 현재 가치로 환산한 금액도 선택 1과 선택 2 모두 동일합니다. 즉 어느 한쪽이 20년 근무 기간 동안 더 높은 경제적 이익(더 많은 임금 총액)을 제공하지 않습니다. 단지 재직 기간 동안 시간의 흐름에 따른 임금 지급 방식이 다를 뿐입니다. 선택 1은 입사 초기에는 낮은 임금이지만 시간이 지날수록 점점 높은 임금을 받는 것이며, 선택 2는 입사 초기부터 어느 정도 높은 임금을 받지만 이 초기 임금은 시간이 지나도 그대로 유지됩니다.

대다수 응답자가 시간이 지날수록 점점 임금이 올라가는 선택 1을 선호하였습니다. 역시 호모 에코노미쿠스라면 두 선택이 제공하는 경제적 이익은 동일하기에 두 선택 간 선호의 차이는 없을 것입니다. 하지만 현실에서의 인간은 호

모 에코노미쿠스와는 달리 시간에 따라 임금이 더 높아지는 방식을 선호하는 비합리적 의사결정 행동을 하였습니다.

도대체 사람들은 왜 점점 상승하는 임금 지급 방식을 더 선호하는 것일까요? 심리학자와 행동경제학자들은 장기적 시간일 경우에 인간은 그 긴 시간이 흐를수록 자신의 삶이 개선되면 심리적 안정감을 가지기 때문이라 설명합니다. 다시 말해, 동일한 재직 기간 동안 동일한 현재 가치의 임금을 수령한다고 해도 그 동일한 시간 동안 자신의 장기적 인생 수준이 점점 개선된다고 느끼는 것에 호감을 가진다는 뜻이지요.

임금과 같은 이득의 경우가 아니라 고통과 같은 손실의 경우에도 시간이 진행됨에 따라 체감하는 고통이 점점 줄어드는 것을 더욱 선호합니다. 채프먼은 2000년 실험에서 이렇게 물었습니다.[8] "당신이 앞으로 20년이라는 기간 동안 두통으로 고생할 것이라 가정해 보세요. 여기 선택지가 두 개 있습니다. 선택 1은 20년이라는 기간 동안 1년 차에는 두통의 강도가 높지만 해가 지나면서 두통의 강도가 점점 낮아지는 것이고, 선택 2는 1년 차에는 두통의 강도가 낮지만 해가 지나면서 두통의 강도가 점점 높아지는 것입니다. 물론 선택 1이나 선택 2나 20년 동안 당신이 느끼게 될 총고통의 정도나 양은 동일합니다." 대부분의 피실험자들은 선택 1을 선호했다고 합니다. 일정한 기간과 총손실의 양이 정해졌다면, 사람은 그 손실이 시간의 흐름에 따라 개선되는 것을 더욱 선호하는 반면, 그 손실이 시간의 흐름에 따라 더욱 악화되는 것을 덜 선호한다는 실험 결

---

8) Gretchen B. Chapman, "Preferences for improving and declining sequences of health outcomes", *Journal of Behavioral Decision Making*, 13(2), 2000, pp. 203~218.

과입니다.

시간할인율의 어나멀리를 설명하는 일정한 규정들 중 마지막 다섯 번째 규정을 소개합니다. 바로 소비 선택 선호의 독립성 위배입니다. 기존의 표준 경제학은 인간이 현재 소비에 대한 선호를 결정할 때 과거나 미래 시간대에서의 소비나 선호와는 상관없이 완벽하게 독립적으로 수행한다고 가정합니다. 이를 좀 더 쉽게 표현하자면, 합리적 인간인 호모 에코노미쿠스는 오늘 밤 이탈리안 레스토랑과 중화요리 레스토랑 중 어디가 더 좋은지 선호도를 판단할 때, 어제 저녁에 이탈리아 요리를 먹었는지의 여부나 내일 저녁에 이탈리아 요리를 먹을 예정인지에 전혀 영향을 받지 않는다는 뜻입니다. 지금 이 시간 소비 프로파일을 구성하는 2개의 소비 선택(이탈리안 레스토랑과 중화요리 레스토랑 중 하나를 선택)에 있어서 다른 시간에서의 소비 사건으로부터 완전히 독립적으로 판단할 수 있고, 이러한 판단 기준으로 완벽하게 합리적인 선호를 선택함을 의미합니다.

하지만 현실에서의 인간은 시간대별 소비 선택이 과거나 미래의 소비 선택과 전혀 연관성을 가지지 않고 완벽하게 독립적으로 결정하지 않습니다. 이를 증명하는 실험 사례를 소개합니다.

> "당신에게 앞으로 5주 동안 매주 토요일에 다음과 같은 저녁 식사 스케줄이 담겨있는 선택 A와 B가 있습니다. 선택 A는 첫째 주 토요일에 고급호텔 뷔페에서 식사하고 나머지 4개 주 토요일 저녁은 모두 집에서 식사를 하며, 선택 B는 셋째 주 토요일에 고급호텔 뷔페에서 식사하고 나머지 4개 주 토요일 저녁은 모두 집에서 식사를 합니다. 어떤 선택을 더 선호하십니까?"

응답자들의 89%가 선택 B를, 오직 11%만이 선택 A를 선호했다고 합니다 (〈표 4-5〉 참조). 이 응답 결과를 보면 피실험자들은 첫째 주보다 셋째 주에 고급호텔 뷔페에 가는 것을 더 선호한다고 해석할 수 있겠습니다.

그렇다면 이번엔 이 동일한 피실험자들에게 〈표 4-6〉의 선택 C와 D 중 무엇을 선호하는지 다시 묻습니다. 만약 피실험자들이 소비 선호의 독립성과 일관성을 완벽하게 갖추고 있는 호모 에코노미쿠스라면 (앞선 질문의 A와 B 중 B, 즉 셋째 주에 고급호텔 뷔페에 가는 것을 선호하였듯이) 이번 선택 C와 D 중에서 셋째 주에 호텔 뷔페에 가는 선택 D를 일관되게 선호할 것이라 예측할 수 있습니다.

표 4-5   토요일 저녁 스케줄 선택 질문과 응답 - 1[9]

	첫째 주	둘째 주	셋째 주	넷째 주	다섯째 주	응답 결과
선택 A	호텔 뷔페	집밥	집밥	집밥	집밥	11%
선택 B	집밥	집밥	호텔 뷔페	집밥	집밥	89%

표 4-6   토요일 저녁 스케줄 선택 질문과 응답 - 2[10]

	첫째 주	둘째 주	셋째 주	넷째 주	다섯째 주	응답 결과
선택 C	호텔 뷔페	집밥	집밥	집밥	고급 일식	49%
선택 D	집밥	집밥	호텔 뷔페	집밥	고급 일식	51%

---

9) S. Frederick et al., "Time discounting and time preference : A critical review", *Journal of Economic Literature*, Vol. XL, 2002, p. 364 표 내용 재구성.

10) 앞의 논문(2002) 내용 재구성.

하지만 실험 결과는 우리의 예측과 달랐습니다. 다섯째 주 토요일에 고급 일식 레스토랑 계획을 넣었다는 이유만으로 피실험자들의 소비 선호의 독립성과 일관성은 유지되지 못했습니다. 응답 결과는 49% 대 51%로, 호텔 뷔페를 가는 시기로 셋째 주를 명확하게 신호했던 현상은 찾아보기 어렵습니다. 다섯째 주에 고급 일식을 먹는다면, 호텔 뷔페를 위해 첫째 주를 선택하는 것도 선호하게 됩니다. 첫째 주에 호텔 뷔페를 즐기고 난 후 4주 동안 외식을 하지 않다가 다섯째 주에 고급 일식으로 외식을 즐기는 스케줄도 충분히 좋은 선택이라고 생각할 수 있겠지요. 즉 현실에서의 인간은 시간대별 소비 선택이 과거나 미래의 소비 선택과 전혀 관련 없이 완벽하게 그 시간대에 일정한 선호를 가지지 않습니다. 5주 동안 한 번 외식할 때는 셋째 주에 호텔 뷔페 외식을 선호하다가도, 다섯째 주에 고급 일식 선택지가 생기면 셋째 주에 호텔 뷔페를 선호했던 결정이 첫째 주로 바뀔 수 있는 것입니다.

비일정 시간할인율에 대한 소결 및 기타 이야기

기존의 표준 경제학에서 인간은 오늘과 내일 사이의 1일이라는 시간 가치와 100일과 101일 사이의 1일 간의 시간 가치를 동일하게 느낍니다. 물론 사람마다 느끼는 가치의 차이는 존재할 수 있습니다. 철수가 생각하는 1일의 가치와 영희가 생각하는 1일의 가치는 다를 수 있지요. 개인별 시간 가치는 다를 수 있지만, 한 명의 개인 안에서는 일정한 가치를 가져야 한다는 것이 주류 경제학이 전제하는 합리적 인간의 모습입니다. 만약 철수가 호모 에코노미쿠스라면, 그가 판단하는 오늘과 내일 사이의 **1일**의 가치와 100일과 101일 사이의 **1일**의 가치는 동일해야 합니다.

하지만 수많은 실험 연구를 통해 인간은 시간할인율을 일정하게 책정하지 않고 있음이 밝혀졌습니다. 시간할인율이 매 시기에 일정하게 책정된다면, 지수형 할인 함수로 표현이 가능합니다. 하지만 실제 인간은 동일한 1일이라도 현재와 가까운 미래 시간대의 1일에는 높은 할인율을 책정하고 현재와 점점 멀어지는 미래 시간대의 1일에는 점점 낮은 할인율을 책정하고 있습니다. 이렇게 최근 편향적인 할인율 책정 행태를 함수로 표현하면 쌍곡선 함수의 형태를 가지기에 쌍곡선 시간할인율 혹은 쌍곡선의 영어 **Hyperbolic**을 사용하여 하이퍼볼릭 시간할인율이라고 부르는 것입니다.

이런 최근 편향적 시간할인율에 대한 실험 사례들도 살펴보았습니다. 특히 세일러의 1981년 논문은 이 주제의 대표적 실험입니다. 이 논문에서 다룬 최근 편향적 시간할인율, 크기 효과, 부호 효과는 최근 편향적 시간할인율과 그 어나 멀리를 배울 때 가장 많이 인용되는 문헌이니 유용하게 활용하시길 바랍니다.

사실 인간의 최근 편향적 시간할인율 성향은 일찍이 경제학계보다 심리학계에서 많은 관심을 받아 왔습니다. 심리 실험 연구인 **마시멜로 테스트**는 최근 편향적 시간할인율과 관련된 유명 실험 사례입니다. 아마도 여러분은 미취학 아동들이 출연하는 인기 예능 프로그램에서 이 마시멜로 테스트를 본 적이 있을 것입니다. 인터넷에 들어가면 그때 방영되었던 테스트 영상을 쉽게 찾아볼 수 있습니다. 매우 맛있어 보이는 마시멜로를 눈앞에 두고도 먹지 못하는 영상 속 어린이들의 모습에 많은 사람이 빠져들곤 했습니다.

심리학자들은 마시멜로 테스트를 인간의 **자기 통제** 능력과 그 능력 차이에 따른 사후 효과를 검토하려는 목적으로 수행하였습니다. 미래에 더 큰 보상을 받기 위해 현재의 작은 만족을 참을 줄 아는 자기 통제력을 가진 어린이와 통제력이 없는 어린이가 서로 다른 성장 과정을 거쳐 성인이 되었을 때 얼마나 경제적·사회적 격차를 가지는지를 탐구한 실험이었습니다. 1970년대 초반 스탠퍼드대학교의 월터 미셸 교수가 당시 교내 유아원에 다니는 4~6세 아동들을 대상으로 수행한 이 마시멜로 테스트의 내용을 간략하게 정리하면 다음과 같습니다.

1. 유아원 선생님이 어린이를 한 명씩 방으로 데려간다.
2. 선생님은 어린이에게 마시멜로 한 개를 주고 다음과 같이 말한다.
3. "선생님이 잠깐 나갔다가 올 텐데, 그때까지 이걸 먹지 않고 기다리면 한 개 더 줄게."
4. 선생님은 약 15분 뒤에 돌아와서 참고 기다린 어린이에게는 약속대로 마시멜로 한 개를 더 준다.

마시멜로를 눈앞에 둔 어린이는 선택의 고민에 빠지게 됩니다. 지금 마시멜로 1개를 먹느냐 아니면 선생님이 돌아올 때까지 기다렸다가 마시멜로 2개를 먹느냐. 이 실험에 참가한 어린이들의 모습은 다양했습니다. 선생님이 이야기를 하는 도중에 참지 못하고 눈앞에 놓인 마시멜로를 먹는 어린이도 있었고, 선생님이 나간 후 열심히 참았지만 결국에는 선생님이 돌아오기 전에 1개의 마시멜로를 먹는 어린이도 있었으며, 선생님이 돌아올 때까지 열심히 참아서 마시멜로 2개를 먹는 데 성공한 어린이도 있었습니다.

심리학자들은 마시멜로 테스트 결과를 인생의 성취도와 연결 짓고 싶어 했습니다. 실험 결과, 선생님이 돌아올 때까지 마시멜로를 먹지 않고 결국 2개의 보상을 받아낸 어린이가 소위 자기 통제력이 높은 어린이이며, 이런 어린이들이 선생님이 돌아올 때까지 기다리지 못하고 마시멜로 1개를 먹어버린 어린이들에 비해 훗날 학업성취도도 훨씬 높고 자신이 원하는 직업을 가지게 되었다고 주장합니다. 물론 이런 주장에 의문을 제기하는 반대 연구도 존재하며, 마시멜로 테스트 결과와 학업 및 직업성취도 간의 연관성은 확실하게 결정된 바가 없다는 논쟁도 여전합니다.

여기에서 마시멜로 테스트 결과와 학업 및 직업성취도 간의 연관성에 대하여 논하지는 않겠습니다. 제가 조명하고 싶은 포인트는 바로 미래의 만족보다 현재의 만족에 더욱 이끌리는 인간의 본성입니다. 즉 최근 편향적 시간할인율을 인간의 자연스러운 원초적 성향으로 해석하고 싶습니다. 오히려 호모 에코노미쿠스가 적용하는 일정한 시간할인율이 비현실적인 인간의 모습이라는 것이지요. 인간이 사익을 추구하는 것이 원초적 성향이라고 주장하는 주류 경제학이 오히려 원초적 성향과 거리가 먼 일정한 시간할인율을 주장하는 것은 모순적 논리입니다. 따라서 일정한 시간할인율보다 최근 편향적 시간할인율이 현실에서의 인간 성향을 더욱 적절하게 반영하고 있음을 강조하고 싶습니다.

최근 편향적 시간할인율에 대해 다양한 실험 연구 사례들을 소개하려고 노력했지만, 주로 세일러와 로웬스타인 등 대표적인 행동경제학자들의 연구를 인용하다 보니 대부분 미국 사례였습니다. 대한민국의 사례를 가능하면 많이 소개하고 싶지만 엄격한 심사 검증을 거친 경제학 연구들이 풍부하지 않은 것도 사실입니다. 따라서 학술 논문 수준은 아니지만 현재 경제학자들 사이에서 논쟁 중인 최근 편향적 시간할인율 현상과 관련된 주제로서 1997~1998년 외환 위기와 가계저축률에 대한 사례를 소개합니다.

1997~1998년 외환 위기는 대한민국을 국가 부도라는 문턱까지 가게 만든 엄중한 사건이었습니다. 1998년 재계 상위 30대 그룹 중 무려 3분의 1에 해당되는 11개 그룹이 해체되었으며, 민간 소비가 1998년 1분기 −13.6%, 경제성장률이 −7%를 기록하면서 1996년 AA−를 받던 국가 신용 등급은 1998년 2월에 무려 B−로 수직 급락하였습니다. 저의 가까운 친척과 이웃 중에서도 당시 외환 위기로 파산의 고통을 겪으며 힘든 시간을 보냈던 사람들이 많았고, 그들을 옆에서 지켜봐야 했던 저 역시 그때를 무척 괴로웠던 시간으로 기억합니다. 그때를 직접 경험해 보지 못한 2000년 이후 출생자들은 2018년 개봉 영화 〈국가부도의 날〉을 보면서 그때의 상황을 미루어 짐작할 수도 있겠습니다.

1997~1998년 외환 위기 때 받은 IMF 구제 금융을 2000년 12월 상환하면서, 대한민국의 경제 회복도 본격적으로 이루어졌습니다. 하지만 외환 위기와 구제 금융의 후유증이 나타나기 시작했습니다. 특히 외환 위기 이후 우리나라의 경제 구조는 완전히 바뀌었습니다. 소득 양극화와 가계저축률 하락은 외환 위기 이후 대한민국 경제사회의 구조적 문제로 새롭게 부상하였습니다. 〈그림 4-4〉에서 보이듯이, 가계순저축률의 트렌드가 1997~1998년 외환 위기 이전과 이후로 완전히 구분됩니다. 외환 위기 이전 12년 동안(1985~1996년)은 평균 15%를 초과하며 움직이던 가계순저축률이 외환 위기 이후 12년 동안(2000~2011년)에는 평균 5% 미만에서 움직이는 트렌드로 바뀝니다. 지금이야 많은 사람이 주식시장 등의 다양한 자본시장에 투자하고 있지만, 1985~1996년 당시에는 대다수 국민에게 미래의 목돈을 마련하기 위한 자본 투자 방법은 은

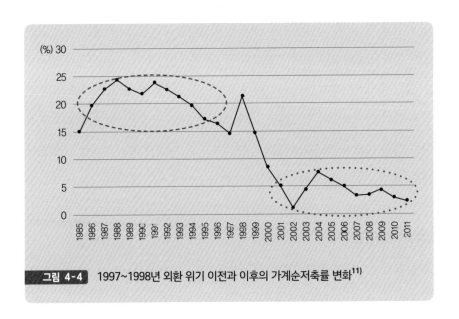

그림 4-4 1997~1998년 외환 위기 이전과 이후의 가계순저축률 변화[11]

행 예금이나 저축이 주류였으며, 이런 예금이나 저축으로 들어가는 투자금은 근검절약하면서 현재 소비를 줄여 마련한 것이었습니다. 즉 당시 국민들에게 예금이나 저축 행동은 미래 소비를 늘리기 위해 현재 소비를 줄이고자 하는 행동으로 해석하면 되겠습니다.

이러한 높은 가계저축률은 대다수 국민이 오늘의 소비 가치보다 내일의 소비 가치를 훨씬 높게 평가한 결과입니다. 하지만 외환 위기로 인해 중산층이 무너지면서 상대적으로 빈곤층과 고소득층은 더욱 많아지게 됩니다. 전체 가계 구성원 중 빈곤층이 많아진다는 것은 미래 소비를 걱정할 여력이 없는 소비자들이 많아졌다는 뜻입니다. 빈곤층의 소득 수준으로는 현재 소비를 충족하기

---

11) 한국은행 국민계정

에 급급할 뿐, 미래 소비를 위한 저축은 언감생심입니다. 즉 전체 가계 구성원에서 미래 소비의 가치보다 현재 소비의 가치를 더욱 높게 보는 빈곤층의 비중이 많아져 가계순저축률이 하락했다고 보는 것이 타당합니다.[12] 이를 최근 편향적 할인율 관점에서 정리하면, 가계 소비자들의 최근 편향적 시간할인율 성향이 외환 위기 이전보다 이후에 상대적으로 더 강해졌다고 유추할 수 있겠습니다. 또한 이들 빈곤층이 가뜩이나 낮은 소득액에서 현재 생활 유지에 필요한 기초 소비금액을 사용한다면, 저축 가능액의 규모는 매우 작아질 것입니다. 그렇다면 크기 효과에서 말하는 것처럼 적은 금액일수록 미래 시간할인율은 더욱 커지기에, 빈곤층들은 남아있는 소액을 그냥 현재에 쓰는 것을 더 선호할 것입니다. 물론 이 가설들에 대해서는 추가 검증 단계가 남아있습니다.

미래의 가치보다 현재의 가치에 더욱 매력을 느끼고 행동하게 되는 이 최근 편향적 시간할인율 성향을 더욱 실감 나게 이해하기 위해서 우리의 일상 사례를 몇 가지 더 소개하면서 마무리하고자 합니다.

먼저 다이어트 사례입니다. 최근 건강과 미용에 대한 관심이 높아지면서 다이어트에 도전하는 사람들이 많아졌습니다. 하지만 다이어트에 도전해 본 사람이라면 모두 공감하듯, 다이어트는 매우 어려운 도전입니다. 특히 다이어트를 꾸준히 실천하기는 더욱 어렵습니다. 저는 그 어렵다는 금연을 성공하였지만, 다이어트 도전은 번번이 실패하였습니다. 그래서 개인적으로 다이어트가

---

12) 물론 가계순저축률을 하락시킨 배경 원인으로 중산층 붕괴만 존재하는 것은 아니다. 예를 들어 외환 위기 이후 증가된 고소득층 가계들 역시 그들의 늘어난 소득이 저축으로 흘러 들어가지 못했는데, 그 이유는 1998년 이후 낮아진 은행 이자율이 예금 및 저축의 동기를 느끼지 못하게 하였으며, 외환 위기 이후 자본시장개방 정책으로 급격하게 발달한 주식 및 각종 자본시장에 투자가 증대함으로써 상대적으로 은행 예금과 저축은 줄어들게 되었다는 주장도 제기된다.

금연보다 어렵다고 생각하는 사람입니다.

다이어트 실패 현상은 바로 인간의 최근 편향적 시간할인율 성향으로 설명됩니다. 지금 이 순간 음식을 먹는 현재 소비 가치가 미래의 건강과 아름다움이라는 가치를 훨씬 압도하기 때문입니다. 사실 인간의 본능은 미래보다 현재에 충실하기 때문에 마시멜로 테스트에서처럼 선생님이 돌아올 때까지 기다려서 2개를 먹는 대신 지금 1개를 먹어버리는 것이 보편적인 행동이라고 볼 수 있습니다. 특히 우리가 살아가는 동안의 일상적 결정에 있어서 단기적 보상이 훨씬 강하게 전달되고 미래의 더 큰 희망들은 종종 뒷전으로 밀리기 일쑤입니다.

두 번째는 고금리 소액대출 사례입니다. 최근 고등학생들을 대상으로 한 일명 **대리 입금**이 사회적 문제로 대두되고 있습니다. 아이돌 굿즈나 게임 아이템을 사려는 청소년들에게 SNS 등을 통해 접근해 소액(최소 1000원~최대 10만 원)을 대신 입금해 주고 단기간(2~7일) 내에 수고비(최소 1000원~최대 10만 원)를 더해 갚으라는 것입니다. 청소년 입장에서 오늘 1000원을 빌렸다가 이틀 후 2000원을 갚는 게 그렇게 중대하게 보이지 않겠지요? 적은 금액이니까요. 하지만 이를 이자율로 계산하면 100%입니다. 여기에 약속한 날짜까지 갚지 않으면 연체료로 또 1000원이 붙습니다. 이러면 이자율이 200%가 됩니다. 소액이니까 별 부담이 없다고 시작한 청소년들이 이자율 계산 없이 너무나 쉽게 생각하고 이 대리 입금 유혹에 넘어갔다가 나중엔 감당하기 못할 정도로 눈덩이처럼 불어난 채무 부담을 느끼기 시작하며 지금의 사회 문제가 된 것입니다. 이 대리 입금 피해를 입은 청소년들도 가해자들이 처음부터 "100만 원을 빌려줄 수 있는데, 갚을 때는 150만 원을 갚아야 해"라고 제안했다면 대리 입금 제안을 받아들이지 않았을 것입니다. 100만 원 갚는 것도 부담되는데 거기다 이자로 50만 원을 어떻게 갚을지 막막했을 테지요. 하지만 이 막막한 제안도 이자율로 계산하면 50%밖에 안 됩니다. 1000원에 3000원 갚는 이자율 200%도 선뜻 응하는 아이러니를 보이면서 말이지요. 이렇게 소액에 시간할인율을 더욱 높게 적용시키는 대리 입금 피해자들의 행동은 앞서 다루었던 일정하지 않은 시간할인율의 규정들 중 크기 효과로 설명이 가능합니다.

제 5 장

현상 유지 편향

우리는 매일 같은 길로 출근하거나 등교하는 스스로를 발견한 적이 있을 것입니다. 지인들이 더 빠르게 아니면 더 편안하게 갈 수 있는 길을 알려줘도, 이상하게도 지금까지 내가 매일 가던 그 길을 계속 가려고 할 뿐 더 빠르고 더 편안하다는 새로운 길로는 발길이 닿지 않습니다.

점심 시간이면 습관처럼 찾아가는 밥집도 있습니다. 새로운 식당이 생겼다는 소식을 들어도, 점심 시간이면 항상 가던 그 밥집을 찾아가고 입구에서부터 항상 앉았던 자리가 비어있는지 확인하기도 합니다. 혹시나 그 자리가 비어있으면 꼭 거기에 앉으려고도 하지요.

이와 같이 사람들은 기존의 질서에서 벗어나는 것보다 현재의 상태에 설명할 수 없는 어떤 큰 가치를 부여하면서, 이 현재의 상태를 가급적이면 바꾸지 않으려는 심리적 성향을 가지고 있습니다. 행동경제학에서는 이를 현상 유지 편향Status Quo Bias이라고 부릅니다. 현상 유지 편향은 완벽하게 합리적으로 의사결정을 하는 호모 에코노미쿠스의 모습은 절대 아닙니다.[1] 호모 에코노미쿠스는 언제나 최대 만족을 주는 선택을 하기에, 현재 상태보다 더 큰 가치와 만족을 주는 선택(예를 들어, 더욱 편안하고 빠른 새로운 등굣길이나 새로운 식당 등)이 생겼다면 주저 없이 바로 현재 상태를 포기하기 때문입니다.

우선 일상에서 현상 유지 편향이 구체적으로 어떤 모습으로 나타나고 있는지, 인간은 어떤 상황에서 현상 유지 편향 성향을 반복해서 드러내고 있는지를 다양한 실험 결과를 통해 확인해 보겠습니다.

----

1) W. Samuelson & R. Zeckhauser, "Status quo bias in decision making", *Journal of Risk and Uncertainty*, 1(1), 1988, pp. 7~59.

상속금 투자 결정 사례

유산을 현금으로 상속받은 자들은 어떤 투자처에 상속금을 투자하고 싶을까요? 당연히 수익률이 가장 높은 곳에 투자할 것이라 예측할 수 있습니다. 이러한 예측이 얼마나 맞는지 확인하기 위해 다음과 같은 실험을 해보았습니다.

실험 참가자들에게 질문하였습니다. "당신은 금융 전문가이며, 최근 막대한 양의 유산을 현금으로 상속받았습니다. 이 상속금을 〈표 5-1〉에 나오는 네 개의 선택지 중 어디에 투자하고 싶습니까?" 참가자들의 응답은 매우 다양하였습니다. 1번처럼 A기업 주식에 투자하겠다는 참가자들, 2번처럼 B기업 주식을 선호한 참가자들, 3번의 국가 채권을 선택한 참가자들, 비과세 수익 혜택이 있

표 5-1 　유산 상속자 투자 선택 실험[2]

Q. "당신은 금융 전문가이며, 지금 10억 원의 현금을 상속받았습니다. 당신은 이 돈을 투자하기 위해 고민 중입니다. 다음 중 어느 선택지에 투자를 하고 싶습니까?"	
1	A 기업의 주식(1년 후 주식 가치가 50%의 확률로 30% 상승, 30% 확률로 20% 감소, 20% 확률로 변화 없음)
2	B 기업의 주식(1년 후 주식 가치가 40% 확률로 100% 상승, 30% 확률로 40% 감소, 30% 확률로 변화 없음)
3	국가 채권(1년 후 9%의 수익)
4	지방자치단체 채권(1년 후 6%의 비과세 수익)

---

2) 앞의 논문(1988) 내용 재구성.

는 4번 지방자치단체 채권을 선택한 참가자들의 수가 골고루 나와서 어느 선택지가 우세하다는 증거는 찾기가 어려웠습니다.

하지만 질문을 다음과 같이 약간만 수정하자, 실험 참가자들은 흥미롭게도 특정한 선택지에 쏠리는 경향을 보였습니다.

"당신은 지금 10억 원 가치의 A기업 주식을 상속받고, 이 상속금을 투자하기 위해 고민 중입니다. 다음 중 어느 선택지에 투자를 하고 싶습니까?"

실험 참가자들은 이제 〈표 5-1〉의 선택지 중 1번 선택지인 A기업 주식에 쏠렸습니다. 흥미로운 점은 다시 질문에서 상속금을 B기업 주식으로 수정하면, 참가자들의 대다수가 2번 선택지인 B기업 주식으로 쏠렸다는 점입니다. 만약 질문에서 상속금을 국가 채권이나 지방자치단체 채권으로 수정하면, 참가자들의 응답은 어떤 선택지에 쏠릴 것이라고 예측하시나요? 맞습니다. 상속금이 국가 채권이면 선택지 3번으로, 지방 채권이면 선택지 4번으로 쏠리는 실험 결과가 나왔습니다. 즉 피실험자들에게 상속받은 상태의 유산 자체가 현재 상태로 작용하여, 이 상속받은 상태로서 유산을 계속 유지하고 싶어 했던 것입니다. 이 실험을 통해 사람들은 현재 상태를 계속 유지하려는 성향을 가진 존재임이 증명되었으며, 이 실험을 수행한 새뮤얼슨과 젝하우저의 연구(1988)는 현상 유지 편향을 증명하는 대표적 연구 사례로 인용되고 있습니다.

장기기증 동의율과 현상 유지 편향

이번에는 장기기증에 대한 이야기를 소개합니다. 자신이 가지고 있는 신장이나 간과 같은 정상 상태의 장기를 정상적인 장기를 가지고 있지 않은 타인에게 기증하는 것을 장기기증이라고 합니다. 뇌사기증이라고 해서 뇌사 판정을 받았을 때 가족이나 유족이 서면으로 기증 동의서를 작성하면 장기기증이 이루어집니다. 또한 뇌사자 본인이 뇌사 판정 이전에 미리 장기기증에 동의하고 뇌사 판정 후 뇌사자 가족이 장기의 적출을 명시적으로 거부하지 않으면 장기 적출과 기증이 가능해집니다.

장기기증은 단순한 생명 나눔의 실현이라는 인도적 차원을 넘어서, 말기 질환 환자들에게 새로운 삶의 기회를 제공하고 국제적인 장기 밀매가 횡행할 수 있는 상황에서 국민을 보호하는 역할도 할 수 있습니다.

이러한 의미에서 전 세계 각국은 국민들에게 장기기증 동의율 제고 차원의 홍보를 많이 하고 있습니다. 하지만 유럽의 많은 국가들 사이에서도 국가별로 장기기증 동의율 편차는 매우 큽니다. 〈그림 5-1〉의 2003년 자료를 보면 오스트리아, 헝가리, 프랑스, 포르투갈, 벨기에 등의 장기기증 동의율은 99%에 육박하였지만, 스웨덴은 85.9%, 네덜란드는 27.5%, 영국과 독일은 15% 내외, 심지어 덴마크는 4.25%에 머물러 있습니다.

사람들은 이 자료를 보고 의문을 가졌습니다. 이 자료에 따른다면, 오스트리아 국민들은 네덜란드 국민들보다 장기기증에 대한 인식 공유와 실행 정신이 강해서 장기기증 동의율이 높은 것일까? 아니면 독일 국민들은 프랑스나 벨기에 국민들보다 장기기증에 대한 부정적인 인식을 더 강하게 가지고 있는 것일

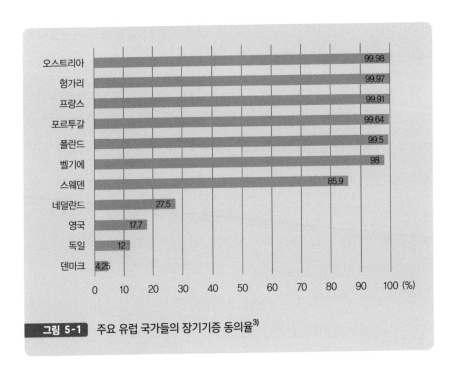

국가	동의율
오스트리아	99.98
헝가리	99.97
프랑스	99.91
포르투갈	99.64
폴란드	99.5
벨기에	98
스웨덴	85.9
네덜란드	27.5
영국	17.7
독일	12
덴마크	4.25

그림 5-1 주요 유럽 국가들의 장기기증 동의율[3]

까? 하지만 대답의 열쇠는 장기기증에 대한 국민들의 인식 차이라기보다 장기 기증 방식의 국가별 제도 차이에 있었습니다. 장기기증 방식의 제도 차이와 장 기기증 결과와의 관계는 존슨과 골드스타인(2003) 실험 연구에서 잘 드러났습 니다.

존슨과 골드스타인 실험에서는 일단 장기기증에 동의하는 방식을 세 가지 의 형태로 분류했습니다. 첫째는 **옵트인**Opt-in 형태로서 소정의 절차를 따라 명 확한 기증 동의 의사를 등록해야 장기기증이 실제 이루어지는 방식입니다. 따 라서 소정의 절차 및 등록을 위한 수고를 들이지 않는 한 옵트인 제도하의 사

---

3) E. Johnson & G. Goldstein, "Do default save lives?", Working Paper, Columbia University, 2003.

람들은 자동으로 장기기증에 동의하지 않는 사람이 됩니다. 둘째는 **옵트아웃** Opt-out으로 알려진 제도의 형태로, 이는 옵트인과 달리 장기기증에 동의하지 **않기** 위해 소정의 절차를 거치고 등록을 하는 경우입니다. 따라서 이러한 소정의 절차 및 등록을 위한 수고를 들이지 않는 한 옵트아웃 제도하의 사람들은 자동으로 장기기증에 동의하는 사람이 됩니다. 마지막으로 중립적인 동의 방식을 설정하였습니다. 이는 실험 참가자가 옵트인을 원하는지 아니면 옵트아웃을 원하는지 스스로 선택하도록 놔둔 제도로 이해하면 되겠습니다. 이제 이 세 가지 장기기증 동의 방식 제도에 피실험자들을 골고루 참여하게 하고, 장기기증 동의 여부를 조사하였습니다.

역시 충분히 예상 가능한 결과가 도출되었습니다. 바로 장기기증 동의 여부당시 피실험자들이 어떤 제도 아래에 있었는지가 중요했습니다. 즉 어떤 제도가 디폴트 옵션(지정하지 않으면 자동으로 선택되는 옵션, 즉 기본값)으로 설정되었는지에 따라 장기기증 동의 비율이 확연하게 달라졌습니다. 옵트인이 디폴트 옵션이었던 피실험자들은 단지 42%만이 장기기증에 동의하였지만, 옵트아웃이 디폴트 옵션이었던 피실험자들은 무려 82%가 장기기증에 동의하였습니다. 심지어 중립적 동의 방식에 참가했던 피실험자들도 79%가 장기기증에 동의하였습니다.

〈그림 5-1〉에서 보았던 유럽 국가별 장기기증 동의율의 차이도 장기기증 제도의 차이로 설명됩니다. 2003년 당시 옵트아웃 제도로 장기기증 동의를 인정하였던 오스트리아, 헝가리, 프랑스 등은 90% 수준의 장기기증 동의율을 기록합니다. 반면에, 옵트인이라는 제도로 운영되었던 덴마크, 독일, 영국[4] 등의 국가는 상대적으로 저조한 장기기증 동의율을 기록하고 있습니다. 즉 〈표 5-1〉

의 상속금 투자 실험에 있어서 상속금이 최초 어떤 상태였느냐가 이후의 투자 결정에 영향을 준 것처럼, 장기기증 동의가 최초 어떤 상태였는지가 장기기증 동의 디폴트 옵션에 따라 장기기증의 실제 수행 결과에 영향을 주었다는 것입니다. 따라서 장기기증 동의 방식 제도의 디폴트 옵션은 장기기증자들이 장기기증 시 직면하는 **현재 상태**가 되는 것이고, 결국 이 현재 상태가 계속 유지되는, 현상 유지 편향이 장기기증 사례에서 발현되고 있다고 해석할 수 있겠습니다.

저축 성향과 디폴트 옵션

디폴트 옵션에 대한 이야기를 이번엔 저축 성향과 관련지어 소개하고자 합니다. 마드리안과 셰이는 2001년에 다음과 같은 연구를 수행합니다.[5] 두 연구자는 1998년 4월 1일에 401(k)[6]의 등록과 자격을 변화시킨 미국의 대기업 자료를 면밀히 분석하였습니다. 변경 전에는 직원들이 오직 고용 1년 후에 401(k)에 등록할 자격이 주어졌고, 고용 1년 전에는 당연히 등록이 되지 않은 상태였습니다. 하지만 이 등록과 자격 조건이 변경된 이후에는 이 회사의 모든 직원들

4) 과거 옵트인 방식을 채택하였던 국가들이 옵트아웃 방식으로 전환을 도모하고 있다. 예를 들어 영국은 2020년 5월 20일부터 옵트아웃으로 전환되었다.

5) B. Madrian & D. Shea, "The power of suggestion : Inertia in 401(k) participation and saving behavior", *Quarterly Journal of Economics*, 116, 2001, pp. 1149~1187.

6) 미국의 퇴직연금 제도. 매달 일정량의 퇴직금을 회사가 적립하되 그 관리 책임은 종업원에게 있어 퇴직금의 지급을 회사가 보장하지 않는 연금 제도이다. 2016년 기준 4.8조 달러 자산 규모를 가진 대표적인 미국 직장인의 노후생활 대책이다.

이 즉시 등록할 자격을 가지게 되었기에, 별도로 **등록하지 않는다**고 개별 신청을 하지 않는 한 4월 1일에 입사한 신입 직원들을 포함한 모든 직원은 자동적으로 401(k) 연금 제도에 등록이 된 것입니다. 즉 입사 후 1년이 지나서 개별적으로 연금 제도에 신청을 해야 등록 및 가입이 되는 것이 4월 1일 이전의 디폴트 옵션이라면, 별도의 거부 표시가 없는 한 자동으로 연금 제도에 등록 및 가입이 되는 것이 4월 1일 이후의 디폴트 옵션이라고 생각하시면 됩니다.

분석 결과, 4월 1일 이후의 디폴트 옵션이 적용된 신입 직원들의 연금 참여 비율은 80%를 초과하는 것으로 확인되었습니다. 〈그림 5-2〉에서 보이듯이, 신입 직원들보다 먼저 입사하였지만 연금에 자동으로 등록되지 않았던 1년 미만 근무 직원들의 참여율은 신입 직원 참여율의 절반 수준에 머물렀습니다. 또

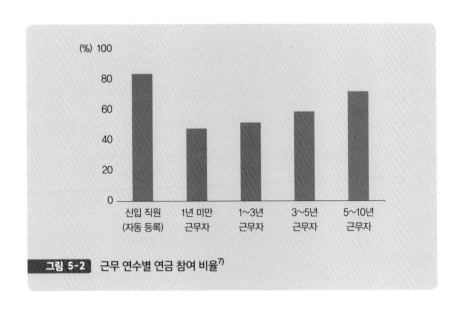

그림 5-2 근무 연수별 연금 참여 비율[7]

---

7) 앞의 논문(2001) 내용 재구성.

한 근무 기간이 늘어나면서 연금에 더욱 관심을 가지게 되는 1~3년 근무자, 3~5년 근무자, 5~10년 근무자들의 연금 참여율 역시 연금 자동 등록이 디폴트 옵션이었던 신입 직원들의 참여율보다 낮았습니다.

더욱 흥미로운 것은 연금 자동 등록이 디폴트 옵션으로 설정된 직원들의 그 다음 행동들입니다. 연금에 자동 등록이 되면 자신의 연금이 어디로 투자될 것인지(예를 들어, 부동산 30%, 채권 35%, 주식 35%) 적절한 비율로 배분된 기본 옵션으로 자동 입력이 됩니다. 하지만 연금 자동 등록 제도로 인해 연금 참여 비율이 상승되는 긍정적인 효과와는 달리, 등록과 함께 자동 입력된 투자 비율이 연금 등록자들에 의해 수정되지 않고 최초 입력 비율 그대로 유지되고 있었습니다. 무려 약 71%가 최초 입력 비율에 머물러 있었다고 합니다.

대학 교수들을 상대로 이와 비슷한 연구[8] 결과가 있어 추가로 소개하고자 합니다. 대학 교수라면 자신의 노후와 관련된 금전적인 일에 철저하게 행동할 것으로 예상이 되는데요. 그런데 1980년대 후반 대다수 미국 대학 교수들의 연금 프로그램인 TIAA-CREF의 가입자들이 평생에 걸쳐 자산분배에 대해 변경을 가하는 횟수가 평균 0회로 조사되었다고 합니다. 즉 대학 교수 가입자들의 절반 이상이 평생 동안 자산분배 방식을 한 번도 바꾸지 않았다는 의미입니다. 최초 등록할 때 결정했던 자산분배 방식을 한 번도 바꾸지 않은 이러한 행동이 과연 교수들이 면밀한 분석 후에 내린 최선의 결정이라서 **능동적으로 바꾸지 않은 것**인지 아니면 디폴트 옵션에 따른 현상 유지 편향으로 인해 그냥 **바뀌지 않**

---

8) Richard H. Thaler & Cass R. Sunstein, *Nudge : Improving Decisions About Health, Wealth, and Happiness*, Penguin Books, 2009, p. 123에서 인용.

은 상태로 남아있던 것인지는 우리가 충분히 유추할 수 있겠습니다.

기숙사 전기에너지 절약 실험 사례

2012년 미국 브라운대학교의 기숙사에서 흥미로운 실험을 하였습니다. 대학교 기숙사 건물 3개 동을 대상으로(A동, B동, C동), 총 2주 동안 각 동의 전기에너지 사용량 변화를 살펴보았습니다. 우선 첫 번째 주(2012년 4월 10~16일)는 비교를 위한 기준 기간이고 두 번째 주(2012년 4월 17~23일)를 실험 기간으로 정하였습니다. 첫 번째 주가 끝나는 날인 4월 16일 정오에 3개의 기숙사 건물 중 A동으로 가서 학생들이 가장 많이 출입하는 공동생활장소(예를 들어 라운지나 주방, 화장실 등)의 조명스위치 부분에 "이 조명스위치는 기본적으로 [꺼짐] 상태로 되어있습니다. 본 상태가 유지되도록 협조 바랍니다"라는 메모를 붙여놓았습니다. 반면에 기숙사 건물 B동의 공동생활장소 조명스위치에는 "이 스위치로 조명이 작동됩니다. 사용 후에는 꺼주세요"라는 메모를 붙여놓았고요. 마지막 기숙사 C동의 조명스위치에는 그 어떤 메모도 붙이지 않았습니다.

실험팀이 각 기숙사의 조명스위치에 붙인 메모가 어떤 역할을 할까요? A동 조명스위치의 메모는 이 방을 사용하는 사람들에게 **조명이 꺼져있는 상태**가 디폴트 옵션으로 설정되도록 작용했을 것입니다. 반면에, B동에 붙인 메모는 어떤 상태가 디폴트 옵션인지를 명확하게 제시하지는 않았지만 사용 후 꺼달라는 요청이 사람들의 행동에 어느 정도 개입할 수 있기에 **중립적 개입**의 역할 정도로 생각하면 좋겠습니다. 마지막으로 C동 기숙사는 그 어떤 개입도 시도되지 않은 상태라고 생각하면 되겠습니다.

　실험팀은 기준 기간 동안의 전력 사용량과 메모를 붙이고 난 후 실험 기간 동안의 전력 사용량에 변화가 발생하였는지를 조사하였습니다. 조사 결과, **조명이 꺼져있는 상태**가 디폴트 옵션으로 설정된 A동의 전기 사용량은 B동과 C동에 비해 가장 적었습니다. A동의 조명스위치에 붙어있던 메모("이 조명스위치는 기본적으로 [꺼짐] 상태로 되어있습니다. 본 상태가 유지되도록 협조 바랍니다")가 이 동을 사용하는 학생들로 하여금 스위치를 **꺼짐 상태**로 유지하게 하였으며, 결국 이러한 현상 유지 성향을 이용하여 전기에너지를 절약할 수 있었습니다. A동 다음으로 절약 효과가 컸던 기숙사는 B동이었습니다. 디폴트 옵션을 적용시키지는 않았지만, 아무런 개입도 하지 않은 C동에 비해 중립적 개입을 시도한 B동에서 상대적으로 더 큰 절약 효과가 발생하였습니다.

　참고로 〈그림 5-3〉은 기준 기간(4월 10~16일) 대비 실험 기간(4월 17~23일)

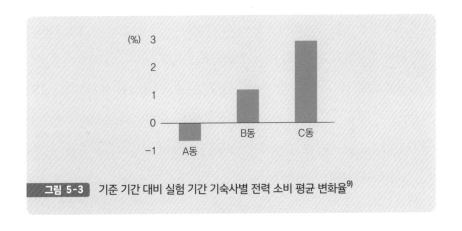

그림 5-3　기준 기간 대비 실험 기간 기숙사별 전력 소비 평균 변화율[9]

9)　최성희, 강태훈, "행동경제학 방법을 통한 에너지절약방안 : 국내외 실험 연구 및 실제 활용 사례중심", 에너지포커스, 14(2), 2017, pp. 142~153에서 재인용.

동안에 전력 소비 평균 변화율을 기숙사별로 계산한 결과입니다. 디폴트 옵션을 설정한 A동은 약 −0.6%로 다른 두 개 기숙사와 달리 전력 소비량 감소를 보였습니다. B동과 C동은 여전히 전력 소비량이 늘었지만, 아무런 요청도 하지 않은 C동의 소비 변화율이 사용 후 꺼달라고 요청한 B동보다 2배 이상 높았습니다.

한정 기간 무료 요금 혜택 사례

이번에는 케이블 채널 서비스 이용에 있어 현상 유지 편향이 나타나는 인간의 모습을 소개합니다. 요즘 TV를 볼 때 공중파 방송만 보는 사람들은 아마 거의 없을 것입니다. 대부분 케이블 채널 서비스를 신청하여 케이블 방송을 보는 시간이 더 많을 것 같은데요. 이제 일상 필수품이 되어버린 휴대폰을 사용하기 위해 통신요금 신청 시 인터넷 사용이 결합되는 서비스를 받게 되고, 그러면 자연스럽게 케이블 채널이나 인터넷 방송도 계약을 하게 되니 케이블 방송 서비스 역시 이제 일상화되었다고 볼 수 있겠습니다.

케이블 채널 서비스 종류와 등급도 다양합니다. 기본급의 서비스부터 프리미엄급까지 채널 수도 다양하지만 그만큼 가격도 차이가 있습니다. 높은 가격에 부담을 느끼는 대부분의 소비자는 아마도 기본급 서비스를 이용할 것입니다. 그런데 이 기본급 서비스에서는 최신 영화 및 드라마 채널, 스포츠 경기 채널 등이 제한되어 있다는 아쉬움이 있지요.

저 역시 기본급의 케이블 채널 서비스를 이용합니다. 개인적으로 국내외의 프로스포츠 경기 보는 것을 좋아하지만, 기본급 서비스 소비자로서 생중계는 보지 못하고 며칠이 지난 후 이미 결과를 다 알고 있는 재방송 경기를 보는 것으로 만족해야 했습니다. 그러던 어느 날 반가운 제안을 받았습니다. 국내외 프로스포츠 경기를 24시간 생방송으로 볼 수 있는 서비스를 석 달 치 제공한다는 것이었습니다. 저는 제가 좋아하는 해외 프로스포츠 경기를 최대한 많이 볼 수 있는 4~6월을 선택하여 무료 서비스를 신청하였습니다. 그런데 제가 너무 간단하게 생각했던 조건이 있었습니다. 직접 케이블 서비스 회사에 전화를 해서 취소를 하지 않을 경우, 3개월 뒤에 자동으로 서비스가 유료화된다는 조건이었습니다. 제가 당시 간단하게 생각했던 이유는 3개월 무료 시청 뒤에 당연히 전화를 걸어 유료 서비스로 전환되지 않도록 이 무료 서비스를 종료시킬 수 있다는 확신이 있었기 때문입니다.

하지만 무료 서비스 제공 기간이었던 4~6월에 예상과는 달리 바쁜 일상으로 저는 주말이 되어서야 근근이 경기를 시청할 수밖에 없었고, 심지어 생방송 경기보다 재방송 경기를 보는 일이 더 많았습니다. 이렇게 되니 과거 기본급 서비스에서 제공하는 재방송 경기를 시청하는 것과 비교해 큰 차이는 없게 되었습니다. 그럼 무료 서비스 제공 3개월 후 유료 서비스 전환 이전에 확실하게 종료를 시켰느냐? 처음 확신과 달리 종료도 못 시켰습니다. '이번 달에는 꼭 전화해서 끊어야지'라고 매달 다짐을 하면서도 유료 서비스가 디폴트 옵션으로 되어버린 후에는 그냥 유료 서비스를 계속 받아보는 현상 유지 성향의 제 모습만 확인할 뿐이었습니다. 처음 의도와는 다르게 저는 이 유료 서비스가 전환된 이후 무려 3년 동안 프리미엄 스포츠 채널을 유지하였습니다. 디폴트 옵션 효과가 저의 서비스 종료 의지보다 더욱 강력하게 작용한 개인적 경험이었습니다.

저와 비슷한 경험을 넛지의 저자 캐스 선스타인도 가지고 있더군요. 선스타인은 3개월 치 무료 잡지 구독권을 사용하였다가 유료로 전환되는 3개월 뒤에 이 구독 서비스를 해지하지 못하고 결국엔 무려 10년 동안 이 잡지를 유료로 구독했다고 합니다.[10] 사실 이 잡지를 잘 읽지도 않았다는 씁쓸한 고백도 덧붙이면서요. 저와 선스타인만 이런 현상 유지 편향을 가지고 있을까요? 아니면 이 글을 읽고 있는 여러분도 마찬가지인가요?

현상 유지 편향 소결

인간의 현상 유지 편향적 심리 특성은 선택의 기로에 직면해 있을 때 왜 디폴트 옵션(기본값)이 적용된 현재 상태를 계속 유지하고 싶어 하는지 설명합니다. 이러한 심리적이고 감성적인 특성이 얼마나 빈번하게 일어나고 있는지도 다양한 사례와 실험 결과 등을 통해 확인하였습니다. 사실 기본값이 무엇이든 간에 자신에게 이익이 되는 선택이라면 합리적으로 판단하여 결정을 하는 것이 호모 에코노미쿠스이고, 현상 유지 편향에 휘둘리는 감성적인 인간들은 호모 에코노미쿠스가 보기에 매우 비합리적이고 비이성적인 존재로 보일 것입니다. 비합리적이고 비이성적인 존재라고 비판을 받을 수 있음에도 불구하고, 왜 인간은 이 현상 유지 성향을 고치지 못하고 계속해서 반복할까요? 다양한 이유 중에서 인간이 근본적으로 가지고 있는 **주의력 결여**가 대표적으로 거론됩니다. 세일러와 선스타인은 이를 **아무렴 어때 발견법**이라고 불렀습니다.[11] 사람들은

---

10) 리처드 세일러, 캐스 선스타인, 넛지, 안진환 역, 리더스북, 2009, p. 64 참조.

그렇게 중차대한 선택이 아니라면, 그 선택의 기로에서 '아무렴 어때' 하고 생각하면서 현재 상태와 이어지는 선택을 그대로 유지한다는 것입니다. 사람들의 이러한 '아무렴 어때' 성향을 활용하여 TV 프로그램 시청률도 영향을 받습니다. 사실 수십 년 전부터 TV 리모컨이 보급되어 있기에, 채널을 바꾸는 데 필요한 것은 손가락을 까닥하는 행위뿐인데도 한 프로그램이 끝나고 다른 프로그램이 시작할 때 '아무렴 어때'라고 생각하며 채널을 바꾸지 않는 시청자들의 수가 놀라울 정도로 많다고 합니다. 우리나라 지상파 방송국들은 8시나 9시에 시작하는 저녁 메인 뉴스 시청률을 중요하게 생각하는데요. 자사의 언론성과 공영성을 대표하는 것이 저녁 메인 뉴스 시청률이라고 생각하기 때문에 시청률 제고를 위한 많은 노력을 투입하고 있습니다. 자사 뉴스만의 특종을 보도하든지, 방송 시간에 변동을 주든지, 아니면 시청자들에게 보다 친근한 앵커를 고용하는 등을 통해 저녁 메인 뉴스 시청률을 올리려고 노력합니다. 그 수많은 노력들 중 메인 뉴스 바로 전에 방송하는 일일드라마의 흥행 성공도 중요했습니다. 왜냐하면 뉴스 이전에 방송되는 일일드라마를 보는 시청자들이 많을수록, 그 시청자들이 '아무렴 어때' 심리로 채널을 바꾸지 않고 계속해서 이어지는 뉴스를 시청하기 때문입니다.

학계 일부에서는 현상 유지 편향과 전망 이론의 손실 회피 성향을 묶어서 설명하려고도 합니다. 왜냐하면 인간이 손실을 기피하려는 경향으로 인해 현재의 상황을 고수하려 한다는 논리가 설득력을 얻고 있기 때문입니다. 즉 인간의 현상 유지 편향이 나타나는 근원이 인간의 손실 회피 성향이라고 믿는 견해입

---

11) 앞의 책(2009), p. 64.

니다. 카너먼과 트버스키는 "전망 이론으로 설명되는 손실 회피 성향은 현상 유지 편향을 암시한다"[12]라고 했습니다. 그리고 카너먼, 네치, 세일러는 인간 이 잠정적 이득이 있더라도 잠정적 손실이 있을 경우, 결국에는 그 잠정적 손실 에 집착하여 선택을 회피하고 현재의 상태를 고수하려는 경향이 강하기 때문 에 현상 유지 편향이 전망 이론과 부분적으로 공통되었다고 말할 수 있다고 주 장하였습니다.[13] 하지만 인간은 손실 여부와 관계없이 현상을 유지하려는 경향 이 종종 나타날뿐더러, 카너먼과 세일러가 말했듯이 전망 이론과 **부분적으로 만** 공통되었다는 주장이 더욱 설득력을 가집니다. 앞서 상속금 투자 연구를 수 행한 새뮤얼슨과 젝하우저도 1988년 논문에서 현상 유지를 "아무것도 안하거 나 현재나 과거의 결정을 지속하려는 성향"(p. 8)으로 정의한 것처럼, 현상 유 지가 손실 회피가 원인이 되어서 발현되는 후속적 현상이라고만 단정하기에는 한계가 있습니다.

---

12) D. Kahneman & A. Tversky, "Prospect theory : An analysis of decision under risk", *Econometrica*, 47(2), 1979, p. 279.

13) D. Kahneman, J. L. Knetsch & R. Thaler, "Anomalies : The endowment effect, loss aversion, and status quo bias", *Journal of Economic Perspectives*, 5(1), 1991.

제 **6** 장

휴리스틱 편향

휴리스틱Heuristic은 고정적 편향 또는 어림짐작으로 해석합니다. 면밀하고 엄격하게 이성적 판단을 내리기보다, 과거 경험 등에 기반을 두고 어림짐작으로 판단하려는 인간의 행태를 말합니다. 휴리스틱은 어원 자체가 그리스어 **Heuriskein**이며, **발견하기**라는 to discover의 의미를 가집니다.

현실적으로 인간은 정보를 완전하게 수집해서 완벽하게 해석하기가 어렵습니다. 그래서 모든 인간은 자신이 할 수 있는 데까지 최선을 다할 수밖에 없습니다. 그 과정에서 시행착오를 거치며 지식을 축적하고, 나름대로 학습 경험의 법칙들도 만들어 냅니다. 휴리스틱이란 이런 경험의 법칙을 통해 진리나 지식을 깨닫는 과정을 의미하지요. 그래서 학자들은 휴리스틱을 **잘 추측하는 기술**이라고 말하기도 합니다.

기존 표준 경제학에서 전제하는 호모 에코노미쿠스들에게 휴리스틱 행태는 발생할 수 없습니다. 호모 에코노미쿠스는 완전한 정보를 수집할 수 있고 완벽한 합리성으로 그 정보들을 해석할 수 있기 때문에, 언제나 자신의 경제적 효용(만족)을 극대화시키는 선택을 파악하고 행동으로 옮깁니다. 그러나 현실 세계에서는 호모 에코노미쿠스처럼 행동하는 인간보다 휴리스틱 행태를 보이는 인간이 훨씬 많아 보입니다.

사실 수학이나 물리학의 세계에서는 한 치의 어긋남이 없는 정교한 논리를 가지고 정답을 찾아내는 것이 가능할 수도 있겠지만, 현실 세상은 생각보다 단순하거나 명확하지도 않으며, 이런 현실 세상에서 살아가는 인간의 인지 능력 또한 제한적입니다(제2장에서 다루었던 제한적 합리성 참조). 하지만 엄밀한 과학 세계에서도 이상적인 참값을 찾아내기 위해 먼저 근삿값을 찾아내는 것은 매우 실용적이며 중요한 시도입니다. 그래서 공학 분야에서는 휴리스틱을 어림짐작이라고 무시하기보다는 근삿값을 찾는 데 중요한 방법 중 하나로 인정하고 있습니다.

여러분들의 이해를 돕기 위해 다음과 같은 상황을 가정해 봅시다. 카지노에서 여러분이 〈그림 6-1〉과 같은 룰렛 테이블에 앉아 게임을 시작하려는 상황입니다. 회전 기구에는 1부터 36까지의 숫자가 배열되어 있으며, 각 숫자에 검은색과 빨간색을 균형 있게 배정하였습니다. 빨간색 숫자가 결정될 확률과 검은색 숫자가 결정될 확률은 둘 다 동일하게 50%입니다. 이제 딜러가 구슬을 회전 기구에 떨어뜨리면, 여러분은 그 구슬이 검은색 숫자에서 멈출지 아니면 빨간색 숫자에서 멈출지를 예측해서 베팅을 하는 겁니다. 마침 당신은 앞서 진행되었던 10회의 게임 결과를 모두 지켜봤는데요. 그 결과가 놀랍게도 모두 빨간색 숫자로 결정되었습니다. 자, 이제 당신의 게임을 위해 당신은 베팅을 결정해야 합니다. 빨간색 숫자에 베팅하시겠습니까? 검은색 숫자에 베팅을 하시겠습

그림 6-1 카지노 룰렛 게임의 회전 기구

니까?

대부분의 사람은 검은색 숫자에 베팅한다고 응답합니다. 빨간색 혹은 검은색이 동일한 50%의 확률로 결정되는 게임에서 사람들은 **은연중**에 어느 한쪽이 지나치게 많이 나올 수 없다고 판단합니다. 역시 정확한 과학적 지식이 아닌 자신의 **고정적 편견**이나 **어림짐작**일 뿐입니다. 사실 예상이 불가능한 우연적 사건에 대하여 인간은 자신의 고정적 편견이나 어림짐작을 통해 마치 예상이 가능한 사건으로 판단하려는 오류를 범합니다. 이렇게 판단의 명확한 근거를 찾기가 어려운 불확실한 상황에서 인간이 **어림짐작**, **은연중**, 혹은 **고정적 편견**을 판단의 근거로 사용하려는 오류를 행동경제학에서는 휴리스틱 편향이라고 부릅니다.[1] 치밀하고 완벽하게 생각하기보다 **적당하게** 생각해서 판단을 내리는 이러한 행태는 인간의 인지 능력 자체가 매우 한정적으로 작동되기 때문〈표 2-1〉인간의 인지 시스템 참조)이라는 허버트 사이먼의 **제한적 합리성**과 연결되어, 휴리스틱 편향을 이 제한적 합리성의 한 가지 형태로 해석할 수도 있습니다.

또한 휴리스틱 편향은 그 성격에 따라 다양한 종류로 세분화될 수 있습니다. 이 책에서는 연구 주제로 많이 거론되는 세 종류의 휴리스틱을 소개하고자 합니다. 첫 번째는 대표성 휴리스틱Representativeness Heuristic, 두 번째는 가용성 휴리스틱Availability Heuristic, 마지막은 기준점과 조정 휴리스틱Anchoring and Adjustment Heuristic 입니다.

---

1) A. Tversky & D. Kahneman, "Extensional versus intuitive reasoning : The conjunction fallacy in probability judgement", *Psychological Review*, 90(4), 1983, pp. 293~315; A. Tversky & D. Kahneman, "Advances in prospect theory : Cumulative representation of uncertainty", *Journal of Risk and Uncertainty*, 5(4), 1993, pp. 297~323.

휴리스틱 종류

대표성 휴리스틱

대표성 휴리스틱은 고정관념이나 선입견에 의해 만들어진 경험이나 직관에 의존하여 확률과 같은 과학적 사실을 무시하고 결정을 내리는 행태를 말합니다. 대표성 휴리스틱과 관련하여 가장 인용이 많이 되는 실험 연구는 1983년에 출간된 트버스키와 카너먼의 논문입니다.[2] 이 논문에서 실험 참가자들은 예컨대 철수와 영희라는 사람에 대한 정보를 다음과 같이 제공받습니다.

철수 : 지적인 34세 남성. 상상력이 부족함. 강박적인 성격. 삶에 활기
　　　가 없음.
영희 : 31세 여성. 직설적 성격. 철학 전공. 차별과 사회정의에 깊은 관
　　　심. 반핵 시위에 참여함.

그리고 실험 참가자들에게 철수는 어떤 사람인 것 같은지 〈표 6-1〉 선택 중에서 가장 가능성이 높은 순으로 나타내 보라고 하였습니다. 많은 사람(응답자의 87%)이 1 > 3 > 2 순으로 철수의 이미지를 결정했다고 합니다. 지적이지만 삶에 활기가 없는 34세 남성인 철수에 대해 응답자들은 철수가 회계사일 가능

표 6-1 　철수와 관련한 세 가지 선택

1. 회계사	2. 재즈연주가 취미인 사람	3. 재즈연주가 취미인 회계사

2) 앞의 논문(1983) 내용 재구성.

성이 가장 높다고 짐작하였습니다. 그다음으로 재즈연주가 취미인 회계사, 마지막으로 재즈연주가 취미인 사람 순으로 가능성이 높다고 짐작하였습니다. 즉 응답자들에게 짐작되는 철수의 **대표성** 이미지는 회계사였던 것으로 해석할 수 있습니다. 따라서 철수의 이미지 가능성 순서가 결정된 배경에는 회계사를 철수의 대표적 특성으로 자리 잡게 한 응답자들의 짐작이 작용한 것이며, 결국 재즈연주가 취미인 회계사가 단순히 재즈연주를 취미로 하는 사람보다 더 높은 가능성을 가지게 된 것이라 해석할 수 있습니다.

이번에는 실험 참가자들에게 영희는 어떤 사람일 것 같은지 〈표 6-2〉 선택 중에서 가장 가능성이 높은 순으로 적어보라고 했습니다. 전체 응답자의 약 85%를 차지하는 대부분이 4>6>5 순으로 적어 냈습니다. 즉 직설적 성격의 31세 여성인 영희에 대해 응답자의 대다수가 여성운동가일 가능성이 가장 높다고 짐작하였습니다. 그다음으로 은행 직원인 여성운동가, 마지막으로 은행 직원 순으로 짐작하였습니다. 즉 응답자들에게 짐작되는 영희의 **대표성** 이미지는 여성운동가였던 것으로 해석할 수 있습니다. 영희의 이미지 가능성 순서가 결정된 배경에는 여성운동가를 영희의 대표적 특성으로 자리 잡게 한 응답자들의 짐작이 작용한 것이며, 결국 은행 직원인 여성운동가가 단순히 은행 직원의 이미지보다 더 높은 가능성을 가지게 된 것으로 해석할 수 있습니다.

이처럼 한 부류에 대해 어떠한 전형적이고 대표성을 가진 특징이 보이는 경우에, 그것을 지레짐작하고 기정사실화하여 판단하려는 인간의 행태가 대표성

표 6-2 영희와 관련한 세 가지 선택

4. 여성운동가	5. 은행 직원	6. 은행 직원이자 여성운동가

휴리스틱입니다. 누구나 범하기 쉬운 이 대표성 휴리스틱 오류는 자칫 사전에 주어진 합리적인 정보를 무시하고 자신의 잘못된 고정관념만을 고려하여 결국에는 심각한 오판으로 이어질 수 있습니다. 다음 예시를 통해 사전에 주어진 합리적 정보가 대표성 휴리스틱으로 인해 어떻게 무시되는지를 확인해 봅시다.

철수라는 이름을 가진 100명의 사람을 모았습니다. 100명의 철수 중 75명은 취미가 재즈연주이고 25명은 회계사입니다. 100명 중 한 명을 무작위로 뽑았을 때(편의상 **1번 철수**라고 부릅시다), 이 1번 철수가 회계사일 확률은 25%입니다. 방금 뽑힌 **1번 철수**에 대한 정보를 조금 더 드려보겠습니다. "지적인 34세 남성. 상상력이 부족함. 강박적인 성격. 삶에 활기가 없음." 이제 1번 철수가 회계사일 확률을 다시 생각해 볼까요? 1번 철수에 대한 추가적인 정보가 제공된 경우, 사람들은 "1번 철수가 회계사일 확률이 25%밖에 안 된다"라는 합리적인 사전 정보를 가지고 있음에도 불구하고 1번 철수가 회계사일 확률을 다시 생각해 보라고 하면 이제는 25%보다 훨씬 높은 확률로 대답합니다. 확률 통계라는 과학에 근거한 합리적 사전 정보("철수가 회계사일 확률은 25%")는 철수의 추가적 정보가 만들어 낸 고정관념으로 인해 완전히 무시되는 결과를 낳게 되는 것이지요.

대표성 휴리스틱은 각 분야의 전문가들도 쉽게 범하는 오류입니다. 서강대학교 민재형 교수의 생각을 경영하라(2014)에서는 와인 전문가들의 오류 사례가 나옵니다.[3] 프랑스 보르도는 세계적으로 유명한 와인 산지이며, 그 지역에 소재한 보르도대학교에는 포도주양조학과가 있습니다. 보르도대학교 교수인 프

---

3) 민재형, 생각을 경영하라, 청림출판, 2014.

레데릭 브로셰는 와인 전문가를 대상으로 실험을 수행하였습니다.[4] 와인 전문가들에게 화이트와인과 레드와인을 시음케 하고 각각의 맛에 대한 평가를 부탁했다고 합니다. 와인 전문가들답게 레드와인은 보르도 레드와인의 특징에 맞는 매우 구체적인 맛과 향기를 지녔고, 화이트와인은 또 보르도 화이트와인 특유의 맛을 지녔다는 예리한 평가를 내렸다고 합니다. 하지만 이들 와인 전문가들이 시음한 레드와인은 화이트와인에 맛과 향이 없는 붉은색 식용 색소를 탄, 즉 색깔만 레드와인일 뿐 실제는 화이트와인이었다고 합니다. 즉 와인 전문가들도 **와인 색깔이 붉은색이라면 레드와인**이라는 고정관념 때문에 화이트와인을 마시면서 레드와인의 맛을 느끼고(정말 전문가들의 미각도 레드와인의 맛으로 인지했는지 생물학적 검증은 별도로 필요함) 그 맛의 특징을 기술하였던 것입니다.

대표성 휴리스틱은 일반인이든 전문가이든 상관없이 매우 폭넓은 대상의 사람들에게 소위 **추론 오류**Reasoning Errors를 만들어 냅니다. 우리가 접하는 일상적인 추론 오류 중 고정관념 오류와 본질적 편견 오류는 다음과 같은 예로 확인할 수 있습니다.

(1) 고정관념과 선입견 오류 예문 : "여성은 기본적으로 모성애를 가지고 있어서 선천적으로 성품이 온화해. 그래서 남성보다는 여성이 가정을 지키고 육아에 전념하는 것이 더 나아."

---

4) Frédéric Brocher, "Chemical object representation in the field of consciousness", Application Presented for the Grand Prix of the Academie Amorim, Unpublished manuscript, 2001.

(2) 본질적 편견 오류 예문 : "사회 집단별로 뚜렷하고 변치 않는 본질적 특성들이 있어. 남자애들은 파란색을 좋아할 것이고 여자애들은 분홍색을 좋아할 것이야."

추론 오류는 과학적 근거 없이 인간의 고정관념과 편견으로 만들어집니다. 스스로를 소위 사회지도층이라고 믿는 사람들이 종종 무언가를 언급하면 이러한 언급을 언론이 확대 재생산함으로써 결국에는 사회적 문제와 갈등이 불거집니다. 특정 성별이나 인종, 그리고 사회적 약자에 대한 고정관념이나 편견을 이용해 배척과 혐오의 문화가 만들어지는 여건이 형성되는 것이지요. 대표성 휴리스틱의 오용으로 인해 만들어지는 부정적 고정관념이나 선입견, 그리고 편견들이 지배할수록 다양하고 개방적인 의사결정이 만들어지기보다 매우 경직되고 폐쇄적인 의사결정이 만들어진다는 점에 유의해야 할 것입니다.

가용성 휴리스틱

가용성 휴리스틱은 사람들이 어떤 결정을 내릴 때 자신의 의식에 뿌리 깊게 박혀있는 정보나 경험에 **즉각적이면서 손쉽게** 의존하는 행태를 말합니다. 가용성 휴리스틱을 더욱 잘 이해하기 위한 실험 연구와 일상 사례를 소개합니다.

서드먼 연구팀은 특정 주제에 대한 생각이 얼마나 쉽게 떠오르는지가 결국 그 주제가 현실에서 일어날 확률을 얼마나 높이는지를 실험하였습니다.[5] 두 개

---

5) S. Sudman, N. Bradburn & N. Schwarz, *Thinking about answers : The application of cognitive process to survey methodology*, Jossey-Bass Publishers, 1996.

표 6-3	집단별 가용성 휴리스틱 실험	
	A집단	B집단
요청 1	당신이 단호하게 행동했던 6건의 사례를 상세하게 적어보라.	당신이 단호하게 행동했던 12건의 사례를 상세하게 적어보라.
요청 2	당신이 얼마나 단호한 사람인지 스스로를 평가해 보라.	

집단(A와 B)을 구성한 후, 각 집단에게 〈표 6-3〉과 같이 요청하였습니다. A집단에 소속된 피실험자들에게는 "당신이 단호하게 행동했던 6건의 사례를 상세하게 적어보라"라고 요청하였고, B집단에 소속된 피실험자들에게는 "12건의 사례"를 요청하였습니다. 그리고 그다음에는 두 집단 모두 동일하게 "당신이 얼마나 단호한 사람인지 스스로를 평가해 보라"라고 요청을 하였습니다. 그러자 12건의 사례를 작성한 B집단 사람들이 6건을 적은 A집단에 비해 스스로를 덜 단호한 사람이라고 평가하였습니다. 왜 그랬을까요? 실험 참가자들은 최근 몇 건의 단호했던 사례를 기억하기는 쉬웠겠지만 7~8건 이상으로 넘어가면서 기억에 남을 정도로 단호한 사례를 찾아내기가 어려웠을 것입니다. 그래서 12건이나 기억해야 했던 B집단의 대다수가 '아, 나는 그렇게 단호한 사람은 아니었나?'라고 의식했을 것이고, 상대적으로 6건만 기억해도 된 A집단의 대다수는 '아, 내가 그래도 꽤 단호한 사람이네'라고 의식했을 것입니다. 이렇게 만들어진 의식의 차이가 요청 2에서의 결과 차이를 만들어 낸 것이지요. 이렇게 어떤 주제에 대한 해답을 찾거나 결정을 내려야 할 때 객관적인 정보에 근거하기보다 본인의 현재 의식 속에 자리 잡고 있는(즉, 즉각적으로 가용할 수 있는) 경험이나 정보에 근거해서 어떤 문제에 대한 해답을 찾고 의사결정을 내리는 인간

의 행태를 가용성 휴리스틱이라 부릅니다.

자신의 의식 속에 존재하는 여러 정보 중에서도, 즉각적이고 손쉽게 사용할 수 있는 정보에 의존하여 문제를 해결하려는 모습을 또 하나의 사례를 통해 소개합니다. 제가 운영하는 실험실의 연구생이 미국 대학원 진학에 대한 면담을 요청했었습니다. 학업 성적과 영어 실력도 모두 우수할뿐더러 마침 장학금을 받는 기회도 잡았기에 저는 미국 대학원 진학의 장단점에 대하여 다양한 조언들을 주었습니다. 하지만 왠지 이 학생에겐 미국 유학에 대한 해결되지 못한 근심거리가 남아있는 듯했습니다. 아니나 다를까, 이 학생은 미국의 총기 사건에 대한 큰 공포감을 가지고 있었고, 이 공포감으로 미국 유학을 상당히 꺼려 했습니다. 미국이 총기 소지가 자유로운 국가라는 점, 미국에서 벌어지는 총격 사건을 오랫동안 들어온 점, 그리고 마침 저와의 면담 당시 미국의 집단 총격 사건이 메인 뉴스로 크게 보도되었던 점으로 인해 이 학생에게 미국에서의 생활이 총기 문제로 위험할 수 있겠다는 생각이 강해진 것 같았습니다.

사실 저도 미국에서 유학을 할 때, 항상 부모님께서 총기 사건을 걱정하셨습니다. 당시 제 주위의 한국 유학생들도 저와 비슷한 걱정 인사를 듣는다고 하더군요. 하지만 막상 저를 포함한 유학생들과 교포들은 총기 사건에 대해 그렇게 큰 불안감을 가지고 살지는 않았습니다.

일단 총기 사건이 얼마나 내 생명에 위협적인지 주요 통계로 살펴봅시다. 2019년 미국 질병통제예방센터CDC에 따르면, 미국에서 총기사고로 목숨을 잃은 사람은 연간 3만 9565명으로 보고되었습니다. 일상생활에서 총기사고 사망자가 거의 없는 우리나라 사람들이 보기엔 정말로 무시무시하고 충격적인 숫자입니다. 하지만 미국에서 심장병으로 연간 65만 명의 사망자가 나오고, 알츠

하이머로 연간 12만 5000명의 사망자가 나옵니다. 이 숫자와 비교하면 총기사고 사망자가 심장병 사망자의 약 6%이고 알츠하이머 사망자의 32% 수준임을 알 수 있습니다. 게다가 연간 3만 9565명의 총기사고 사망자 중 약 62%는 자살로 인한 사망자라고 합니다. 그러니까 다른 사람이 쏜 총에 맞아 사망한 사람은 약 1만 5000명인 셈입니다. 미국 안전위원회NSC에 따르면 2019년 자동차사고 사망자 수가 3만 9107명이었다고 했으니, 다른 사람이 쏜 총에 맞아 사망한 사람은 자동차사고로 사망한 사람들의 50%에도 미치지 못합니다. 이러니 미국 내 거주자들에게 다른 사람이 쏜 총기에 의해 사망할 수 있다는 불안감은 한국에서 바라보는 불안감보다 훨씬 적을 수밖에 없습니다.

그런데 당시 미국 사람들도 막상 한국인들은 크게 걱정하지 않는 한국생활에 대한 막연한 공포를 가지고 있었습니다. 그 공포심은 바로 대한민국이 북한과 휴전 상태에 있다는 사실에 근거한 것이었습니다. 여러분들은 어떻게 생각하시나요? 우리나라 거주자 중 북한과의 휴전 상태 때문에 일상에서 공포감이나 불안감을 느낀다는 사람은 거의 없을 것입니다. 하지만 아직 군사적 대치가 남아있는 상태에서, 때때로 미국의 TV 뉴스에서 생생하게 전달되는 북한의 무력 도발 소식은 한국에 거주해 본 적이 없는 미국인에게 매우 강력한 정보로 전달될 것입니다. 마치 과거 저의 부모님과 미국 유학을 앞두고 면담을 요청한 연구생이 가지고 있는 미국 총기 사건에 대한 불안감이 실제 미국 거주자들이 느끼는 것보다 더 컸던 것처럼 말이지요. 바로 이런 상황을 가용성 휴리스틱이라고 설명할 수 있겠습니다.

2011년 카너먼의 논문에서도 가용성 휴리스틱으로 인해 사람들이 실제 상황을 정확하게 이해하기보다 자신의 한정된 정보와 어림짐작으로 판단하는 경우가 많다고 지적합니다.[6] 그는 다음과 같은 예제를 소개하면서 가용성 휴리스틱에 대한 우리들의 이해를 돕습니다.

(1) 대부분의 사람이 토네이도로 인한 사망자가 천식에 의한 사망자보다 많다고 생각한다. 하지만 실제로는 천식에 의한 사망자가 토네이도로 인한 사망자보다 20배 더 많다.

(2) 대부분의 사람이 식중독으로 인한 사망자가 번개로 인한 사망자보다 많다고 생각한다. 하지만 실제로는 번개로 인한 사망자가 식중독으로 인한 사망자보다 52배 더 많다.

그렇다면 왜 인간은 가용성 휴리스틱 편향적 행동을 반복할까요? 간단하게 비유하자면, 우리가 목적지까지 가는 데 훨씬 빠르고 편한 길이 있으면 그 지름길을 이용하듯이, 우리 뇌도 결론을 내리기까지 생각의 지름길이 있으면 그 지름길을 이용하고 싶어 하기 때문입니다. 가용성 휴리스틱을 사용하면 결정을 내리기가 훨씬 빨라지고 쉬워집니다. 힘들고 먼 길보다 편안하고 가까운 길을 가려고 하는 것처럼, 우리의 뇌도 마찬가지로 행동하려고 하는 것이지요. 어떤 기억과 사실은 자발적으로 뇌에서 검색되는 반면 어떤 기억들은 힘들게 노력해야 떠오르곤 합니다. 자발적으로 뇌에서 쉽게 검색되는 기억과 정보는 가장 먼저 의사결정의 후보로 선정될 것이고, 이 선택된 후보들이 정답이라는 신념까지 가지게 되면 여러분의 뇌는 계속 그 기억과 정보에 의존할 수밖에 없게 되는 것입니다. 하지만 이렇게 가용성 휴리스틱 편향에 의존할수록 우리의 사고

---

6) 원문은 D. Kahneman, *Thinking Fast and Slow*, Farrar, Straus and Giroux, 2011, p. 138이며, 이준구, 인간의 경제학, p. 63에서 재인용.

과정과 그 의사결정이 매우 경직될 수도 있기에, 우리는 될 수 있는 한 가용성 휴리스틱 편향에 의존하지 않도록 유의해야 하는 점도 잊지 말아야겠습니다.

기준점과 조정 휴리스틱

노스크래프트와 닐은 1987년 논문에서 부동산 전문가들을 대상으로 주택 가격 평가와 관련된 실험을 했습니다.[7] 연구팀은 부동산 전문가들을 모은 후 이들을 그룹 A와 그룹 B로 나누고, 이들 전문가에게 특정 주택의 주변 시설, 면적, 인테리어 등의 정보를 주고 이 주택의 구체적인 가격을 산정해 달라고 요구했습니다. 단, A그룹 전문가들에게는 이 주택의 현재 시세를 11만 9900달러로, B그룹 전문가들에게는 14만 9900달러로 알려주었습니다. A그룹이 산정한 평균 가격은 11만 4204달러, B그룹은 평균 12만 8754달러였습니다. 이는 시세 정보를 제외한 다른 조건이 동일한 상태에서 1만 4550달러(한화 약 1600만 원)라는 큰 가격 차이를 만들어 낸 것입니다. 그래서 혹시 이들 전문가에게 연구팀이 처음에 알려준 시세 정보를 가격 산정에 고려했냐고 물어보았더니, 그렇다고 응답한 전문가는 8%에 불과했습니다. 명색이 전문가라는 사람들이 주어진 시세 정보에 의식적으로 따라가지는 않았겠지요. 어쨌든 이처럼 처음에 제시된 가격 정보가 전문가들의 무의식에서 작용했을 것으로 추정되는 결과가 나왔습니다. 이렇게 처음에 제시된 정보가 인간이 내리는 의사결정의 핵심적 기준점이 되어 새로운 정보는 단순히 부분적으로 조정되는 역할만 담당하게 되는 현상

---

7) G. Northcraft & M. Neale, "Experts, amateurs, and real estate : An anchoring-and-adjustment perspective on property pricing decisions", *Organizational Behavior and Human Decision Processes*, 39, 1987, pp. 84~97.

을 기준점과 조정 휴리스틱 편향이라고 합니다.

독일 경제학자인 하노 벡은 자신의 대학 강의 시절에 간단한 실험으로 기준점과 조정 휴리스틱 현상을 확인하였습니다.[8] 수업에 참석한 학생들을 두 집단으로 나눠 한 집단에겐 "분데스리가의 A팀이 우승할 것 같은데 이 A팀의 우승확률을 한번 계산해 봐"라고 요구했고, 다른 집단에게는 "분데스리가의 A팀이 우승하지 못할 것 같은데, 이 A팀의 우승하지 못할 확률을 한번 계산해 봐"라고 요청했습니다. 그러자 우승할 것 같은 A팀의 우승 확률을 맞혀야 하는 집단은 우승하지 못할 조건은 배제한 채 우승의 근거 자료만을 찾아 우승 확률을 높게 판단하였고, 또 다른 집단은 A팀이 우승하지 못할 근거들만을 조사하여 우승하지 못할 확률을 높게 계산하였다고 합니다. 이는 처음 인지한 정보(혹은 상황)를 기준으로 최종 판단으로까지 연결시키려는 성향을 잘 드러내고 있습니다.

판매 마케팅 전략으로서 인간의 기준점과 조정 휴리스틱 성향이 활용되기도 합니다. 카너먼은 자신의 저서에서 미국 아이오와주의 한 슈퍼마켓의 판촉 행사를 소개하였는데요.[9] 슈퍼마켓은 수프 판매를 촉진하기 위해 다양한 판촉 행사를 시도하였습니다. 어떤 날은 개당 10% 할인하는 판촉 행사를 진행하였고, 어떤 날에는 "1인당 12개 한정"이라는 안내판도 설치하였으며, 또 어떤 날은 "무한정 구매 가능" 판매 행사도 진행하였습니다. 다양한 행사가 시도된 후 매우 흥미로운 판매 결과가 보고됩니다. "1인당 12개 한정"이라는 안내판으로 최대 구매량을 제한한 날에는 평균 7개의 수프가 판매되었는데, 이는 무한정으로

---

8) 하노 벡, 부자들의 생각법, 배명자 역, 갤리온, 2012.
9) 대니얼 카너먼, 생각에 관한 생각, 이창신 역, 김영사, 2018.

구매 가능했던 날보다 무려 2배 더 많은 수치였습니다. 소비자들은 분명히 슈퍼마켓에 올 때는 필요한 만큼의 양만 구매하려는 의지를 가지고 방문했겠지만, "12개까지"라는 구매제한이 소비자들에게 마치 구매량의 기준점으로 인식되어 오히려 "무한정 구매 가능" 때보다 더 많은 수프를 구매하게끔 작용한 것입니다. 상대방이 생각하는 적정 수준에 약간의 플러스알파를 반영하여 제안하는 것이 기업의 가격 전략이나 판매 전략에 도움이 된다는 것을 일깨워 주는 사례입니다.

기준점과 조정 휴리스틱 편향 오류는 매우 엄격한 결정이 내려질 것이라고 생각되는 법정에서도 나타날 수 있습니다.[10] 충남대학교 박광배 교수는 2004년 2월 형사재판을 맡은 판사 158명을 대상으로 실험을 하였습니다. 우선 판사들을 세 그룹으로 나눈 후, 법정형이 5년 이상인 형법상 강간치상 사건을 동일하게 제시하였습니다. 첫 번째 그룹에는 검사 구형을 2년으로, 두 번째 그룹에는 검사 구형을 10년으로 언급하고, 세 번째 그룹에는 검사 구형에 관한 언급을 하지 않았습니다. 실험 결과, 검사가 10년을 구형하거나 구형을 언급하지 않은 경우에는 양형 평균이 각각 57.2개월과 57.5개월로 비슷했습니다. 하지만 검사 구형 2년 그룹의 평균은 42.5개월로 약 15개월이라는 큰 차이를 보였습니다. 검사 구형을 2년으로 낮게 제시하자 판사의 양형도 낮아진 것으로 보입니다.

기준점과 조정 휴리스틱 편향 오류 역시 각계각층의 전문가들에게도 빈번하게 일어날 수 있는 이상 현상(어나멀리)입니다. 인간은 정보의 관련성 여부에 집중하기보다는 일단 외부로부터 기준점이 제시되면 이를 하나의 가설로 받아

---

10) "무죄추정의 원칙 유죄추정의 덫", 한겨레21(956호), 2013. 4. 12.

들이려고 하는 속성을 가지고 있기 때문입니다. 이렇게 기준점을 가설로 받아들이면, 그 기준점 가설에 편향되어 가설이 지지되는 증거를 찾으려는 행태를 보이게 됩니다. 그런 과정을 거치면서 가설을 지지하는 증거들을 더 많이 찾게 되고, 궁극적으로 그 결과 역시 기준점의 근처에서 나타날 수밖에 없게 되겠지요. 이는 마치 배를 항구에 정박시킬 때 닻을 내리면 파도에 따라 이리저리 배가 움직일 수는 있어도 닻을 내린 지점을 중심으로 특정 범위 안에서만 움직이듯이, 기준점과 조정 휴리스틱에서 이 기준점의 역할을 비유하여 소위 **정박 효과 혹은 앵커링 효과**라는 개념으로 이해되기도 합니다. 또한 외부에서 주어진 기준점에 의존하려는 모습이 초깃값에 의존하려는 모습과 유사하여 현상 유지 편향과 연결되기도 합니다. 기준점과 조정 휴리스틱 편향 모습이 여타 개념들과 겹치며 나타날 수도 있다는 점도 유의해서 봐야 하겠습니다.

몬티홀 문제 : 휴리스틱+손실 회피+현상 유지

〈그림 6-2〉와 같이 여러분은 카드 게임을 시작합니다. 여러분 앞에는 뒷면만 보이는 카드 세 개가 놓여있습니다. 이 세 개의 카드 중에서 오직 한 개의 카드 앞면에만 자동차가 그려져 있습니다. 나머지 두 개의 카드는 아무것도 표시되지 않은 공空카드입니다. 여러분은 카드 앞면의 그림을 전혀 모르지만, 게임 진행자는 알고 있습니다. 여러분이 자동차 카드를 선택하면, 그 카드 앞면에 그려진 최신 고급 자동차를 선물로 드리겠습니다.

그럼, 지금 바로 카드를 선택하십시오. 단, 여러분이 하나의 카드를 선택했

그림 6-2 카드 게임

다면 선택한 카드를 뒤집어서 확인하지 말고 일단 기다리셔야 합니다.

이제부터는 진행자의 시간입니다. 여러분이 한 개의 카드를 선택했으니 선택되지 않은 두 개의 카드가 남아있지요? 진행자는 남아있는 이 두 개 카드 중에서 공카드 한 개를 뒤집어서 여러분에게 보여줍니다. 그렇다면 이제 자동차 카드는 여러분이 처음 선택한 카드 아니면 현재 뒷면만 보이는 카드 중 하나가 될 것입니다. 이제 마지막으로 여러분의 최종 선택을 요구합니다. 처음 선택한 카드를 그대로 고집하시겠습니까, 아니면 처음 선택한 카드를 포기하고 남아있는 저 한 개의 카드를 선택하겠습니까? 여러분의 최종 선택은?

이 게임은 미국 TV쇼인 〈Let's Make a Deal〉에서 유래한 것으로, 진행자 몬티 홀Monty Hall의 이름을 따서 몬티홀 문제라고 부릅니다. 이 게임에서 대부분의 참가자는 처음 선택한 카드를 계속 유지했다고 합니다. 그들이 처음 선택한 카드를 계속 유지한 이유는 다음과 같이 매우 유사했습니다. "진행자가 공카드

한 개를 보여주었으니 이제 두 개 카드 중 하나가 자동차 카드겠네. 그렇다면 어차피 자동차 카드가 나올 확률은 50:50인데… 괜히 처음 선택을 바꿔서 자동차를 못 타면 너무 억울할 것 같아. 처음 선택한 카드가 공카드여도 처음 선택한 것에 의미를 가지고 밀어붙이자. 처음 선택한 게 안 되면 뭐, 할 수 없다고 생각할 수 있지만 괜히 바꿔서 안 되면 너무 아깝잖아?"

우선 통계학적으로 처음 선택한 카드를 유지해야 자동차를 가져갈 확률이 높은지 아니면 마지막 남아있는 카드로 바꿔야 자동차를 가져갈 확률이 높은 지부터 판단해야 합니다. 통계학에 나오는 조건부 확률을 이용하여 간단하게 계산할 수도 있지만, 본 수업은 교양 수업이니 케이스별 확률을 하나씩 계산해 보겠습니다. 참가자 앞에 놓여있는 3개의 카드 중 1번 카드가 자동차 카드라고 가정해 봅시다. 참가자가 처음 카드를 선택할 때 1번을 고를 수도 있고, 2번을 고를 수도 있고, 3번을 고를 수도 있습니다. 즉 처음 카드를 선택할 때 3개의 경우가 존재합니다. 편의상 각 경우를 경우 1, 경우 2, 경우 3이라 합시다.

그럼 케이스별로 첫 번째 선택 카드를 **유지**하는 전략이 자동차 당첨 확률로 얼마인지를 계산해 봅시다. 경우 1에서 참가자는 1번 카드 선택했고(1번 카드가 자동차 카드임), 진행자는 규칙에 따라 2번이나 3번의 공카드 하나를 보여줄 것입니다. 참가자가 최초 1번 카드 유지 전략을 취하면 자동차를 가져갑니다. 경우 2에서 참가자는 최초 2번 카드를 선택했고(1번 카드가 자동차 카드임), 진행자는 1번과 3번 중 공카드인 3번 카드를 열어서 보여줄 것입니다. 참가자가 최초 2번 카드를 유지하면 자동차를 가져갈 수 없습니다. 마지막 경우 3에서 참가자는 최초 3번 카드를 선택했고(1번 카드가 자동차 카드임), 진행자는 1번과 2번 중 공카드인 2번을 열어 보여줄 것입니다. 참가자가 여전히 최초

3번을 유지하면 자동차를 가져갈 수 없습니다. 따라서 최초 선택 카드 **유지** 전략을 취한다면, 참가자가 자동차를 가져갈 확률은 1/3입니다.

이제 참가자가 최종 선택에서 **바꿈** 전략을 취할 때 자동차 당첨 확률은 얼마인지 계산해 봅시다. 위와 동일한 상황이 펼쳐지며, 단지 마지막 최종 결정에서 **바꿈** 전략이 적용되는 것입니다. 경우 1에서 참가자가 최초 1번 카드를 포기하고 카드를 바꾸면 자동차를 가져갈 수 없습니다. 하지만 경우 2에서 최초 2번 카드를 선택했던 참가자가 최종 선택에서 남아있는 1번 카드로 바꾸면 자동차를 가져갑니다. 또한 경우 3에서 최초 3번 카드를 선택했던 참가자가 최종 선택에서 최초 3번을 포기하고 남아있는 1번을 고르면 자동차를 가져갑니다. 따라서 최종 선택 카드를 바꾸는 전략을 취하면 자동차를 가져갈 확률이 2/3가 됩니다. **유지** 전략을 취하여 자동차를 가져갈 확률보다 1/3이 더 높습니다.[11]

과학적으로 확률값을 정확하게 계산하면 참가자는 최종 선택에서 카드를 바꾸는 것이 유리합니다. 하지만 대다수는 어떤 이유로 바꾸지 않았다고 했나요? 그 이유를 자세히 들여다보면 인간의 휴리스틱 편향과 손실 회피 편향과 현상 유지 편향이 복합적으로 내재되어 있습니다. 먼저 "진행자가 공카드 한 개를 보여주었으니 이제 두 개 카드 중 하나가 자동차 카드겠네. 그렇다면 어차피 자동차 카드가 나올 확률은 50:50인데…"라는 휴리스틱 편향 행동이 나타납니다. 참가자가 생각하는 것처럼 그대로 최초 선택을 유지한다면, 자동차 카드가 나올 확률은 1/2이 아니라 1/3입니다. 자신이 이미 선택한 사건을 고려하지 않

---

11) 현재 1번 카드가 자동차 카드라고 가정하고 확률을 계산하였는데, 만약 자동차 카드를 2번이나 3번으로 가정하더라도 전략별 자동차 당첨 확률은 동일하다. 즉 '바꿈' 전략의 자동차 당첨 확률은 2/3, '유지' 전략의 자동차 당첨 확률은 1/3이다.

앉기에 소위 **조건부 확률**의 개념 없이 단순히 **어림짐작**으로 **즉각적이고 편하게** 생각한 판단 오류일 뿐입니다. 그리고 "괜히 처음 선택을 바꿔서 자동차를 못 타면 너무 억울할 것 같아"라는 부분에서는 인간의 손실 회피 성향이 드러납니다. 바꿨을 때 이익이 날 수도 있지만 손실이 나는 것에 대해서 더욱 민감하게 반응하는 행태라고 할 수 있지요. 마지막으로 "처음 선택한 카드가 공카드여도

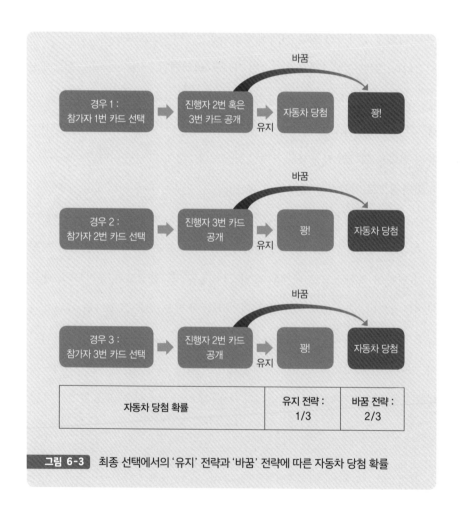

그림 6-3 최종 선택에서의 '유지' 전략과 '바꿈' 전략에 따른 자동차 당첨 확률

처음 선택한 것에 의미를 가지고 밀어붙이자. 처음 선택한 게 안 되면 뭐, 할 수 없다고 생각할 수 있지만…"에서는 인간의 현상 유지 편향 심리가 보입니다. 현재 상태에 대한 의미를 더욱 부여하면서, 바꾸려고 노력하는 것보다 그냥 현재 주어진 상태에 머무르려는 심리가 발동되고 있습니다.

몬티홀 문제는 2021년 가을 넷플릭스 드라마 시리즈로 큰 화제가 되었던 〈D.P.〉에서도 나옵니다. 극 중 탈영병 허치도가 입대 이전 경제학 원론 수업 시간에 몬티홀 문제를 멋지게 풀고 교수의 칭찬과 학생들의 박수를 받습니다. 그런데 드라마에서는 왜 최종 선택을 바꾸는 게 유리한지 명확한 설명을 하지 않습니다. 자칫 따분할 수 있는 통계학적 설명이 극의 재미를 반감시킬 수 있다는 우려 때문이었는지도 모르겠습니다. 마침 지금까지 다루었던 행동경제학 내용이 몬티홀 문제에서 왜 대다수의 사람들이 최종 선택을 바꾸지 않고 처음 선택을 유지하려고 했는지를 설명할 수 있어서 이렇게 담아봤습니다. 그러나 재차 강조하지만, 이 문제를 정확하게 풀지 못했다고 스스로를 비난할 필요는 없습니다. 호모 에코노미쿠스나 〈D.P.〉의 허치도와 같이 매우 합리적이고 이성적인 사람만이 문제를 정확하게 풀고 최종 선택을 바꿀 뿐이라고 생각하시면 좋겠습니다. 여러분이나 저와 같은 대다수 인간은 제한된 합리성을 가진 존재이기에, 이 몬티홀 문제를 정확하게 풀어내기보다는 휴리스틱＋손실 회피＋현상 유지 어나멀리를 통해 처음 카드를 유지한다고 생각합시다. 지나치게 자기만족적인 해석인가요?

휴리스틱 편향 소결

지금까지 휴리스틱 편향이라는 이상 행동을 살펴보았습니다. 대표성, 가용성, 기준점과 조정 휴리스틱은 행동경제학계에서 집중적으로 관심을 가지고 살펴보는 휴리스틱 편향의 종류일 뿐, 또 다른 종류의 휴리스틱 편향 행태도 많이 존재합니다. 예를 들어, 감정 휴리스틱Affect Heuristic은 사람들이 어떤 대상을 좋아하는지 아니면 싫어하는지 그 감정에 따라 그 사람의 행동에 대한 평가가 결정된다는 휴리스틱의 한 종류입니다. 예를 들어, 사람은 어떤 대상에 대해 좋아하는 감정을 가지고 있다면 그 대상이 나쁜 행동을 해도 쉽게 용서를 해주는 반면, 좋은 행동을 하면 칭찬을 많이 하면서 높은 평가를 줍니다. 하지만 어떤 대상에 대하여 싫어하는 감정을 가지고 있다면, 그 대상이 그렇게 나쁜 행동을 하지 않았는데도 심한 비난을 보내는 반면, 좋은 행동을 해도 애써 외면하고 무시하려고 합니다.

인간의 이러한 감정 휴리스틱은 특히 정치 현장과 선거 상황에서 드러납니다. 특정 정당에 대하여 악의적 감정을 가지고 있는 사람들은 그 정당을 대표하는 정치인을 평가할 때 객관적 사실을 중요하게 생각하지 않습니다. 악의적 감정을 품은 정치인에 대한 객관적 사실들은 종종 판단 기준의 순서에서 뒤편으로 밀리고, 그 정치인의 단점에 대해서는 과도하게 비난하고 장점에는 아예 눈길도 주지 않으려고 합니다. 한 정치인에 대한 감정적 비호감이 그 사람을 적절하게 평가할 수 있는 객관적인 사실마저 무시되도록 만드는 것이지요. 만약 개인적으로 높은 호감을 가지고 있는 정당의 정치인은 어떻게 평가할까요? 이 호감적인 정치인에 대한 객관적인 사실과 정보도 역시 뒤로 밀려납니다. 내가 호감을 가지고 있다면 오로지 그 정치인의 장점은 과도하게 높게 평가하고, 심각할 정도의 단점이라도 쉽게 이해해 주고 용서해 주는 감정 휴리스틱이 발동되는 것입니다.

이렇게 인간의 휴리스틱 편향은 일상의 모든 분야에서 매우 다양하고 보편적으로 우리의 의사결정을 지배합니다. 그렇다면 소위 만물의 영장으로서 호모 에코노미쿠스라고도 불리는 합리적 인간들은 왜 이러한 비이성적 의사결정을 할까요? 그 이유도 역시 매우 다양하겠지만, 우리가 앞서 다루었던 인간의 인지 시스템 구조가 해답이 될 수 있습니다. 인간의 인지 시스템이 1차 인지 시스템과 2차 인지 시스템으로 구성되고 있음을 우리는 학습하였습니다. 1차 인지 시스템은 빠르고 연상적이며 판단을 위한 생각의 노력이 들어가지 않는 직관적 인지 처리 과정인 반면, 2차 인지 시스템은 느리고 종속적이며 판단을 위한 생각의 노력이 투입되는 추론적 인지 처리 과정입니다. 인간이 1차 인지 시스템을 가지고 있는 한, 생각의 지름길을 사용하는 휴리스틱 편향 오류 자체를 완전히 없앨 수는 없을 것입니다. 다만 과도한 휴리스틱 편향 오류를 줄일 수 있는 몇 가지 대안이나 방법들은 생각해 볼 수 있습니다.

예를 들어 사회나 조직 내에 소위 **쓴소리 집단**을 구성하는 것입니다. 이 **쓴소리 집단**은 개인의 신념과 상관없이 그 사회나 조직 내 지배적인 의견에 이의를 제기하는 역할을 담당하는 소모임입니다. 이 쓴소리 집단이 사회나 조직의 의사결정 과정에서 발생되는 휴리스틱 편향 오류에 이의를 제기하고 경고를 보낸다면, 휴리스틱 편향을 완벽하게 없애지는 못하더라도 오류를 줄이는 장치가 될 수 있습니다.

또한 중장기적으로, 제도 개선은 휴리스틱 편향 오류를 줄이는 데 도움이 될 것입니다. 한 가지 행동을 계속 반복하는 중독성 행위에 대한 적절한 규제 정책, 특정 계층에 대한 혐오나 차별을 방지하는 제도, 사람들이 편견을 가지게 하는 언론에 대해 책임을 묻는 제도 등에 이르기까지 다양한 영역에서의 소비자나 시민이 휴리스틱 편향 오류에 피해를 받시 않고 공정하게 대우받기 위한 유·무형의 제도 구비가 필요합니다. 유형의 제도란 앞서 소개하였듯이 문서화된 전통적인 제도를 말하며, 무형의 제도란 문서화되어 있지 않지만 구성원들이 암묵적으로 지키는 규칙과 같은 규범이나 문화를 말합니다. 문서화된 유형의 제도보다 무형의 제도가 더 강력한 힘을 발휘할 것입니다. 제도를 문서화하더라도 구성원들이 이 문서화된 제도에 공감을 하지 않으면 온갖 꼼수를 부려가며 문서화된 제도의 구속력 밖에서 나쁜 행동을 계속할 것이고, 결국 이 문서화된 제도는 무력화되어 아무 의미 없는 제도로 전락하고 말 테니까요. 따라서 비록 문서화하지 않더라도 당연히 지켜야 될 사회적 규범이나 문화인 무형의 제도를 만드는 것이 그릇된 편견이나 선입견으로 의사결정을 내리는 경직된 사회가 되지 않게 하는 장치가 될 것입니다.

의사결정을 할 때 선택지를 너무 많이 고려하지 않게 만드는 것도 중요합니다. 정보가 너무 많으면 소위 **정보 과부하**에 걸리고, 결정하기가 힘들어지고, 결국 자신의 **감**으로, 대충 어림짐작으로 결정하기가 쉽기 때문입니다. 전통적으로 주류 경제학자들은 정보가 많을수록 좋다고 합니다. 정보가 많이 주어질수록 더욱 합리적이고 최선인 선택을 내리는 데 도움이 될 것이라고 생각하기 때문입니다. 하지만 인간의 인지 시스템이 제한적 합리성을 가지듯이, 인간은 컴퓨터가 아니기에 정보를 엄청나게 많이 준다고 이를 모두 처리하여 최선의 의사결정을 내리는 데 사용할 수 없습니다.

선택 전문가인 쉬나 아이엔가와 마크 레퍼는 선택지나 정보가 너무 많아지면 소비자들의 의사결정이나 판단 욕구가 어떻게 꺾이는지 탐구하였습니다.[12] 연구팀은 피실험자들에게 식자재 마트 쇼핑객이 되어 잼을 구입하도록 하였습니다. 마트 안에 잼이 판매되는 가판대는 두 개의 유형으로 설계되었는데, 한 가판대에는 스물네 종의 잼을 진열해 놓았고, 또 다른 가판대에는 다섯 종만 진열해 놓았습니다. 피실험자들은 잼이 많이 진열된 가판대를 더 오랫동안 둘러보고 고민했지만, 정작 잼을 구입한 곳은 적게 진열된 가판대였다고 합니다. 선택지와 정보가 너무 많아지면 최선의 결정을 하는 것이 아니라 의사결정이나 판단을 회피하려는 인간의 모습이 드러난 예입니다. 오히려 간단하게 생각하고 싶어 하는 휴리스틱 성향의 행동이 드러나며, 이러한 휴리스틱 성향은 빵이나 잼을 구입하는 일상의 사소한 결정 상황에서 더욱 빈번하고 강하게 드러나는 것입니다. 따라서 선택지나 정보를 과도하게 제공하지 않고, 고민의 여유를 줄 만큼 적당하게 제공하는 것도 휴리스틱 행동에 의존하지 않는 방법이 될 수 있습니다.

휴리스틱 편향 오류를 줄이기 위한 다양한 사회적 장치나 방법론을 소개하면서, 얼핏 휴리스틱 편향 오류는 반드시 줄여야만 하는 인간의 비이성적인 모습으로서 부정적 이미지의 인간 행동으로 보인 것 같습니다. 하지만 앞서 인간의 1차 인지 시스템을 언급하였듯이 휴리스틱 편향 자체는 인간이 가질 수밖에 없는 인지적 특징이며 이러한 인간의 본질적 특징을 가지고 옳고 그름의 기

---

12) Sheena S. Iyengar & Mark R. Lepper, "When Choice is Demotivating : Can One Desire Too Much of a Good Thing?", *Journal of Personality and Social Psychology*, 79(6), 2000, pp. 995~1006.

준으로 양단할 수는 없습니다. 유니버시티 칼리지 런던의 미셸 배들리 교수도 "어림짐작을 활용하는 것은 대체로 현명한 생각이다"라고 주장합니다. 그녀는 "자동차, TV, 냉장고, 휴대폰을 구입할 때 고작 몇 푼 아끼겠다고 며칠 동안 온라인과 오프라인 판매점을 죄다 뒤지는 것은 어리석은 행동"[13)]이라고 말했는데요. 특히 사소한 일상에서의 의사결정 사안일수록, 예를 들어 아침 식사용 빵을 구입할 때는 지난번에 산 빵이 너무 만족스러웠다면 그 만족감이 남아있을 때까지 계속 그 빵만을 고집할 수도 있고, 그 빵을 더 싸게 살 수 있는 대형 슈퍼마켓까지 가는 것이 귀찮으면 좀 더 비싸더라도 집 앞의 편의점에서 구입할 수도 있다는 점을 강조하였습니다. 통상적으로 이 빵을 사는 과정에서는 완벽한 정보가 수집되고 과연 최선의 방법이 무엇인지 그 정보를 처리하고 엄밀한 분석 결과를 도출하는 노력이 이루어지지 않고, 자동적이며 노력이 필요 없는 거의 무의식적인 판단이 이루어집니다. 이런 의사결정들은 어림짐작으로 판단하는 것이 지극히 현명한 방법이라고 할 수 있겠습니다.

---

13) 미셸 배들리, 행동경제학, 노승영 역, 교유서가, 2020, p. 71.

제**7**장

사회적 선호

기존 주류 경제학에 등장하는 인간은 자신의 이기적 선호 체계를 기반으로 자신의 효용을 극대화하려는 인간입니다. 완벽하게 합리적이고 이성적이며 자신의 경제적 만족을 극대화하기 위해 최선을 다하는 이기적 인간, 즉 호모 에코노미쿠스가 경제학 세계의 대표 인간입니다. 20세기 이후 자유시장주의가 지구촌 경제 발전을 위한 핵심 가치로 인정을 받으면서, 이기적 선호를 추구하는 인간이 자유시장주의를 구현하는 최고의 인간상으로 자리매김합니다. 어쩌면 인간의 이기적 선호를 통해 시장을 효율적으로 작동시켜야 하고, 시장이 효율적으로 작동되어야 경제사회가 원활하게 운영된다고 믿어왔던 것일 수 있습니다. 어쨌든 **인간은 이기적 의사결정자**라는 전제는 이제 세상 모든 사람이 거부감 없이 받아들이는 통념이 되었습니다.

하지만 우리의 주변을 둘러보면 자신의 이익이 아닌 타인의 이익 혹은 사회의 이익을 우선시하는 인간들도 쉽게 목격됩니다. 대가를 바라지 않는 익명의 기부금 전달이나 순수 봉사 차원의 자선 단체 활동들은 지금 이 시간에도 전 세계에서 매우 활발하게 진행되고 있습니다. 익명의 기부자가 기부금액을 자신에게 사용하면 경제적 효용이 더 높아질 텐데, 그렇다면 전 세계의 수많은 익명 기부자들은 분명 호모 에코노미쿠스가 아닐 것입니다. 이런 사람들은 또 어떤가요? 연봉이 충분히 높아서 만족할 만한 생활을 영위하다가도 친구의 연봉이 자신의 것보다 높다는 소식을 듣는 순간 지금까지 만족했던 경제생활에 좌절감을 느끼는 사람들 말입니다. 완벽한 합리성을 가진 호모 에코노미쿠스라면 타인의 효용(경제적 만족) 상태가 자신의 효용 상태에 영향을 주지도 않을 것 같은데요.

행동경제학에서는 자신의 이익(효용)이 반드시 자신의 일정하고 합리적인 선호 체계로만 결정된다고 보지 않고, 다른 사회 구성원들의 효용과 선호 체계로 결정될 수 있다고 주장합니다. 즉, 나의 개인적 경제효용이 다른 사람의 경제효용 수준으로부터 영향을 받고 심지어 그것에 의존적일 수도 있음을 의미합니다. 행동경제학에서는 이러한 현상을 사회적 선호Social Preference(혹은 상호의존적 선호Interdependent Preference) 현상이라고 부릅니다.[1]

사회적 선호 현상을 쉽고 정확하게 이해하기 위해서 네 개의 게임 이론을 공부할 필요가 있습니다. 독재자 게임, 신뢰 게임, 선물교환 게임, 그리고 최후통첩 게임입니다. 이 네 개의 게임을 이해하기 위해 먼저 게임 이론에 대한 개념 및 기초 지식부터 먼저 학습하겠습니다.

게임 이론 : 기초 개념 및 내쉬 균형

게임 이론은 상호의존적이고 이성적인 의사결정에 관한 수학적 이론입니다. 경제학은 이 게임 이론을 합리적 의사결정자 간 상호의존적인 반응을 이해하기 위해 사용합니다. 즉 게임 이론을 통해 각자의 효용극대화를 추구하는 의사결정자들이 최고의 경제적 보상을 얻기 위해 벌이는 행위와 그 행위의 결과가 어떻게 나타나는지를 탐색할 수 있습니다. 따라서 게임 이론의 전제는 게임 참가자 모두 합리적으로 결정한다는 것이며, 나를 포함한 모든 참가자가 이 전제를

---

1) E. Fehr & U. Fischbacher, "Why social preferences matter the impact of non-selfish motives on competition, cooperation, and incentives", *Economic Journal*, 112(478), 2002, pp. 1~33.

알고 있습니다. 다시 말해서 바둑이나 체스를 두는 두 명의 게임 플레이어는 자신도 합리적으로 결정하지만 상대방도 합리적으로 결정한다는 것을 서로 알고 있습니다.

게임 이론의 역사는 수학자 폰 노이만과 경제학자 모르겐슈테른에 의해 처음 만들어졌고, 2001년 개봉 영화 〈뷰티풀 마인드〉의 실제 주인공인 경제학자 존 내쉬에 의해 발전되었습니다. 이 경제학자의 이름을 이용한 **내쉬 균형**은 게임 이론의 기본 개념으로 유명합니다. 내쉬 균형은 게임 참가자들이 상대방의 전략을 최선의 반응이라 생각하고 자신도 최선의 반응으로 대응할 경우, 결국에는 나타날 수밖에 없게 되는 그 게임의 결과를 의미합니다. 따라서 내가 상대방(경쟁자)의 대응에 따라 최선의 선택을 하면 더 이상 자신의 선택을 바꾸지 않는 균형 상태에 도달하는데, 그 균형 상태가 바로 상대방의 최선의 결정에 나도 최선의 결정으로 대응한 상태이므로 더 이상 각자의 결정을 바꾸지 않는 상태를 의미합니다. 이 내쉬 균형을 보다 정확하게 이해하기 위해 다음과 같은 게임 예제를 하나 풀어봅시다.

두 명의 게임 참가자(플레이어)가 있습니다. 그리고 각 플레이어는 자신이 선택할 수 있는 전략을 2개씩 공평하게 가지고 있습니다. 플레이어 1이 선택할 수 있는 전략은 두 개의 선택지(선택 1과 선택 2)이고, 플레이어 2 역시 두 개의 선택지(선택 3과 선택 4)를 전략으로 결정할 수 있습니다. 그리고 각자의 전략을 선택함으로써 최종적으로 얻게 되는 경제적 이익이 있습니다. 게임 이론에서는 이를 **보상**^{Payoff}이라고 부릅니다. 예컨대 플레이어 1이 선택지 1을 결정하고 플레이어 2가 선택지 3을 결정하면, 플레이어 1의 보상은 5이고 플레이어 2는 보상 7을 얻을 수 있습니다. 이를 (5, 7)이라고 표시합니다. 괄호 안의 앞쪽 숫자가 플레이어 1의 보상, 뒤쪽 숫자가 플레이어 2의 보상입니다. 플레이어마다 2개씩의 선택이 있으니 총 4개의 보상 결과가 나올 수 있겠습니다. 이 게임의 상황을 매트릭스 형태로 정리하면 〈표 7-1〉과 같이 나타납니다.

매트릭스로 표현된 전략형 게임의 형태를 게임 트리를 사용하여 〈그림 7-1〉과 같이 전개형으로 표현할 수 있습니다. 각 타원형은 해당 플레이어가 자신의 전략을 선택하는 지점이라고 생각하시면 됩니다. 그리고 타원형에서 뻗어 나

표 7-1 전략형 게임의 매트릭스

참가자		플레이어 1	
	전략	선택지 1	선택지 2
플레이어 2	선택지 3	(5, 7)	(6, 5)
	선택지 4	(3, 1)	(7, 8)

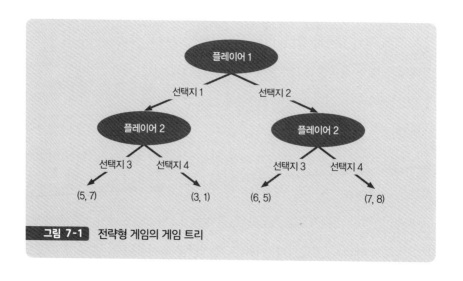

그림 7-1 전략형 게임의 게임 트리

가는 선은 각 플레이어가 할 수 있는 전략 결정을 표시하는 것으로, 소위 **선택** 혹은 **전략**이라고 표현하기도 합니다. 최종적으로 선택한 결정(선택 혹은 전략)에 따라 게임이 진행될 때 경제적 보상은 가장 아래의 괄호 안 숫자로 표시합니다. 역시 괄호 속의 앞쪽 숫자가 플레이어 1의 보상이고, 뒤쪽 숫자가 플레이어 2의 보상입니다.

게임 트리를 사용한 전개형 게임을 통해 이 게임의 최종 결과, 즉 참가자들이 더 이상 자신의 선택을 바꾸지 않는 최종 결정이 되는 상태는 어디일까요? 이 상태가 바로 이 게임의 최종 답이자 내쉬 균형이 되는 것입니다.

만약 플레이어 1이 선택지 1을 선택한다면, 플레이어 2는 무엇을 선택할까요? 당연히 선택지 3을 골라 7이라는 경제적 보상을 얻으려 할 것입니다. 선택지 4를 골랐다가는 경제적 보상이 1밖에 안 되니까요. 따라서 플레이어 1은 내가 선택지 1을 고르면 플레이어 2가 선택지 3을 고를 것을 알게 됩니다. 그러면 그때의 플레이어 1의 경제적 이익이 5가 될 것임을 파악하게 되지요.

하지만 만약 플레이어 1이 선택지 2를 선택한다면, 플레이어 2는 무엇을 선택할까요? 당연히 플레이어 2는 선택지 4를 골라 경제적 이익 8을 취할 것입니다. 이때 선택지 3을 고르면 이익이 5밖에 안 되니까요. 따라서 플레이어 1은 내가 선택지 2를 고르면 플레이어 2가 선택지 4를 선택할 것을 알게 되고, 그때 본인의 경제적 이익은 7이 될 것임을 압니다.

이렇게 '나도 합리적이지만, 상대방도 합리적이다'라는 것을 인지하고 있는 플레이어 1의 최선 반응(=최종 선택)은 무엇이 될까요? 맞습니다. 경제적 이익이 5가 되는 것보다는 7이 되는 선택지 2를 택할 것입니다. 그러면, 다음 순서로 결정하는 플레이어 2가 선택지 4로 반응할 것이고, 결국 두 명의 플레이어가 더 이상 바꾸지 않는 최선 반응 결과인 (선택지 2, 선택지 4)가 내쉬 균형이 되는 것입니다.

가장 기초적인 방법으로 내쉬 균형을 찾아보았지만, 사실 부분게임 완전균형이라고 해서 소위 역진귀납법을 이용하여 내쉬 균형을 찾는 것이 수월한 방법입니다. 하나의 노드와 그에 수반한 가지들을 하나의 **부분적 게임**으로 생각하는 방법입니다. 게임의 최종 해는 종결 노드를 포함한 마지막 부분의 게임에서의 해를 구하는 것부터 역으로 올라가 구할 수 있습니다. 이렇게 마지막 부분게임에서 최초 노드가 포함된 최초 게임 부분으로 거슬러 올라가며 해를 구하는 과정을 역진귀납법이라고 합니다. 〈그림 7-1〉의 게임에서 역진귀납법으로 해를 찾아봅시다. 먼저 종결 노드가 포함된 마지막 부분적 게임은 플레이어 2에서 찾을 수 있습니다. 플레이어 2는 각 노드에서 선택지 3과 4 중 무엇을 고를지 확인할 수 있습니다. 첫 번째 노드(=플레이어 1이 선택지 1을 택한 경우)에서는 선택지 3을 고를 것이고, 두 번째 노드(=플레이어 1이 선택지 2를 택한 경우)에서는 선택지 4를 고를 것입니다. 그러면 플레이어 1은 선택지 2를 택할 것이라 쉽게 확인할 수 있습니다. 이렇게 뒤에서부터 역으로 부분게임의 균형을 찾아 올라가는 방법이 역진귀납법이며, 이렇게 구해진 해는 내쉬 균형으로 구해진 해 중에서 신빙성 조건을 만족시킵니다.

방금 학습한 내쉬 균형을 더욱 확실하게 이해하기 위해 〈그림 7-2〉의 게임 트리 예제를 이용해 봅시다. 게임 참가자로서 현재 경쟁 중인 기업 A와 기업 B가 있습니다. 각 기업은 어떤 사업에 대하여 투자를 할지 아니면 매각을 할지 고민하고 있습니다. 즉 두 기업 모두 현재 고민하고 있는 경영 전략의 선택이 **투자** 혹은 **매각**이라고 생각하시면 됩니다. 단, 선택 결정의 순서가 있습니다. 기업 A가

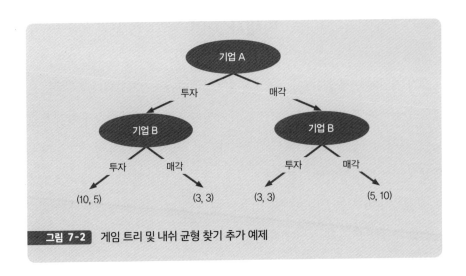

그림 7-2 게임 트리 및 내쉬 균형 찾기 추가 예제

결정하면, 그다음에 기업 B가 결정합니다. 각 기업이 전략을 선택함에 따라 얻게 되는 경제적 보상은 노드 마지막 부분에 적혀있는 괄호 안의 숫자입니다. 첫 번째 숫자가 기업 A의 경제적 보상이고, 두 번째 숫자가 기업 B의 경제적 보상입니다.

이 게임의 내쉬 균형은 무엇일까요? 역진귀납법으로 풀어보면, 마지막 부분 게임에서 기업 B는 첫 번째 노드에서는 투자를 선택하지만(왜냐하면, 경제적 보상이 **투자 5 > 매각 3**), 두 번째 노드에서는 매각을 결정할 것(왜냐하면, 경제적 보상이 **매각 10 > 투자 3**)입니다. 그렇다면 그 위의 부분게임에서 기업 A의 최선 반응은 무엇일까요? 당연히 투자를 선택하는 것이 최선 반응이겠지요. 경제적 보상이 **투자 10 > 매각 5**가 되니까요. 따라서 이 게임의 최종 해로서 내쉬 균형은 (투자, 투자)가 되겠습니다.

독재자 게임

독재자 게임에는 제안자와 수신자, 두 명의 플레이어가 참가합니다. 이 게임 진행을 총괄하는 책임자는 게임 시작 전에 제안자에게 10만 원을 공짜로 제공합니다. 그리고 제안자에게 이렇게 말합니다. "이 10만 원 중에서 당신이 원하는 만큼의 금액을 결정해서 수신자에게 주세요." 그리고 수신자는 제안자가 제안한 금액을 받아 가면 끝나는 게임입니다. 단 수신자는 제안자가 제안한 금액을 거절할 수 없으며, 그대로 수용해야 합니다. 즉 제안자는 선택지가 있지만, 수신자는 선택지가 없습니다.

따라서 제안자가 수신자에게 자신이 받은 10만 원에서 금액을 더 많이 떼어 줄수록, 제안자 자신이 가져가는 액수는 더욱 작아지게 된다는 것을 알고 있습니다. 반대로 수신자에게 주는 제안금액을 낮출수록 자신의 경제적 보상이 높아진다는 것을 압니다. 즉 제안금액을 0원으로 하면, 경제적 이익극대화가 실현됩니다. 그렇다면 제안자의 전략은 0원을 줄 것이냐 아니면 특정 금액을 떼어줄 것이냐로 요약할 수 있습니다. 이러한 상황을 게임 트리로 표현하면 〈그림 7-3〉과 같습니다.

우리는 게임 이론의 참가자들이 합리적 인간임을 전제로 합니다. 즉 그들은 자신의 경제적 보상을 극대화하기 위한 전략을 선택합니다. 그렇다면 이 독재자 게임에서의 내쉬 균형은 제안자의 최선 반응(최종 선택)에서 결정됩니다. 제안자는 어떤 선택을 통해 자신의 경제적 이익을 극대화할 수 있을까요? 맞습니다. 0원을 선택하는 것이 내쉬 균형이 될 것입니다.

그러나 현실에서의 독재자 게임 실험 결과는 우리가 예상했던 것과 같이 언

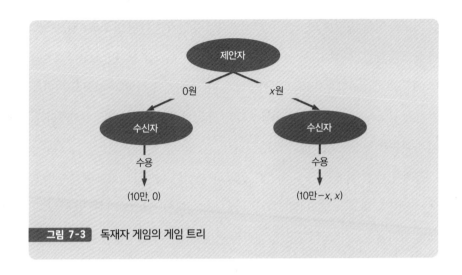

그림 7-3 독재자 게임의 게임 트리

제나 (10만, 0)에서 균형이 이루어지지 않았습니다. 많은 실험 연구들은 실제 독재자 게임 실험과 관련하여 아주 흥미로운 결과를 발표하였습니다.[2] 많은 사람이 제안자의 위치에 있을 때 수신자에게 0원을 주었을 것이라고 예상했지만, 대부분은 0원보다 큰 금액을 주었다고 합니다. 수신자에게 제안된 금액은 전체 액수의 10%에서 60%까지 다양했는데, 20~30%가 가장 많았던 것으로 발견되었습니다.

특히 독재자 게임에서 제안자가 0원을 제공할 가능성이 수신자나 실험 책임자와의 사회적 거리가 커질수록 높아지는 것을 발견하였습니다. 사회적 거리

2) R. Forsythe, J. Horowitz, N. Sarin & M. Sefton, "Fairness in simple bargaining experiment", *Games and Economic Behavior*, 6, 1994, pp. 347~369; E. Hoffman, K. McCabe, K. Shachat & V. Smith, "Preference, property rights and anonymity in bargaining games", *Games and Economic Behavior*, 7, 1994, pp. 346~380; E. Hoffman, K. McCabe & V. Smith, "Social distance and other-regarding behavior", *American Economic Review*, 86, 1996, pp. 653~660.

란 서로를 아는 정도를 의미합니다. 제안자가 수신자를 알면 알수록 0원보다는 큰 금액을 제공할 가능성이 높아지고, 제안자가 수신자를 모르면 모를수록 0원을 제공할 가능성이 높아지고 있었습니다. 이는 사회 구성원 간 사회적 거리가 커지고 서로에 대한 신뢰가 줄어들수록 경제적 거래나 교환 행위, 기부 행위 등이 줄어드는 현상을 설명할 수 있습니다.

독재자 게임 실험을 통해 인간은 언제나 자신의 이익극대화만을 추구하고 있지 않음을 발견하였습니다. 자신의 경제적 이익이 줄어들더라도 타인의 경제적 이익에 도움이 되는 결정을 내리는 경우도 있음을 확인하였고, 특히 인간 사이에 신뢰도가 높아지면 자신의 이익극대화만을 추구하지 않는다는 것도 확인하였습니다. 인간 사회에서 신뢰라는 것이 중요한 역할을 담당하고 있는 것처럼 보입니다. 그렇다면 신뢰 게임을 통해 신뢰와 인간의 경제적 행태 간의 관계를 보다 자세하게 살펴보겠습니다.

신뢰 게임

신뢰 게임의 참여자는 제안자와 수신자로 구성됩니다. 게임의 규칙은 다음과 같습니다.

- 게임 설계자는 제안자에게 10만 원을 줍니다.
- 제안자는 받은 돈 10만 원 중 자신이 원하는 만큼(x원)을 수신자에게 주고 나머지는 자기가 가질 수 있습니다(단, x원≤10만 원).

- 단, 제안자가 수신자에게 주기로 결정한 x원은 2배가 되어 수신자에게 전달됩니다. 즉 $2x$원이 수신자가 받게 될 금액입니다.
- 수신자는 제안자로부터 $2x$원을 받은 후, 다시 제안자에게 본인이 원하는 만큼의 돈(y원)을 돌려줍니다.

게임의 최종 해인 내쉬 균형을 찾아내기 위해, 우리는 이 게임의 참여자들이 기대하는 경제적 이익(보상)을 먼저 식별해야 합니다. 이 게임에 참가하는 제안자의 경제적 이익을 식으로 표현하면 (10만$-x+y$)이고, 수신자의 경제적 이익을 식으로 표현하면 ($2x-y$)입니다. 먼저 x원을 결정해야 하는 제안자는 여러 생각이 들겠죠? "내가 x를 1만 원으로 결정해도 최소한 수신자가 $y=1$만 원보다 조금 더 보내면 나는 10만 원보다 더 큰 이익을 가질 수 있는데… 내가 1만 원을 보내면 그게 2만 원이 되어 수신자에게 전달되는데, 설마 수신자가 그 2만 원 중 자기 몫으로 1만 원 이상을 가져가겠어?" 하지만 우리는 게임 이론을 처음 배우면서 다루었던 중요한 전제가 있었음을 기억해야 합니다. 바로 "게임 이론의 참가자들은 자신의 이익극대화를 위해 합리적으로 결정하지만, 상대방도 합리적으로 결정할 것임을 안다"라는 것입니다. 따라서 합리적인 제안자는 수신자가 어떻게 행동할 것인지 예상합니다. 제안자는 "수신자가 자신의 경제적 이익 $2x-y$를 극대화하기 위한 행동을 하겠지? 그럼 당연히 y를 0으로 결정하겠네"라고 예상할 것입니다. $y=0$이 된다면, 제안자 자신의 최선 반응은 무엇일까요? 맞습니다. 자신도 x를 0으로 만들어야 (10만$-x+y$)에서 최대한 10만 원을 취할 수 있기 때문입니다. 따라서 내쉬 균형은 $x=0$, $y=0$에서 결정되는 것입니다.

하지만 현실 세계에서 수행된 신뢰 게임의 실험 결과는 합리적 참여자들이 결정하는 내쉬 균형과 달랐습니다. 미국 하버드대학교의 학생들을 대상으로 한 실험에서는 제안자가 30달러 중 평균 24.80달러를 수신자에게 보낸 결과가 나왔으며, 브라질 상파울로대학교 학생들을 대상으로 한 실험에서는 적게는 평균 16.88달러에서 많게는 평균 25.71달러가 결과로 도출되었습니다.[3] 그리고 수신자가 다시 제안자에게 돌려주는 금액은 자신이 받았던 $2x$에서 평균 50%를 넘어갔습니다. 결국 제안자도 x를 주었지만 최종적으로 받은 y가 x보다 컸다는 의미입니다.

이 실험 결과를 보면 인간은 경제적 의사결정을 함에 있어서 완벽하게 합리적인 경제적 이익극대화만을 추구하지 않는 것으로 판단됩니다. 나뿐만 아니라 상대방도 이익극대화를 추구한다고 전제한다면 참가자들의 최종 결정은 $x=y=0$이 되는 내쉬 균형에 도달해야 하지만, 현실에서는 냉철한 이성이 아닌 지극히 감성적인 **신뢰**라는 특성이 반영된 의사결정이 일어납니다. 결국 감성적 특성인 신뢰를 기반으로 의사결정을 한 참여자들의 최종 경제적 이익은 완벽한 합리성에 기반을 둔 의사결정인 내쉬 균형 상태보다 더 컸습니다.

신뢰는 경제를 번영시키는 요인으로 많은 각광을 받고 있습니다. 소위 문서화되어 있지 않은 비정형적 제도로서, 신뢰라는 제도가 경제사회에서 어떤 개념으로 받아들여지고 어떤 역할을 담당하는지는 제12장에서 더욱 자세히 다루도록 하겠습니다.

---

3) S. Lazzarini, R. Madalozzo, R. Artes & J. Siqueira, "Measuring trust : An experiment in Brazil", Insper Working Paper, 2004.

선물교환 게임

선물교환 게임의 참여자는 2인으로서, 이해를 돕기 위해 편의상 노동자와 고용주라고 가정해 봅시다. 고용주는 돈을 받습니다. 그리고 이 돈을 가지고 노동자에게 임금을 얼마나 줄지 선택합니다. 노동자는 임금을 보며 노동을 얼마나 투입할지 선택합니다. 노동자는 더 많은 노동을 투입할수록 더 많은 임금을 받게 될 것입니다. 또한 고용주는 노동자의 더 많은 노동 투입으로 더 높은 이익을 얻습니다.

노동자가 더 많은 노동을 제공하고 고용주가 그 노동에 대한 비용(임금)을 상쇄할 정도로 더 많은 이익이 창출된다면, 노동자와 고용주 모두 경제적으로 이로울 수 있습니다. 그러나 자신의 금전적인 보상에만 관심을 가지는 노동자는 자신이 제공할 수 있는 여분의 노력을 더 하지 않을 것입니다. 노동자가 이런 행동을 한다면 고용주는 높은 임금을 주기를 꺼리겠지요?

개흐터와 포크(2002)에 따르면, 고용주는 20과 120 사이에서 임금을 선택할 수 있고, 노동자는 0.1과 1 사이에서 노동량을 선택합니다. 총 10회의 선물교환 게임을 반복해서 나타난 실험 결과는 다음과 같습니다.[4] 고용주들은 평균적으로 최저 이상으로 노동자에게 임금을 주는 것을 주저합니다. 그리고 노동자들은 최저 이상으로 노동량을 선택함으로써 보상을 받습니다. 좀 더 자세하게 살펴봅시다. 만약 노동자들이 대부분의 시간에서 최소한의 노력을 선택한다면

---

4) S. Gächter & A. Falk, "Reputation and reciprocity : Consequences for the labour relation", *The Scandinavian Journal of Economics*, 104(1), 2002, pp. 1~26.

이기주의자가 됩니다. 노동자의 20%가 이기주의자라는 것과 53%가 임금을 많이 받을수록 더 많은 노력을 투입하는 것이 확인되었습니다. 그러니까 노동자의 53%가 고용주들과 함께 상호 이익을 꾀하고 있다는 뜻입니다. 마치 앞선 신뢰 게임에서 제안자와 수신자가 모두 0 이상을 제공함으로써 상호 이익이 발생한 것과 같은 경우입니다.

선물교환 게임을 반복할수록 이처럼 상호 이익이 발생하는지 여부를 판단하기가 어려워집니다. 왜냐하면 노동자는 높은 임금을 통해 고용주와 상호 이익을 발생시켜 좋은 평판을 쌓고 싶어 하기 때문입니다. 좋은 평판을 받는 게 목적인 노동자는 고용주와 신뢰 증진을 통해 상호 이익을 발생시키는 척만 하지 나중엔 높은 임금을 받음에도 불구하고 많은 노력을 투입하지 않습니다. 개흐터와 포크는 선물교환 게임을 10회 이상 반복해 보았습니다. 이를 통해 노동자의 20%가 좋은 평판을 받는 것이 목적인 노동자, 21%가 이기주의자, 그리고 48%가 고용주와 상호 이익 증진을 위해 노력하는 노동자였음을 밝혀내었습니다. 앞서 10회만 반복했던 실험에 비해 이기주의자가 증가하였고, 노력하는 노동자가 감소하였음이 확인되었습니다.

이 실험 결과 역시 고용주와 노동자가 상호 신뢰를 통해 상호 이익을 증진시킬 수 있는 현실을 보여주었습니다. 자신의 개인적 이익극대화를 추구할 수 있는 선택도 있지만 현실에서 이러한 선택만이 전부가 아님을 보여줍니다. 인간은 자신의 이익극대화만을 추구하지 않고, 신뢰라는 감성적 요인에 기반을 두고 상대방의 이익 증진도 고려하며 동시에 나의 이익 증진, 다시 말해 상호 이익 증진을 위한 의사결정을 하고 있습니다.

최후통첩 게임

최후통첩 게임은 행동경제학에서 사회적 선호를 이야기할 때 자주 거론됩니다. 인간의 이타심을 경제학 분야로 끌어올린 대표적 연구로서 게임 규칙은 다음과 같습니다.

- 게임의 참가자는 제안자와 응답자로 구성됩니다.
- 제안자에게 10만 원을 제공하고, 응답자와 나누어 가지라고 합니다.
- 응답자는 제안자가 준 x원을 보고, 이 돈을 **수용**할지 아니면 **거절**할지 선택합니다.
- 응답자가 **수용**하면 응답자는 x원을, 제안자는 (10만$-x$)원을 받고 게임이 끝나지만, **거절**하면 제안자와 응답자 모두 한 푼도 못 받습니다.

이 최후통첩 게임에서 게임 참가자가 자신의 경제적 이익극대화만을 추구하는 존재라면 어떤 결과를 낳게 될까요? 우선 제안자는 응답자에게 줄 수 있는 가장 작은 금액인 1원부터 최대 10만 원까지 선택할 수 있습니다. 그러면 응답자는 주어진 금액을 보고 **수용**하느냐 아니면 **거절**하느냐의 두 가지 중에서 결정을 내립니다. 이 상황을 게임 트리로 표현하면 〈그림 7-4〉와 같습니다.

역진귀납법을 이용하여 내쉬 균형을 찾아봅시다. 종결 노드가 포함된 최종 부분게임 중 응답자가 결정하는 왼쪽 부분게임에서 응답자는 **수용**을 선택할 것입니다. 0원보다는 1원이 더 많은 경제적 이익을 주기 때문입니다. 오른쪽 부분게임에서 응답자는 **수용**을 선택할 것입니다. 역시 거절하여 0원을 얻기보

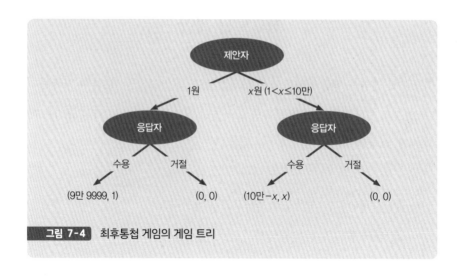

그림 7-4 최후통첩 게임의 게임 트리

다 수용하여 x원을 가져가는 게 이득이기 때문이지요. 그럼 최초 노드가 포함된 부분게임에서 제안자는 어떤 선택을 해야 이익극대화를 실현할 수 있을까요? 맞습니다. 1원보다 큰 x원을 선택하였을 때보다 1원을 선택하였을 때 더 큰 경제적 이익을 얻을 수 있습니다. 따라서 내쉬 균형은 제안자가 1원을 선택하고 응답자는 수용을 선택하여 (9만 9999, 1)이 이 게임의 최종 선택이 되는 것입니다. 응답자로서는 아무것도 받지 못하는 것보다 1원이라도 받으니 만족할 것이고, 제안자는 최소금액만 나눠주어 최대의 이익을 얻으니 역시 만족할 것입니다. 더 이상 선택 변화가 없는 균형 상태입니다.

하지만 최후통첩 게임을 실제로 수행하여 보니, 현실에서의 결과는 이론의 결과와 달랐습니다. 1982년 구스 연구팀의 실험 논문 결과에 따르면,[5] 제안자

---

5) W. Güth, R. Schmittberger & B. Schwarze, "An experimental analysis of ultimatum bargaining", *Journal of Economic Behavior and Organization*, 3(4), 1982, pp. 367~388.

는 대체로 50%의 금액을 제시하였으며 대부분의 제안자가 적어도 30% 이상을 제안하였다고 합니다. 그리고 응답자들은 제안된 금액이 총액의 30% 미만일 경우 대부분 **거절**하였다고 합니다. 제안금액이 총액 대비 30% 미만일 경우 대부분의 응답자가 거절했다는 실험 결과는 경제학적으로 매우 흥미롭습니다. 개인의 효용극대화가 경제적 인간의 최종 목표라고 가정하는 주류 경제학의 관점에서 제안자는 0에 가까운 매우 작은 액수를 제안하고, 응답자는 그것이 아무리 작은 액수라도 받아들여야 하는 것이 정설이었기 때문입니다. 하지만 그 정설은 현실 세계에서 통하지 않았습니다.

혹자는 최후통첩 게임 실험에서 내쉬 균형으로 결론이 나지 않는 이유가 응답자가 거절하면 제안자도 받을 수 없다는 그 교묘한 게임의 룰 때문이라고 반문하기도 합니다. 이렇게 교묘한 게임의 룰이 없으면 응답자는 극소액을 받아들 수밖에 없다고 주장하는 것이지요. 하지만 그 교묘한 게임의 룰과 상관없이, 만약 응답자가 호모 에코노미쿠스라면 그 극소액을 받아들일 것이고, 내쉬 균형으로 결론이 나게 될 것입니다. 그러나 구스 연구팀을 비롯한 수많은 연구들은 제시액이 전체 금액의 30% 미만일 경우 응답자는 당당하게 거절을 선택하는 결정을 보임으로써, 인간은 단순히 개인의 이익만을 추구하는 존재가 아님을 명확하게 보여주고 있습니다.

캐머런은 1991년 인도네시아 사람들을 대상으로 이 최후통첩 게임 실험을 수행하였습니다.[6] 캐머런은 제안자가 총금액의 30% 미만으로 제안할 경우 대

---

6) L. Cameron, "Raising the stakes in the ultimatum game : Experimental evidence from Indonesia", *Economic Inquiry*, 37(1), 1999, pp. 47~59.

부분 거절된다는 기존의 연구 결과에 관심을 가지고, 혹시 총금액의 30% 아래에서 제안자가 **수용**하는 결과가 나올 수도 있지 않을까 하는 기대를 가졌습니다. 그래서 만약 제안자에게 최초에 매우 큰 금액을 제공해 주고, 이 큰 금액의 20%만 인도네시아인 응답자에게 주더라도 상대적으로 소득 수준이 낮은 인도네시아인 응답자는 충분히 만족감을 가지고 **수용**할 수 있을 것이라 기대를 하였습니다. 하지만 그의 기대는 현실에서 나타나지 않았습니다. 인도네시아 월평균 지출액의 3배인 20만 루피아를 받고 게임을 시작한 제안자는 평균적으로 총액의 41.9%인 8만 3840루피아를 제안하였으며, 이때 응답자의 89.7%가 이를 **수용**했습니다. 그러나 기대와 달리, 총금액의 25% 미만의 금액을 제안했을 때 응답자들은 모두 **거절**하였다고 합니다. 총금액의 25%는 약 5만 루피아에 해당되는 금액으로 인도네시아인들이 약 3주간 소비할 수 있는 규모의 큰돈이었습니다. 그럼에도 불구하고 역시 총액의 30% 미만이 제안될 경우, 게임의 응답자들은 그 제안을 거절하였습니다.

이 실험 결과는 제안자가 자신에 비해 지나치게 많은 금액을 취득하고 있다는 사실이 **불공평성**과 **부당성**이라는 인간의 감성을 자극함으로써 호모 에코노미쿠스라면 하지 않을 비합리적인 의사결정이 발현된 것입니다. 호모 에코노미쿠스라면 심리적으로 불공평성과 부당성을 느끼더라도 3주간 생활비로 사용할 수 있는 금액을 취했을 것입니다. 하지만 이 게임의 응답자들은 자신의 경제적 이익을 포기하더라도 지금 과도하게 이익을 가지려는 사람을 응징해야겠다는 결정을 한 것이지요. 이러한 모습이 바로 현실 세계에서의 인간은 이기적 효용극대화만을 고려하지 않으며 타인의 효용과 사회적 관계도 고려하는 의사결정자(호모 에코노미쿠스가 보기에는 비합리적인 의사결정자)임을 보여줍니다.

사회적 선호의 소결 및 시사점

지금까지 우리는 인간의 사회적 선호 현상에 대하여 학습하였습니다. 사회적 선호 현상을 보여주는 인간의 모습은 기존 주류 경제학이 전제하는 이기적 인간의 모습과 달랐습니다. 주류 경제학이 전제하는 이기적 인간은 다른 사람의 이익이나 선호보다 항상 자신의 이익이나 선호를 경제적 의사결정에서 우선으로 작용시킵니다. 그래서 신고전학파들은 시장 참가자들이 자신의 사익 추구를 위해 노력할 때 그 시장에서 자원과 부의 배분이 효율적으로 이루어지게 되며, 결국 효율적 시장 운영으로 인간의 경제사회도 번영한다고 주장합니다.

하지만 우리가 지난 시간에 독재자 게임, 신뢰 게임, 선물교환 게임, 최후통첩 게임이라는 4개의 게임 이론을 실제 실험을 통해 확인된 결과에 따르면, 인간이 자신의 이익만을 추구할 것이라는 기존의 주장은 현실과 달랐습니다. 지금 당장 나의 이익극대화를 이루지 못하더라도 타인과의 이익 공유를 통해 타인의 이익 창출을 고려하는 모습을 보이기도 하였으며, 심지어 상대방이 부당하게 과도한 이익을 취한다고 생각하는 경우에는 징벌을 통해 나의 이익 실현까지 과감하게 포기하기도 합니다. 이 실험 결과들은 인간이 경제적 의사결정에 있어서 자신의 경제적 이익과 선호만을 고려하는 것이 아니라 타인의 경제적 선호, 그리고 더 넓게는 사회의 경제적 선호까지 고려하고 있음을 보여줍니다.

현실 세계에서의 인간은 타인과의 사회적 교류를 중시하면서 이 사회적 교류가 공정하게 이루어지고 있는지도 매우 중요하게 여깁니다. 유니버시티 칼리지 런던의 미셸 배들리 교수는 인간은 교류의 결과가 공정해지는 것을 선호하며, 상호 신뢰를 통해 발현된 사회적 교류의 결과물이 공정하다고 판단되었을 때 행복감을 느낀다고 주장합니다. 만약 공정하지 못한 결과나 대우를 받게 될 때 인간은 분노를 느끼기도 합니다. 최후통첩 게임에서 제안금액이 공정하지 못하다고 생각한 응답자가 경제적 이익을 포기하고 처벌 결정을 내리는 이유가 바로 이러한 분노와 심리적 역겨움이 작용했기 때문인 것으로 추정됩니다.

만약 여러분이 누군가로부터 부당한 대접을 받는다고 느끼면, '앞으로 그 사람에게 계속 믿음을 주고 보답해야겠다'라는 생각을 계속해서 가지기가 어려울 것입니다. 사회적 선호, 즉 상호의존적 선호의 이 핵심 요소는 공정에 대한 선호를 타인과 비교하여 맞추어 보고 평가하는 것입니다. 우리는 남들이 자신보다 훨씬 성공하거나 아니면 훨씬 실패한 상황을 모두 선호하지 않는데, 이는 바로 인간이 불공평하게 느껴지는 결과를 선호하지 않는 경향을 가지고 있기 때문입니다. 이러한 인간의 경향을 **불평등 회피**라고 부릅니다. 불평등 회피는 유리한 불평등 회피와 불리한 불평등 회피라는 두 가지 유형으로 분류될 수 있습니다.

먼저 유리한 불평등 회피를 이해하기 위해 30대의 억대 연봉자가 길거리에서 같은 30대의 노숙자와 맞닥뜨리는 상황을 생각해 봅시다. 이 30대 억대 연봉자는 자신과 비슷한 또래의 젊은이가 가난으로 고통받는 모습을 보고 마음이 불편할 수 있습니다. 그래서 이 억대 연봉자는 그가 살고 있는 사회의 모든 사람이 가난의 고통에서 벗어나 좀 더 평등한 생활 수준에서 살기를 바랄 수 있습니다. 이런 마음을 가리켜, 이 억대 연봉자는 **유리한 불평등 회피**를 느끼고 있다고 말합니다. 이 30대의 억대 연봉자는 경제적으로 유리한 입장에 처해있지만, 남들이 자신보다 훨씬 낮은 생활 수준으로 고통받는 모습을 보고 싶지 않으며, 따라서 자신과 비슷한 또래의 노숙자가 더 공정하고 더 나은 경제적 결과를 얻었으면 하는 생각을 가지는 것입니다. 유리한 불평등 회피 성향은 우리가 지난 시간에 배웠던 독재자 게임의 실험 결과에서 확인할 수 있습니다. 제안자는 매우 유리한 입장에 처해있었지만, 수신자에게 평균 20%에 해당되는 금액을 공유했습니다. 수신자가 낮은 경제적 이익으로 고통받는 것을 보고 싶지 않았으며, 자신이 생각할 때 약 20%의 이익을 공유하는 것이 나름대로 **유리한 불평등 회피**를 실현할 수 있는 의사결정이라고 판단한 것이지요.

한편 노숙자 역시 자신의 인생이 불평등으로 인해 고통받기를 원하지 않을 것입니다. 자기 또래의 고액 연봉자를 보면서, 노숙자 자신도 안정적이고 고액의 연봉을 받을 수 있는 직장과 편안한 보금자리를 간절히 원할 수 있습니다. 노숙자는 지금 자기가 겪고 있는 이 비참한 가난과 곤경이 정당하지 않다고 생각할 수 있습니다. 노숙자의 이런 생각을 가리켜, 이 노숙자는 **불리한 불평등 회피**를 느끼고 있다고 말합니다. 경제사회적으로 타인에 비해 상대적으로 불리한 입장에 처한 이 노숙자는 주위 사람들에 비해 열악한 상황에 놓이고 싶지 않을 것입니다. 억대 연봉자와 노숙자, 두 사람 다 불평등한 결과에 대해 비슷한 거부감을 느끼고 이 거부감을 회피하고 싶어 하지만, 억대 연봉자보다는 노숙자가 자신의 불평등한 처지를 훨씬 뼈저리게 자각할 것입니다. 사람에게는 유리한 불평등의 회피보다 불리한 불평등의 회피가 더 큰 영향을 미치기 때문입니다.

지난 시간에 학습한 최후통첩 게임은 인간이 **불리한 불평등 회피 성향**을 가지고 있음을 검증하는 데 유용합니다. 최후통첩 게임의 이론적 결과인 내쉬 균형에 따르면, 10만 원을 가진 제안자가 응답자에게 1원만 줘도 응답자는 아무것도 받지 않는 것보다 낫기 때문에 수용할 것이라고 예측합니다. 하지만 실험을 통해 확인한 현실은 어땠나요? 평균적으로 최소 30%를 주어야 응답자가 거부하지 않는 것으로 확인되었습니다. 심지어 인도네시아인들은 약 3주 동안의 생활비 규모에 해당되는 금액을 제안받았음에도 이를 거부하였습니다.

억대 연봉자보다 노숙자가 자신의 불평등한 처지를 훨씬 불행하고 불공정하게 느낄 수 있다고 앞서 소개했습니다. 응답자가 제안자보다 더욱 불공정하다고 자각하고 있는 마음이, 제안자 입장에서 "총액의 10%만 줘도 사실 너 역시 경제적으로는 이익이니까, 충분히 공정하다고 생각하지 않느냐?"라고 말하는 것으로 해소될 수 없습니다. 심지어 응답자가 제안자의 총액 중 40% 이상을 제안받고도 거절한 실험 결과가 있다는 것은 **불리한 불평등 회피 성향**이 유리한 **불평등 회피 성향**보다 훨씬 크게 작용하고 있음을 방증하고 있습니다.

최후통첩 게임 실험은 인간이 아닌 동물들을 대상으로도 수행되었습니다. 일반적으로 동물들에게는 화폐의 개념이 없으니, 과일 등과 같은 음식물을 이용하여 게임의 보상을 측정합니다. 실크 연구팀은 2005년 논문을 통해 침팬지도 인간처럼 협력 활동을 함께 했던 파트너가 자신보다 더 많은 보상을 받게 되면 분노한다는 사실을 발견합니다.[7] 이후 수많은 연구들도 침팬지와 같은 동물들이 인간과 유사하게 **불리한 불평등 회피 성향**을 가지고 있음을 밝혔습니다. 인간의 불평등 회피는 일종의 사회적 감정으로 설명이 가능합니다. 최후통첩 게임에서 부당한 대접을 받은 응답자는 분노와 같은 감정을 분출할 수 있습니다. 최근 신경과학자들은 최후통첩 게임에 참가한 실험자들의 뇌신경을 관찰

---

7) J. B. Silk et al., "Chimpanzees are indifferent to the welfare of unrelated group members", *Nature*, 437, 2005, pp. 1357~1359.

하는 데 관심이 많습니다. 그들의 관찰 결과에 따르면, 응답자가 부당하다고 생각되는 금액을 받았을 때의 뇌신경 반응이 마치 사람들이 악취를 맡았을 때 활성화되는 뇌신경 반응과 동일함이 발견되었습니다. 이러한 신경과학자들의 관찰 결과는 인간이 남들에게 부당한 대접을 받았을 때 일종의 사회적 혐오감을 경험한다는 증거로 해석됩니다.

이 사회적 선호 현상을 학습하면서, 우리는 인간이 이기적인 존재처럼 보이지만, 사실 타인의 시선과 타인과의 교류를 중요하게 여기는 사회적인 존재임을 깨달아야 합니다. 돈만 충분히 있으면 타인과의 교류 없이 독립적이고 이기적인 삶을 살겠노라 단언하는 사람들도 막상 홀로 살아가는 인생을 유지하기는 쉽지 않고 어떠한 형태로든 간에 사회적 교류를 다시 시작하게 됩니다.

인간의 이러한 사회적 선호나 상호의존적 선호 성향은 이상하게도 너그러운 인간의 감성적 특성과 연결됩니다. 우리는 앞서 학습했던 4개의 게임 실험을 통해 놀랍도록 너그러운 인간의 모습들을 확인하였습니다. 많은 사람이 게임을 시작하기 전에 '나는 저 게임에 참가해도 저렇게 너그럽게 행동하지 않을 거야'라고 생각할 수도 있겠지만, 어찌되었든 현실 실험을 통해 우리는 이익을 독점하는 이기적인 사람들보다 이익을 공유하려는 너그러운 사람들이 더 많이 존재함을 확인하였습니다.

물론 사회적 인간이 가지고 있는 이와 같은 너그러움이 선천적 특성인지 아니면 후천적 특성인지에 대해서는 여전히 논쟁 중입니다. 타인에 대한 신뢰와 사랑의 감정이 태어날 때부터 우리의 생물적 세포에 선천적으로 담겨있다는 주장도 있고, 출생 후 자라면서 타인과의 교류를 통해 사회성이 후천적으로 길러진다는 주장도 있습니다. 인간의 너그러움이라는 감성적 특성이 선천적이든 후천적이든, 제가 지금 강조하는 것은 현재 인간 사회에서 인간의 너그러움과 사회적 선호 현상은 실제로 존재하고 있다는 것입니다. 그리고 이러한 사회적 선호가 소멸되지 않고 인간 사회에서 계속 존재할 수 있었던 배경으로 **공정하게 적용되는 이타적 처벌 제도**가 중요하게 작용했다는 점도 강조하고 싶습니다.

한 사회의 **이타적 처벌**은 너그러운 사람들의 협력 행동을 강화하고, 너그럽지 않은 사람들의 이기적 행동을 좌절시키는 역할을 할 수 있습니다. 따라서 타인과의 신뢰나 사회적 선호 문화를 심각하게 훼손하면서 자신의 이익만을 과도하게 추구하는 사람들에게 적용되는 이타적 처벌 제도는 한 사회에서 인간의 너그러움이라는 감성적 특성을 유지시키기 위해 공정하게 운영될 필요가 있습니다. 만약 소수의 권력 집단이 이타적 처벌 제도를 독점하고 공정하지 못하게 운영할 경우, 그 조직이나 사회는 협력의 길을 가는 것이 아니라 갈등과 분열의 길로 들어설 수 있습니다. 공정한 운영이 없이는 오히려 사회적 선호가 쌓아놓은 가치와 문화를 훼손하고, 권력 집단에 아부하면서 자신의 이익만을 추구하는 인간들이 가득한 사회로 몰락할 수 있음을 우리는 잊지 말아야 할 것입니다.

제**8**장

우리 일상 속 친숙한
행동경제학 전문 용어

지난 시간까지 행동경제학의 대표적 주제라 할 수 있는 6개의 이상 현상(어나멀리)들을 학습하였습니다. 제한적 합리성, 전망 이론, 하이퍼볼릭 시간할인율, 현상 유지 편향, 휴리스틱, 그리고 사회적 선호(상호의존적 선호)가 그 6개이상 현상이었습니다.

이번 장에서는 언론 매체를 통해 한 번쯤 들어봤을 법한 행동경제학 전문 용어와 개념을 소개하면서, 이 용어들이 우리가 앞서 학습했던 6개 이상 현상들과 어떤 관계를 가지면서 설명될 수 있는지를 소개하고자 합니다.

프레이밍 효과

프레이밍 효과란 문제의 표현 방식에 따라 동일한 사건이나 상황임에도 불구하고 개인의 판단이나 선택이 달라질 수 있는 현상을 말합니다. 프레이밍이란 사진을 찍을 때 피사체를 파인더의 테두리 안에 적절히 배치하여 화면을 구성하는 것을 뜻하는데, 다시 말해서 사진을 찍을 때 화면의 구도와 구성을 정하는 것이라고 말할 수 있습니다. 이 프레이밍을 어떻게 하느냐에 따라 사진의 피사체가 전혀 다르게 찍히고 해석될 수 있는 상황을 비유한 용어라고 이해하시면 도움이 될 것 같습니다. 다음의 연구 사례를 통해 더욱 정확하게 이해해 보도록 합시다.

트버스키와 카너먼은 1981년 *Science*에 유명한 실험 논문을 출간합니다.[1] 실

---

1) A. Tversky & D. Kahneman, "The framing of decisions and the psychology of choice", *Science*, 211, 1981, pp. 453~458.

험 내용은 이렇습니다. 아시아에 600명의 생명을 앗아갈 수 있는 희귀병이 발생하였다고 가정합니다. 정부는 질병 퇴치를 위한 대안으로 다음과 같은 두 개 프로그램(A와 B)을 고려하고 있습니다.

프로그램 A를 선택하면, 200명을 살릴 수 있다.

프로그램 B를 선택하면, 600명 모두 살릴 확률이 1/3, 한 사람도 살리지 못할 확률이 2/3이다.

첫 번째 실험에서 프로그램 A와 B의 내용을 참가자에게 보여주고 어떤 프로그램을 선택해야 좋을지 물어보았습니다. 실험 참가자의 72%가 프로그램 A를 선택합니다. 이제 두 번째 실험이 진행됩니다. 희귀병 상황과 프로그램을 선정해야 하는 상황은 첫 번째 실험과 동일합니다. 하지만 프로그램의 내용이 달라집니다. 참가자들에게 프로그램 C와 D를 보여주고, 어떤 프로그램을 선택해야 좋을지 물어보았습니다.

프로그램 C를 선택하면, 400명이 죽는다.

프로그램 D를 선택하면, 한 사람도 구하지 못할 가능성은 1/3이며, 600명 모두 죽을 가능성은 2/3이다.

참가자의 78%가 프로그램 D를 선택합니다. 눈치가 빠른 사람들은 첫 번째 실험에서의 프로그램 A와 두 번째 실험에서의 프로그램 C가 동일한 내용을 가지고 있으며, 프로그램 B와 프로그램 D가 역시 동일한 내용이라는 것을 간파했을 것입니다. 참가자들은 첫 번째 실험에서는 프로그램 A를 B보다 더욱 선호하다가, 두 번째 실험에서는 갑자기 A와 동일한 내용인 C가 아닌 B와 동일한

D를 더욱 선호합니다. A를 선호했다면 동일한 내용을 가진 C를 계속해서 선호해야 하지만, 참가자들의 선호에 일관성이 없다는 점이 드러나고 말았습니다.

왜 참가자들은 이런 정반대의 선호를 보인 것일까요? 그 해답은 바로 **프레이밍**에 있습니다. 첫 번째 실험의 프로그램들은 "살릴 수 있다"라는 긍정의 프레임으로 설계된 반면, 두 번째 실험의 프로그램들은 "죽을 수 있다"라는 부정의 프레임으로 짜였기 때문입니다. 즉 이득의 관점("살아난다")에서는 얼마나 이득을 확실하게 보는지에 인간의 심리적 선호가 더 크게 발휘된 반면, 손실의 관점("죽게 된다")에서는 얼마나 이 손실을 회피할 수 있는지에 인간의 심리적 선호가 더 크게 발휘되었기 때문입니다. 이처럼 미래의 불확실성이 존재하는 상태에서 동일한 규모의 이득에 비해 손실에 더 많은 가치를 부여하는 인간의 합리적이지 않은 이상 행동은 앞서 배운 전망 이론으로 설명될 수 있습니다.

프레이밍 효과에 따른 우리의 일관되지 않은 이상 행동들은 일상의 곳곳에서 정말 많이 발견됩니다. 여기 신용카드와 관련된 우리의 소비 행태와 미국에서의 신용카드 관련 법안 로비 사례를 소개합니다.

우리가 지금 지불수단으로서 일상에서 아주 편하게 사용하는 신용카드는 소상인들에게는 그렇게 환영받지 못합니다. 왜냐하면 카드 사용 수수료가 판매자인 소상인에게 부담이 될 수밖에 없기 때문입니다. 지하상가나 길거리 옷가게에서 흔히 보는 문구로서, "현금가, 카드/교환/환불 X"를 여러분들도 한 번쯤 보았을 것입니다. 신용카드가 처음 나왔던 1970년대 미국에서도 이와 같은 상인들의 불만이 있었습니다. 그래서 일부 소상인들은 현금을 사용하는 고객과 신용카드를 사용하는 고객에게 가격을 다르게 부과하고 싶어 했습니다. 현금을 사용하는 고객보다 카드를 사용하는 고객에게 더 높은 가격을 부과하려는 것이었죠. 신용카드 회사들은 이러한 움직임을 막기 위해 법규를 만들어야 했고, 이 법안이 국회에서 통과되기 위해 많은 로비를 벌입니다. 이때 펼쳤던 로비 활동 중에서 **언어 선택**은 프레이밍 효과로 설명이 가능합니다. 어떤 사업체가 현금 고객과 신용카드 고객에게 다른 요금을 부과할 경우, "**현금 가격**을 **정상가**로 정하여 신용카드 고객에게 **특별 요금**을 부과한다"라고 표현하기보다는, "**신용카드 가격**이 **정상가**이고 현금 가격이 **할인 가격**이다"라고 표현함으로써, 표현의 기준이 자신들에게 유리한 방향으로 설정될 수 있게 언어 선택의 프레이밍을 설계한 것입니다.

특히 불확실성이 높은 상황에서 프레이밍이 효과를 발휘하는 이유는, 그러한 상황에서 사람들이 냉철하고 능동적인 판단력에 의존하기보다는 적당하게 수동적으로 결정을 내리는 경향이 있기 때문입니다.

인간의 숙고 시스템은 질문을 재구성할 경우 다른 답변이 나올 수 있는지 여부를 점검하고 확인하는 데 필요한 작업을 수행하지 않습니다. 이미 앞서 소개한 인간의 인지 시스템의 구조적 한계에 근거하기 때문입니다. 따라서 프레이밍 효과는 제한적 합리성과 어림짐작으로 의사결정을 하려는 휴리스틱 편향과도 연결되어 있습니다.

이번에는 미국의 렌터카 기업 시장점유율 경쟁 사례입니다. 미국은 자동차가 없다면 일상생활이 거의 불가능하다고 말해도 과언이 아닌 나라입니다. 그러다 보니 자연스럽게 자동차 렌터카 시장이 발달합니다. 갑자기 자신의 자동차가 고장 났을 때, 비행기를 타고 다른 지역으로 출장이나 여행을 갔을 때에 렌터카 서비스는 미국인들에게 필수입니다. 그래서 미국의 렌터카 시장 경쟁은 정말 치열합니다. 이 렌터카 시장에서 성공 신화로 인용되는 1962년 프레이밍 광고 사례를 소개합니다.

에이비스는 당시 렌터카 업계에서 2위였습니다. 1위인 허츠는 시장점유율이 60%를 넘는 압도적 1위였고, 에이비스와 다른 회사들이 나머지 40%를 가지고 치열하게 경쟁 중이었습니다. 에이비스는 그 치열한 경쟁 중에서 2위를 힘겹게 차지하는 정도였으며, 말이 2위이지 허츠와는 비교가 되지 않을 정도로 격차가 벌어져 있었습니다. 하지만 에이비스의 광고는 독보적인 1위 허츠를 깎아내리지 않으면서도 이 광고를 접한 사람들로 하여금 "오! 렌터카 회사 양대 산맥은 허츠와 에이비스군!"이라는 2자 구도를 가지게 만들었습니다. 즉, 렌터카 업계 1위인 허츠와 견주어 여러 군소업체 가운데 에이비스를 부각시킴으로써 두 회

그림 8-1   에이비스 렌터카 광고 "우리는 2위 업체다! 더 열심히 하겠다!"[2]

2) https://consumerbehaviourmcgill.wordpress.com/2012/09/26/Avis-is-no-2-we-try-harder 및 https://www.mumbrella.asia/2018/05/my-favourite-ad-campaign-of-all-time-the-Avis-we-try-harder-print-series-of-1962

사를 양대 라이벌로 압축시키는 프레이밍 효과를 만들어 내는 데 성공한 것입니다.

더욱이 "2위 업체로서 살아남기 위해 더욱 열심히 노력하겠다"라는 광고를 시리즈별로 만들어서 고객들에게 성공적으로 어필할 수 있었습니다. 당시 부동의 1위 기업인 허츠는 이 프레이밍 광고를 다소 무시하였다고 합니다. 하지만 결과는 충격적이었습니다. 이 효과적인 프레이밍 전략으로 허츠의 시장점유율은 60%대에서 49%로 떨어지고, 에이비스는 29%에서 36%로 상승했습니다. 이 광고 사례는 60년이 넘어가는 아주 오래된 이야기이지만, 오늘날에도 프레이밍 효과 하면 대표적으로 회자되는 기업 광고 전략 사례입니다.

이번엔 우리나라 기업 사례를 소개하겠습니다. 우리나라에도 이런 프레이밍 광고 효과를 사용한 많은 사례가 있습니다. 이런 광고를 들어봤을 것입니다.

"○○이 만들면 다릅니다!"

기존 이미지가 아주 좋은 기업이 지금까지 해보지 않았던 새로운 산업에 진출하여 첫 상품이 나왔을 때, 이런 문구로 홍보를 하면 효과가 좋습니다. "비록 우리가 처음 시도해 보는 상품이지만, 우리가 지금까지 판매한 제품을 정말 잘 쓰셨잖아요? 우리 기업이 만들었던 제품들은 정말 믿음직스럽지 않으셨나요?" 이런 호감도 높은 기존의 이미지로 새로운 상품을 프레이밍하면 효과가 있습니다. 새롭게 출시하는 상품이나 서비스도 자연스럽게 훌륭한 제품일 것이란 믿음이 생기게 되는 것이지요.

이런 광고 문구도 있습니다. 대개 참치 가공품이나 햄 및 육류 가공품에 많이 붙어있는데요.

"살코기 90% 함유"

절대 "지방 10% 함유"라고 광고하지 않습니다. 지방이라는 부정적 이미지의 프레이밍이 아니라 살코기라는 긍정적 이미지의 프레이밍이 소비자에게 더 높은 호감을 유발하니까요.

비록 동일한 의미는 아니지만, 비슷한 의미이면서도 표현은 확실하게 다른 방법을 이용하여 높은 매출 효과를 본 유제품 기업 사례를 소개합니다. 유제품 구매에 있어서 소비자의 프레이밍을 바꾼 사례인데요. 기존 유제품 소비자들은 구매할 때 유통기한을 중요한 구매 기준으로 고려하였습니다. 유통기한을 보고 유제품의 신선도를 파악한 것이지요. 하지만 말 그대로 유통기한은 유통이 언제까지 이루어져야 하는지를 알려주는 것일 뿐, 이 유제품이 지금 얼마나 신선한지에 대한 충분한 정보가 되지는 못하였습니다. 신선한 제품에 대한 소비자들의 욕구는 더욱 높아지고, 유통기한이 이러한 욕구를 만족시키지 못한다는 것을 간파한 한 유제품 회사가 고안한 프레이밍은 바로 **제조일자**였습니다. 유제품의 제조일자를 표기하는 것은 내가 지금 구매하는 이 제품이 언제 만들어졌는지를 확인할 수 있기에 신선도에 민감한 소비자들의 욕구를 충족시키는 데 도움이 되었고, 유제품 구매에 있어서 신선도에 대한 인식의 틀을 유통기한이 아닌 제조일자로 바꿔버린 계기가 되었습니다. 이 제조일자를 처음 시작한 기업은 **유제품의 신선도에 자부심이 있는 기업**으로서 다른 기업과 차별이 되는 기업 이미지로 프레이밍된 것입니다.

정치인들에게 프레이밍은 굉장히 중요한 선거 전략으로 활용됩니다. 정치인들은 자신에게 유리한 방향으로 선거 구도를 만들기 위해 단어와 어조 사용에 심혈을 기울입니다. 본인에 대해서는 **새로운 정치**로, 상대방에 대해서는 **낡은 정치**로 프레이밍하면 상대방은 한물 간 사람처럼 만들고 자신에 대해서는 차세대 지도자로서의 이미지를 만들 수 있습니다. 실제 2008년과 2012년 미국 대선에서 보여준 오바마의 캐치프레이즈가 "Change"와 "Forward"였는데, 이 단어들은 혁신이나 개선 혹은 전진이라는 의미를 프레이밍하여 당시 집권 정당이었던 공화당 정부를 압도하였던 성공적인 전략으로 평가받고 있습니다.

기부나 후원금을 유도할 때도 이런 프레이밍 효과가 아주 유용합니다. 지금 검색창을 열고 "커피 한잔 후원"이라고 쳐보면 정말 많은 후원 사이트를 발견할 수 있습니다. "3000원을 후원해 주세요"보다 "커피 한잔 후원해 주세요"가 더 많은 사람의 지갑을 연다는 것이지요. 화폐적 가치는 동일하게 3000원이지만, 돈을 요구하는 것보다 부담을 덜 느끼게 하는 효과가 있습니다.

최근에는 언론들도 **프레이밍 효과**를 이용하여 동일한 사건 사고를 전혀 다른 내용의 뉴스로 만들어 전파하기도 합니다. 계명대학교 양정혜 교수의 2008년 연구를 보면, 2007년 12월 발생한 허베이 스피리트 원유 유출사고가 어떤 방식으로 프레이밍되었는지 확인할 수 있습니다.[3] 허베이 스피리트 원유 유출사고는 2007년 12월 7일 충남 태안에서 발생한 사상 최악의 원유 유출사고입니다. 충남 태안군 만리포 북서방 해상에서 삼성물산 소유의 해상크레인 운반선이 인근 지역에 정박 중인 홍콩선적 유조선 허베이 스피리트호에 충돌해, 1만 킬로리터 이상의 원유가 바다로 흘러나온 이 사건은 사상 초유의 환경재난이었

---

3) 양정혜, "환경재난 뉴스의 프레이밍 : 국내 주요 일간지의 '허베이 스피리트호' 원유 유출사고 보도사례", 정치커뮤니케이션연구, 9, 2008, pp. 81~121.

습니다. 당시 자원봉사자가 100만 명을 돌파했을 정도로 이 사건은 전국에 걸쳐 지대한 사회적 관심을 불러일으켰습니다.

양정혜 교수 연구에 따르면, 이 사상 초유의 환경재난 사건을 대하는 뉴스의 프레임은 주로 시민들의 봉사정신을 강조하는 나눔과 베풂에 맞추어져 있었습니다. 재난 사태의 원인과 책임 소재 규명은 뉴스의 프레임에 맞추어져 있지 않았다는 것인데요. 양정혜 교수는 이러한 뉴스의 프레이밍 방식은 가해자 무한책임원칙이나 사태에 직간접적으로 연루된 대기업이 부담해야 할 복구 노력과 보상책, 환경안정장치 도입 등을 주장하는 시민 단체나 비판적 전문가들의 목소리를 잦아들게 만들어 기존의 기업 위주 환경질서 강화에 이중적으로 기여했다고 우려하고 있습니다.

2014년 세월호 참사라는 동일한 사건에 대해서도 프레이밍을 다르게 시도하려는 언론과 정치인들의 행동이 있었습니다. 당시 이 사건을 정부 대처의 무능력이라는 프레임으로 다루려는 정치인이나 언론들이 있었던 반면, 단순 해상 교통사고라는 프레임으로 설정하고픈 정치인이나 언론이 공존했었습니다.

"같은 말이라도 아 다르고 어 다르다"라는 우리나라 속담이 있듯이, 프레이밍 효과는 동일한 의미의 말이라도 어떻게 표현하느냐에 따라 인간은 전혀 다르게 해석한다는 것을 설명합니다. 이성적이고 합리적인 인간이라면 동일한 의미의 말을 다르게 해석하지 않을 것입니다. 하지만 현실 세계의 인간은 그렇게 이성적이고 합리적인 존재가 아니라는 점, 그래서 행동경제학이 주장하는 것처럼 비합리적인 이상 현상을 보일 수밖에 없다는 점을 오늘 수업에서도 다시 한번 강조합니다.

확증 편향

확증 편향이란 인간이 자신이 처음부터 가지고 있던 생각이나 신념을 더욱 확실하게 만들기 위해 편향된 행동을 하고 싶어 하는 심리적 성향을 말합니다. "사람은 보고 싶은 것만 본다"라는 말을 들어보신 적이 있을 것입니다. 보고 싶은 것만 계속 보는 행동은 결국 그 보고 싶은 것에 대한 믿음을 더욱 확실케 하는 행동이 될 것입니다. 우리의 일상 곳곳에서 이런 확증 편향의 모습들이 발견되는데요. 이 확증 편향이라는 용어는 영국의 심리학자 피터 웨이슨이 만들었습니다.

웨이슨은 1960년에 설계한 고전적 실험을 통해 사람들이 정보의 탐색 과정에서 자신이 가지고 있는 가설을 부정하는 정보보다, 뒷받침하는 정보를 더욱 탐색하는 경향을 발견하였습니다.[4] 웨이슨은 29명의 대학생에게 2-4-6이라는 3개의 숫자를 보여주고 이 숫자들이 **어떤 규칙**에 의해 생성된 숫자인지를 알아맞히는 게임을 수행했습니다.

이 게임에서 실험 참가자들은 자신이 짐작한 규칙(예컨대, **2씩 증가하는 짝수**)을 검증해 보기 위한 3개의 숫자를 연속해서 만들어 제시하도록 하고, 이 3개의 숫자를 제시할 때마다 그것이 실험자가 갖고 있는 진짜 규칙에 맞으면 "예"라고 알려주고, 틀리면 "아니요"라고 알려주었습니다. 이런 과정을 거치면서 참가자는 진짜 규칙이 무엇인지 알아냈다고 생각하면 숫자 제시를 멈추고 자신이 알아낸 규칙이 무엇인지 자유롭게 말해보도록 하였습니다.

---

4) P. C. Wason, "On the failure to eliminate hypotheses in a conceptual task", *Quarterly Journal of Experimental Psychology*, 12(3), 1960, pp. 129~140.

실험 결과, 29명의 참가자 중 진짜 규칙인 **증가하는 3개의 숫자**를 맞힌 사람은 오직 6명이었다고 합니다. 23명은 맞히지 못했다고 합니다. 왜 대부분의 참가자가 정답을 맞히지 못했을까요? 그 이유를 설명해드리겠습니다. 대부분의 참가자는 처음에 공개된 2-4-6을 보고 대부분 다음과 같은 가설을 떠올렸다고 합니다.

"2씩 증가하는 짝수"

그래서 이 가설을 검증하기 위해 대부분의 참가자들은 4-6-8과 같이 2씩 증가하는 짝수 조합을 물어봅니다. 사실, 실제 정답은 단순히 증가하는 3개 수 (예를 들면, 2-3-4)였지만 대부분의 참가자가 제시한 4-6-8이 틀린 조합은 아니기에 일단 실험자는 "예"라고 대답을 합니다. 이 "예"라는 대답을 들은 참가자는 '역시 내 추리가 맞았어'라고 생각하였는지 승리의 미소를 지으면서, 이 숫자의 규칙은 "2씩 증가하는 짝수"라고 자신 있게 대답하였답니다. 참가자는 자신의 가설이 잘못되었다는 가능성은 생각해 보지도 않고, 자신의 가설에 부합되는 정보에만 집착한 후 그 한정된 정보에 강한 신념을 부여한 것이었습니다.

웨이슨의 게임에서 참가자가 올바르게 자신의 가설을 검증하는 방법은 자신의 가설에 맞지 않는 사례들, 예를 들어 4-6-9나 2-3-5와 같은 조합이 진짜 규칙에 맞는지를 추가적으로 검증해야 합니다. 왜냐하면 자신의 가설에 맞지 않는 사례가 진짜 규칙에 맞는 사례라는 것을 알게 되면 잘못된 자신의 가설을 수정할 수 있기 때문입니다.

〈그림 8-2〉는 확증 편향의 전개 과정을 보여줍니다. 왼쪽의 벤다이어그램은 자신의 가설이 실제 진실의 일부분일 수 있음을 보여줍니다. 그럼에도 불구하

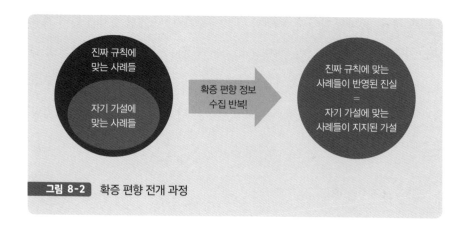

그림 8-2 확증 편향 전개 과정

고 자신의 가설이 일부일 수 있다는 생각 없이 계속해서 자신의 가설에 부합되는 정보 수집과 해석에만 편중하는 행동을 반복하게 된다면(화살표 그림), 오른쪽의 벤다이어그램이 보여주듯이 결국 자신의 가설이 진실 그 자체인 것처럼 판단의 오류를 범할 수밖에 없게 된다는 것입니다.

인간의 확증 편향은 우리가 앞서 학습한 6개의 어나멀리를 통해 설명이 가능합니다. 우선 휴리스틱 편향은 확증 편향과 매우 유사한 행동 패턴을 가집니다. 기준점과 조정 휴리스틱 수업에서 분데스리가 축구팀 우승 확률 계산 실험을 소개했었지요? 우승 확률이 높을 것이라고 예상되는 축구팀의 우승 확률을 계산할 때는 우승하지 못할 가능성들은 배제한 채 우승할 수 있는 근거 자료만을 찾아 우승 확률을 높게 계산하고, 우승 확률이 낮을 것이라고 예상되는 축구팀의 우승 확률을 계산할 때는 우승할 가능성들은 배제한 채 우승할 수 없는 근거 자료만을 찾아 우승하지 못할 확률을 높게 계산하였던 실험 사례를 기억하실 것이라 믿습니다. 이 축구팀 우승 확률 실험과 유사한, 하지만 훨씬 고전적인 확증 편향의 실험 사례로 유명한 로드 연구팀의 1979년 사형 제도 찬반 실험이

있습니다.[5]

로드 연구팀은 미국의 스탠퍼드대학교 학생들 중 사형 제도에 대하여 매우 강한 찬성과 반대의 의견을 가진 두 그룹을 만들었습니다. 두 그룹의 학생들에게 사형 제도의 범죄 억제 효과가 상반되는 두 개의 연구 보고서를 모두 읽게 하였습니다. 즉 한 보고서는 사형 제도가 살인죄를 억제하는 효과가 있다는 내용이고, 다른 보고서는 사형 제도가 오히려 살인죄를 증가시키는 효과가 있다는 내용을 담고 있습니다. 실험 결과, 사형 제도를 찬성하는 그룹은 자신의 찬성 입장을 더욱 공고히 하였음이 발견되었고, 사형 제도를 반대하는 그룹은 자신의 반대 입장을 더욱 공고히 하였음이 발견되었습니다. 사형 제도를 찬성하는 그룹의 학생들에게 사형 제도가 살인죄를 억제하기도 하지만 오히려 반작용이 있을 수 있다는 정보를 줌으로써, 사형 제도를 찬성하는 생각이 좀 더 유연해지고 신중해질 것이라는 예상은 완전히 빗나갔습니다. 사형 제도를 반대하는 그룹에 대한 예상도 역시 빗나갔습니다. 두 그룹은 동일한 객관적 증거에 노출되었음에도 불구하고, 서로의 입장 차이는 오히려 더 벌어지게 되었습니다. 이렇게 확증 편향으로 인해 발생되는 양 그룹 간 의견 차이는 결국 태도의 극단 상황으로 연결됩니다.

이번에는 달리와 그로스(1983)의 초등학생 학습 능력 평가 실험을 소개합니다.[6] 실험 참가자들에게 초등학교 4학년 학생들의 학업 수행 정보를 보게 합니

---

5) C. G. Lord, L. Ross & M. R. Lepper, "Biased assimilation and attitude polarization : The effects of prior theories on subsequently considered evidence", *Journal of Personality and Social Psychology*, 37(11), 1979, pp. 2098~2109.

6) J. M. Darley & P. H. Gross, A hypothesis-confirming bias in labeling effects, *Journal of Personality and Social Psychology*, 44(1), 1983, pp. 20~33.

다. 연구팀은 전체 실험 참가자의 50%에 해당되는 사람들에게 이 정보에 나오는 초등학생들이 저소득층 가정의 아이들인 것처럼 느끼게 하였으며, 나머지 50% 참가자들에게는 이 초등학생들이 중산층 가정의 아이들인 것처럼 느끼게 하였습니다. 그리고 무작위로 참가자 중 50%에 해당하는 인원을 선정하여 이 정보에 나오는 초등학생들이 출연하는 동영상을 보게 하였습니다. 동영상 내용은 초등학생들의 일상적 모습으로, 학습 능력과는 연관이 없는 모습들이었습니다. 영상을 다 시청하고 참가자들은 이 초등학생들의 학습 능력에 대해 평가를 시작하였습니다.

평가 결과, 영상을 보지 않고 아이들이 중산층이라고 믿었던 참가자들은 아이들이 저소득층이라고 믿는 참가자들보다 아이들의 학습 능력을 더 높게 평가하였습니다. 혹시 동영상 시청은 참가자들이 아이들의 학습 능력을 평가하는 데 영향을 주었을까요? 아니었습니다. 아이들을 저소득층이라고 믿었던 참가자들은 영상을 보고 난 후에도 아이들의 학습 능력이 낮다고 평가하였습니다. 아이들이 중산층이라고 믿었던 참가자들도 동영상 시청에 상관없이 아이들의 학습 능력 평가 점수가 저소득층이라고 믿고 평가한 점수보다 더 높았습니다.

〈표 8-1〉은 달리와 그로스(1983)의 실험 결과를 정리한 것입니다. 아이들이 나오는 영상을 보았느냐에 상관없이, 참가자들은 사전에 제공받은 정보에 따라 중산층의 학습 능력을 높게 평가하고 저소득층의 학습 능력을 낮게 평가하는 경향이 드러났습니다. 아이들이 낮은 능력을 지녔다고 믿는 참가자는 동영상 시청을 통해 그 믿음을 더욱 공고히 하였고, 아이들이 높은 능력을 지녔다고 믿는 참가자는 동영상 시청을 통해 그 믿음을 더욱 공고히 하였습니다.

표 8-1	달리와 그로스(1983) 실험 결과 재구성			
영상 시청 유무	제공된 아이 정보	학습 능력 평가		
		수학	읽기	인문학
보지 않았음	저소득층	3.98	3.90	3.86
	중산층	4.30	4.29	4.03
보았음	저소득층	3.79	3.71	3.04
	중산층	4.83	4.67	4.10

우리는 앞서 휴리스틱 편향을 학습하면서, 빨간색과 검은색이 똑같은 수로 배분된 카지노 룰렛 게임에 임하는 인간의 행동을 살펴보았습니다. 만약 앞서 10회의 게임에서 모두 빨간색이 나온 것을 보았다면, 이번 게임에서는 검은색에 베팅을 할 것입니다. 아무래도 11회 연속 빨간색이 나올 수는 없을 거란 믿음이 발동했기 때문입니다. 많은 사람이 샘플 크기의 중요성을 인식하지 못하고, 작은 샘플로 전체를 판단하려고 합니다. 〈그림 8-2〉에서 표현하였듯이, 인간은 자신이 가진 샘플의 통계 수치가 실제 모수의 통계 수치보다 작을지라도 그것이 모수를 대표할 것이라 믿습니다. 행동경제학에서는 이를 소수의 법칙 Law of Small Numbers이라고 부르며, 복권이나 도박 게임에서 종종 발생하여 **도박사의 오류**Gambler's Fallacy라고도 부릅니다.

물론 도박사의 오류의 반대 개념으로 **뜨거운 손 오류**Hot Hand Fallacy가 있습니다. 뜨거움을 의미하는 **hot**이라는 용어는 프로스포츠에서 자주 사용되는데요. 예를 들어, 프로야구 경기의 해설자들이 강타자가 타석에 들어섰을 때 종종 이렇게 표현합니다.

"김철수 타자, 요즘 불방망이입니다."

방망이가 뜨겁다는 것인데요. 칠 때마다 안타인 타자를 비유할 때 이렇게 뜨거움을 의미하는 용어를 자주 사용합니다. 프로농구 경기를 보면 중장거리 슛을 던질 때마다 골로 연결되는 슈터가 있습니다. 슛 성공률이 높은 농구선수를 보면 해설자들은 종종 "이 선수 오늘 아주 손이 뜨겁습니다"라고 말합니다. **뜨거운 손 오류**는 바로 슛을 지금까지 계속 성공했던 선수가 계속해서 슛을 성공시킬 것이라고 생각하는 사람들의 판단 오류를 일컫습니다.

1985년 길로비치 연구팀은 농구선수와 슛의 결과를 비교하여 이 뜨거운 손 오류를 증명하였습니다.[7] 1980~1981년 동안 미국 NBA 필라델피아 76ers 선수들을 대상으로, 슛 하나를 실수한 선수와 슛 하나를 성공한 선수에 대하여 사람들의 다음 슛 성공에 대한 예상과 실제 슛 성공률을 분석하였습니다. 만약 어떤 선수가 슛 하나를 실수하면, 사람들이 이 실수한 선수에게 기대하는 슛 성공률은 50% 이하입니다. 만약 어떤 선수가 슛 하나를 성공하면, 사람들이 이 성공한 선수에게 기대하는 슛 성공률은 60%를 넘었습니다. 하지만 실제 슛 하나를 실수한 선수가 이후에 슛을 성공할 확률은 54%였으며, 실제 슛 하나를 성공한 선수가 이후에 슛을 성공할 확률은 51%였습니다. 이 연구가 유사한 다른 스포츠에서도 시행되었고, 비슷한 결과를 얻었다고 합니다.

물론 인간이 확증 편향에 갇혀있지만은 않습니다. 때로는 이성적 능력을 발휘하며 새로운 정보들을 부지런히 입수하고, 이렇게 입수된 새로운 정보들을

---

7) T. Gilovich et al., "The hot hand in basketball : On the misperception of random sequences", *Cognitive Psychology*, 17(3), 1985, pp. 295~314.

가지고 자신의 믿음을 검증하려는 시도도 보입니다. 심리학자 게리 클라인은 다양한 인지 실험 인터뷰를 진행하였는데, 확증 편향에 빠지지 않는 한 소방대장과의 인터뷰 내용을 공개한 적이 있습니다. 소방대장이 자신의 동료들과 함께 화재 진압을 위해 불이 난 4층 건물에 도착했답니다. 면밀히 살펴보니 세탁물이 모인 곳에서 불이 난 것처럼 보였는데, 마침 불도 막 시작된 것처럼 보였답니다. 그래서 소방대원들을 2층과 3층으로 보내서 빨리 불을 잡으라고 명령을 내렸답니다. 그러나 이 소방대장은 혹시 자신의 판단이 잘못된 것은 아니었는지 염려스러웠다고 하네요. 그래서 혼자 빌딩 주위를 죽 둘러보있는데, 마침 연기가 4층 꼭대기 처마 밖으로 나오는 것을 목격했답니다. 소방대장은 처음에 내린 자신의 판단이 잘못되었음을 깨닫게 되었습니다. 불은 이미 4층까지 번졌을 것이고, 그렇다면 이미 복도와 방에는 연기가 꽉 차 있을 것이라고 믿음을 바꾸었습니다. 그는 즉시 건물에 투입된 소방대원들에게 화재 진압을 멈추고 거주자 대피와 건물 탈출을 명령했습니다. 비록 건물이 화마에 휩싸이면서 재산 피해는 났지만, 인명 피해는 피할 수 있었답니다.

이 소방대장은 첫 정보를 통하여 판단이나 믿음을 내리는 모습이 평범한 인간들과 다르지 않지만, 다음 정보를 통해 처음 가졌던 판단이나 믿음을 수정하려는 모습은 확증 편향을 가지는 인간과 확연히 다릅니다. 화재라는 특정 상황과 항상 '만약'에 대비해야 하는 소방관이라는 직업적 특성이 결부된 사례이긴 하지만, 우리가 확증 편향이 있다는 증거만 가지고 '인간은 확증 편향적 인간이다'라는 생각을 공고히 하는 것도 역시 확증 편향적 행동입니다. 이러한 우리의 확증 편향을 줄이자는 차원에서 이 소방대장 사례를 소개해 보았습니다.

이케아 효과

스웨덴 가구 브랜드 이케아Ikea의 가구는 소비자가 직접 조립하는 가구입니다. 완성품을 사거나 가구를 조립하는 기사가 집으로 방문해서 조립을 해주지 않고, 구매자 자신이 직접 설계도를 보고 조립해야 합니다. 그래서 초보자는 이케아 가구를 조립하는 데 시간과 노력을 많이 들입니다. 하지만 이런 과정에서 자신의 노동력이 많이 투입되었기에, 조립이 완성되고 나면 스스로에게 뿌듯함을 느낍니다. 지금까지 경험하지 못했던, 가구를 어렵게 조립하고 난 후 설명할 수 없는 자부심과 성취감을 느끼는 것이지요. 그래서 평소에 자부심이 부족한 사람일수록 이케아 가구를 조립한 후 느끼는 자부심이 더 크다고 합니다.

이케아 효과란 구매자들이 이렇게 많은 노력을 들여 스스로 조립을 완성해 낸 가구에 대하여 과도한 가치를 부여하는 것을 말합니다.

> "이 가구는 특별해. 나의 엄청난 노력이 들어갔기 때문이지."
> "이 가구의 판매 가격은 30만 원이었지. 나의 엄청난 노력이 투입되어
> 조립이 완성된 이 가구는 이제 더 이상 30만 원의 가치를 가진다고 할
> 수 없어. 이제 이 가구는 가치를 매길 수 없을 정도로 소중해!"

이케아 가구를 힘들게 조립한 사람들이 대체로 느끼는 감정이랍니다. 하지만 문제는 본인이 조립한 가구에 대하여 본인만 이런 높은 가치를 부여하고 있다는 것입니다. 이는 사실상 인지부조화 현상이라고도 볼 수 있습니다. 자신이 인지하는 주관적 가치와 현실에서의 객관적 가치가 양립하는 상황입니다. 게다가 더욱 흥미로운 것은 이렇게 직접 만드는 것을 좋아하지 않았던 사람들도,

만드는 것을 완료한 후에는 더 높은 가치를 부여한다는 점이었습니다.

마이클 노튼, 대니얼 모촌, 댄 애리얼리는 그들의 2011년 연구에서 이케아 가구 조립뿐만 아니라 종이접기 실험과 레고 조립 실험을 통해 이 **이케아 효과**가 있는 것을 확인하였습니다.[8] 예를 들어 종이접기 실험에서는 자기가 심혈을 기울여 만든 종이접기 작품들을 한데 모아서 경매에 부쳤는데, 만든 사람이 작품의 질과는 상관없이 자기 작품에 높은 웃돈을 줘서라도 구매하겠다고 나섰습니다. 자신의 노력이 투입된 제품에 감정 이입이 된 것이고 결국 더 높은 가치로 평가되는 결과였습니다.

이 연구는 이케아 효과의 한계도 보여주었습니다. 참가자가 자신의 작품을 만들거나 해체하는 데 너무 많은 시간을 쏟아야 하거나 작업을 마치는 데 실패하게 되면, 오히려 반대로 상품을 사고자 하는 의지가 줄어들었다고 합니다. 최종 목표를 달성하기가 너무 힘들거나 결국 목표 달성에 실패하게 되었을 때, 이케아 효과는 사라지게 되는 것입니다.

자신의 노력을 투입하면 그 완성된 결과에 더 높은 만족감을 가지게 되는 인간의 심리를 이용한 마케팅이 점점 활성화되고 있습니다. 많은 사람이 자신의 SNS 계정에 정성스럽게 찍은 사진과 멋진 멘트를 달아서 공유합니다. 이렇게 노력을 많이 투입한 SNS 결과물을 볼 때면 대단히 만족스럽지요. 사실 제3자가 볼 때 그렇게 대단해 보이지 않지만, 본인에게는 SNS 업로드를 위한 사진이나 멘트가 가히 **작품**이라고 생각될 만큼 큰 가치를 지닙니다. 그리고 더욱 열심히 이

---

8) M. Norton, D. Mochon & D. Ariely, "The "IKEA Effect": When labor leads to love", *Journal of Consumer Psychology*, 22(3), 2012, pp. 453~460.

작품 활동을 이어나갑니다. 이렇게 자신의 SNS 활동에 높은 가치를 부여하는 모습을 보고 좋아하는 사람이 또 있을까요? 있습니다. 바로 그 사람이 활동하는 SNS 계정의 관리 매니저입니다. 이 매니저는 사람들이 더 열심히 노력을 투입하도록 여러분의 취향에 맞게 정보를 입력하거나 설정하게끔 계정 운영 방식을 설계할 것입니다. 사람들이 노력을 투입해서 자신의 SNS 업로드 작업물에 높은 가치를 부여하고 많은 만족감을 느낄수록, 이 관리 매니저가 계정 관리를 통해 얻는 수익도 더욱 커질 테니까요. 이 매니저는 사람들이 SNS에 열심히 참여하도록 만들겠지만 그렇다고 너무 힘들고 귀찮을 정도로 어렵게 서비스를 만들지는 않을 것입니다. 너무 힘들고 어려워지면 이케아 효과가 사라진다는 것도 알고 있을 테니까요.

최근 1인 가구가 늘어나고 택배 서비스가 성장함에 따라 밀키트 제품이 각광을 받고 있습니다. 1~2인이 즐길 만한 양을 담아 집에서 간단한 요리 과정을 거쳐 직접 음식을 완성할 수 있는 제품입니다. 음식 메뉴도 정말 다양한데, 김장김치 밀키트도 있더군요. 배추 한 포기, 김칫소 한 팩으로 원룸이나 오피스텔에 사는 1인 가구도 손쉽게 직접 김장김치를 담가 먹을 수 있는 제품이었습니다. 저는 다양한 밀키트 제품 중 특히 이 김장김치 밀키트 제품이 이케아 효과를 잘 활용한 아이디어 상품이라고 생각합니다. 김장김치를 만든 경험이 많지 않은 세대에게 김장김치 밀키트는 매우 특별한 경험을 줄 것입니다. 비록 간편하게 준비된 재료들로 담근 김치의 맛이 매우 훌륭하지는 않더라도, 이 직접적 경험을 통해 만들어 낸 김치가 더욱 특별하게 맛있는 김치가 될 수 있습니다. 마치 본인의 노력이 투입된 이케아 가구나 레고 또는 종이접기 완성품이 그러했듯이 말이지요. 단, 이 번뜩이는 아이디어 상품에 호감을 느끼고 밀키트 김장김치 사업에 뛰어들고 싶은 사람이 있다면, 반드시 명심해야 할 점이 있습니다. 바로 밀키트 김장김치 소비자가 김치 완성을 위해 투입해야 하는 노력을 너무 과도하게 만들어서는 안 된다는 점입니다. 지나친 노력을 요구함으로써 완성의 성공도가 낮아질수록 이케아 효과가 사라질 수 있다는 연구 결과를 반드시 명심해야 한다는 뜻입니다.

무료 환상 효과

행동경제학자 댄 애리얼리는 공개 강의를 통해 종종 인도에서의 무료 아이스크림 행사 사례를 대표적인 무료 효과 사례로 제시합니다. 사례는 다음과 같습니다. 인도에서 아이스크림 자판기를 하나 준비하고, 이 아이스크림 자판기 런칭 행사로서 오늘 하루 무료로 아이스크림 자판기를 운영한다고 홍보했습니다. 역시나 많은 사람이 긴 줄을 서서 무료로 아이스크림을 가져가려고 기다렸지요. 워낙 호응이 좋다 보니 굉장히 긴 줄이 만들어졌다는군요. 그러다가 갑자기 비가 내리기 시작했습니다. 사람들은 우산을 사와서 다시 차례를 기다려 아이스크림을 가져갔답니다. 하지만 흥미로운 점은 우산 가격이 공짜 아이스크림의 실제 가격보다 비쌌다는 것입니다. 더 싼 가격의 아이스크림을 공짜로 먹기 위해 더 비싼 우산을 사다니? 사람들이 공짜에 대한 환상을 가지고 있는 모습을 잘 보여주는 사례입니다.

마케팅 전략 설계에 있어서 무료에 대한 소비자들의 과도한 가치 평가 현상은 매우 중요하게 고려됩니다. 유명한 커피전문점에서 일주일 동안 아이스커피 한 잔을 무료로 제공한다고 공지합니다. 일주일 내내 이 카페 앞에는 사람들이 무료 커피를 마시기 위해 한 시간 넘게 줄을 서는 모습이 관찰됩니다. 심지어 이 아이스커피와 비슷한 수준의 아이스커피가 근처 다른 브랜드 카페에서 더 저렴한 가격에 제공되고 있음에도 말이지요. 왜 한 시간 이상 줄을 서서 기다리는 수고를 감수하며 이 무료 아이스커피를 먹으려고 하는 걸까요? 설문조사에 따르면 소비자는 무료 재화를 얻기 위해 기꺼이 비이성적인 행동을 취하고, 이러한 비이성적인 행동들이 단지 직접적 비용이 들지 않는다는 이유로 정당화되며, 결국 그 무료 재화의 가치가 더 높이 평가되었다고 합니다. 궁극적으로 무료 재화가 소비자에게 제공하는 혜택은 환상입니다. 그 무료 재화를 얻기 위해 투입된 시간과 노력 등 기회비용을 생각하면, 실질적으로 얻은 혜택은 없다고 봐야겠지요.

사람들이 쇼핑을 할 때, 이런 무료 환상 현상으로 인해 원래 구매 계획보다 더 많은 상품을 구매하는 결과를 낳기도 합니다. 예를 들어 여러분이 깔끔한 티셔츠를 사러 백화점에 갔다고 가정해 봅시다. 여러분의 최초 구매 계획은 티셔츠 한 장 구매입니다. 마침 오늘 특별 행사로 이 티셔츠를 사는 사람에게 패션 모자를 무료로 준다고 합니다. 무료로 제공받은 모자와 티셔츠를 입어보니 너무 잘 어울려서 기분이 좋아집니다. 이때 백화점 직원이 또 다른 제안을 합니다. 사실 이 모자와 세트로 나온 조끼가 지금 50%로 세일을 한다고 말이지요. 이 말을 듣고 티셔츠와 모자를 입은 후, 조끼까지 걸쳐보니 거울에 비친 내 모습은 정말 완벽한 패셔니스타로 보입니다. 모자도 공짜이고 패션의 완성이라고 느껴지는 조끼도 50% 세일을 하니, 오늘 정말 백화점에 잘 왔구나 생각하며 모두 쇼핑백에 담아 백화점을 나옵니다. 깔끔한 티셔츠 한 장을 사러 백화점에 들어갔지만, 백화점을 나오는 당신의 손에는 티셔츠와 모자와 조끼가 들려있습니다. 지금 당신은 공짜로 제공하는 모자를 추가 이익Extra Value이라고 생각하고, 그 추가 이익의 가치를 너무 과대평가한 나머지(즉 무료 모자가 50% 가격의 조끼와 만나는 순간 나는 패셔니스타가 된다는 환상) 조끼까지 구매하는 결정으로 이어진 것은 아닐까요?

행동경제학자들은 소비자가 패키지로 구매하는 상황에 직면할 때 무료로 제공되는 패키지 구성 제품을 종종 추가 이익으로 간주하는 경향이 강해진다고 합니다. 그래서 소비자들은 그 추가 이익을 초과하는 다른 제품을 구매하는 데 주저하지 않는다고 합니다. 일반적으로 소비자들은 패키지 안에 들어있는 개별 제품(혹은 서비스)의 가격을 완벽하게 합리적으로 계산하지 못하고, 종종 과대평가하는 심리적 성향이 있기 때문입니다.

제**9**장

금융시장 이야기

이 장에서는 금융시장에서 나타나는 인간의 감성적 의사결정 이야기를 전해드리겠습니다. 먼저 금융시장에서 나타나는 금융자산 가격의 거품 형성과 붕괴에 대한 이야기입니다. 금융시장에서 발생되는 거품은 이성적인 수요와 공급 활동에서 만들어지는 이성적 산물이 아니라, 시장 참여자들의 과도한 기대나 실망이 덧붙여진 비합리적인 시장의 모습입니다. 따라서 금융자산 가격에 거품이 생성되고 붕괴되는 과정을 우리가 앞서 배웠던 행동경제학의 어나멀리들로 이해할 수 있다면, 금융자산시장도 인간의 심리에 의해 움직인다는 사실을 확인할 수 있을 것입니다.

주식 가격 결정 이론

다양한 금융시장이 존재하지만, 여러분들에게 익숙한 주식시장을 대표적 예로서 학습해 봅시다. 주식은 기업에 대한 지분권을 말합니다. 즉 기업에 대한 소유권을 표시하는 증권으로 대표적인 지분권이 바로 보통주Common Stock라고 불리는 것입니다. 이 보통주의 가격, 즉 주가는 어떻게 결정되는 것일까요?

주식시장이 효율적으로 운영된다는 **효율적 시장 가설**Efficient Market Hypothesis이 있습니다. 주식시장에 나오는 정보는 즉각적으로 주식 가격에 반영된다는 가설입니다. 예를 들어 오늘 아침 ○○전자 주식 가격이 1만 원이었습니다. 점심을 먹는 중에 이 기업의 수출이 역대 최초로 1억 달러를 돌파할 것이라는 소식과 조만간 ○○전자 주식 가치도 상승할 것이라는 경제 전문가들의 전망도 뉴스를 통해 듣게 됩니다. 점심 식사를 먹는 둥 마는 둥, 허겁지겁 대충 식사를 마무리 짓고 곧바로 오늘 아침 1만 원에 거래되던 ○○전자 주식을 사려고 합니다. 지금 1만 원에 사면 반드시 가격이 오를 테니 얼마나 기분이 설레겠습니까? 하지만 주식시장에서 거래되는 ○○전자 주가는 이미 2배 가까이 올라있습니다. 점심도 제대로 못 먹고 급하게 주식매매 사이트에 들어왔는데, 한 시간 전에 뉴스를 통해 알게 된 ○○전자의 호재 정보는 벌써 가격에 반영이 되어버렸습니다.

효율적 시장 가설이란 이렇게 주식시장 관련 정보가 즉각적으로 주식 가격에 반영되는 상황을 의미합니다. 그래서 효율적 시장 가설을 따른다면, 한 기업의 주가는 그 기업 주식의 기초 가치와 같다고 말할 수 있습니다. 기초 가치란 주식 투자를 통해 예상되는 미래 수익의 총합을 말합니다. 예를 들어 현재 시장 금리가 5%일 때 배당은 연간 1050원이고 1년 뒤에 3만 1500원으로 판매할 수 있는 이 기업 주식의 현재 가치는 다음과 같습니다.

$$현재 \ 가치(PV) = 1050/(1+0.05) + 31500/(1+0.05) = 31000원$$

현재의 금리를 r이라 하고, t기의 배당을 D라고 하면, 앞으로 미래 수년 동안 이 주식의 현재 가격은 다음과 같은 모형으로 추정됩니다.

$$P = D/(1+r) + D/(1+r)^2 + D/(1+r)^3 + \cdots + D/(1+r)^t$$

이와 같이 현재 가치를 계산하는 방법은 앞서 하이퍼볼릭 시간할인율 시간에 배웠습니다(현재 가치를 계산하는 게 이해가 잘 안 되고 기억이 나지 않는 학생은 하이퍼볼릭 시간할인율을 복습하시길 바랍니다). 자, 앞에 나온 식에 의하면 주가는 금리와 미래의 배당금인 D값에 의해 결정됩니다. 하지만 기업의 미래 배당들은 현재 상황에서 **관측**이 불가능합니다. 미래의 배당은 **관측**이 아닌 **예측**을 해야 하지요. 그러면 어떻게 예측해야 할까요? 앞으로의 세계 경제 여건, 이 기업이 속한 산업의 발전 가능성, 이 기업 자체의 경영 능력과 여건, 국내외 정치적 상황 등등 수도 없이 많은 변수들을 모두 적절하게 고려한 후 예측해야 합니다.

효율적 시장 가설을 지지하는 이론가들은 기업의 주식 가격은 이렇게 기초 가치에 근거하여 매겨지고, 미래에 나올 새로운 정보들은 세상에 나오자마자 즉각적으로 가격에 반영되기에, 주식 가격 변동성은 기초 가치를 변화시키는 큰일이 아닌 이상 그렇게 크지 않고 예측도 가능하다고 주장합니다. 그럼에도 불구하고 현실 주식시장에서 주식 가격의 변동성은 과도하게 느껴집니다. 이 과도한 변동성, 특히 과도한 상승은 우리에게 "혹시 가격에 거품이 끼어있나?" 라는 의구심을 가지게 합니다. 보통 주가의 투기적 거품은 '가격 상승 → 투자 열풍 → 수요 증가 → 가격 상승 → 가격 추가 상승 예상 → 투자 열풍 → …'이 라는 반복을 거치면서 형성됩니다. 소위 가격 상승이 일단 시작되면 가격 상승 자체가 투자자들에게 가격이 계속 상승할 것이란 기대를 더욱 크게 만들어, 가격 간 피드백Price-to-Price Feedback 효과가 나타나는 것입니다.

투자자들은 과거 가격 상승 시 얻을 수 있었던 고수익의 기억에 집착하고, 이번에도 그러한 고수익 기회가 왔다는 환상에 사로잡힙니다. 그러나 이러한 가격 상승이 지속적으로 발생할 수는 없으며, 결국 어느 시점에 도달하는 순간 거품처럼 꺼지면서 가격은 무너질 수밖에 없게 되는 것입니다. 이러한 가격 간 피드백 효과로 주식 가격에 어떻게 거품이 형성되고 붕괴되는지 실험 연구를 통해 확인해 봅시다.

자산시장 거품의 형성과 붕괴 : 대표 실험 연구

2002년 노벨경제학상을 받은 버넌 스미스는 1988년 그의 연구팀과 거품이 일어나는 자산시장을 실험해 보았습니다.[1] 연구팀은 세 명의 실험 참가자를 모집해서 이들에게 자산 거래를 시켜보았습니다. 거래 시작 전 각 참가자(지금부터 **거래자**로 호칭)는 일정한 금액의 화폐와 자산(주식의 형태)을 가지고 있었습니다. 거래자들은 가지고 있는 자산의 일부를 팔아서 화폐로 보유할 수 있고, 혹은 보유하고 있는 화폐로 주식자산을 구입할 수도 있습니다. 이렇게 자산을 매입 혹은 매도하는 소위 **이중 경매**를 수행케 한 것입니다. 이런 매입과 매도의 이중 경매 행위가 이루어질 수 있는 시장을 총 15회 만들어 주었고, 매 시장이 끝날 때에 자산에 대한 무작위 배당금을 받게 했습니다. 거래자들은 매 시장이 끝날 때 자신이 가진 자산에 근거한 배당금을 받고 다음 시장을 시작합니다. 따라서 총 15회의 시장에 참가하여 돈과 자산을 축적할 수 있습니다. 15회의 시장 참여가 모두 끝나면 거래자는 자신이 보유했던 화폐는 실제로 가져갈 수 있지만, 주식자산은 게임 종료와 함께 그냥 없어지는 것으로 처리됩니다. 15회의 시장 참

---

1) V. Smith, G. Suchanek & A. Williams, "Bubbles, Crashes, and Endogenous Expectations in Experimental Spot Asset Markets", *Econometrica*, 56(5), 1988, pp. 1119~1151.

여가 다 끝나게 되면 주식자산은 그냥 없어지는 것으로 처리되지만, 그럼에도 불구하고 거래자들이 마지막 15회차 시장까지 주식자산을 보유하는 이유는 주식자산이 제공하는 배당금 때문입니다.

거래자들이 총 15회의 시장에 순차적으로 참여하면서 자산의 평균 가격은 〈그림 9-1〉과 같이 변동되고 있었습니다. 그래프의 가로축은 몇 번째 시장인지를 나타내며, 세로축은 시장별 자산의 거래 가격입니다. 첫 번째 시장이 열릴 때 자산 가격은 100달러에서 시작합니다. 두 번째 시장으로 진행되면서 자산

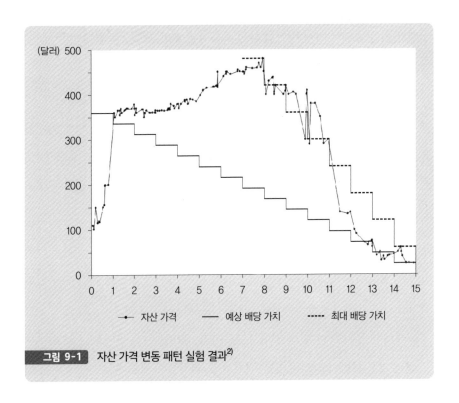

그림 9-1 자산 가격 변동 패턴 실험 결과[2]

---

2) 앞의 논문(1988) 내용.

가격은 급등하기 시작합니다. 세 번째, 네 번째 시장을 거쳐 자산 가격의 상승세는 여덟 번째 시장까지 이어집니다. 총 15회의 시장이 열린다는 사실을 고려했을 때, 이 자산시장의 수명이 중간 정도에 다다르면 자산 가격이 최고가를 달성한 것으로 해석할 수 있습니다. 그리고 시장의 수명이 중반기를 마치고 후반기로 들어서자 드디어 자산 가격이 하락세로 전환됩니다. 9~10회차 시장까지 가격 하락세가 명확해진 후, 11회차 시장부터 드디어 가격이 붕괴, 즉 엄청난 폭으로 급락합니다. 13회차 시장에서는 심지어 1회차 시장에서 시작한 100달러보다 낮게 형성되기도 합니다. 14회차 시장, 시장이 완전히 끝나버리기 바로 직전에 마치 성냥불이 꺼지기 직전 한번 반짝하듯이 가격이 오른 후, 15회차 마지막 시장에서 결국 이 자산 가격의 최저치를 기록하고 마무리됩니다.

앞서 말씀드렸다시피 지금 이 실험에 참가한 거래자는 세 명이었습니다. 만약 거래자가 더 많아지면 어떤 결과가 나올까요? 연구팀은 후에 12명의 거래자를 참가하게 했는데, 처음 세 명이 참가했던 실험 결과와 비교하여 훨씬 큰 가격 상승폭과 하락폭을 보였다고 합니다. 즉 시장 거래자가 많아질수록 자산 가격의 거품과 붕괴 현상은 더욱 커졌다는 의미입니다. 현실의 주식시장에 수많은 거래자들이 참여하고 있다는 사실을 깨닫는다면, 왜 현실에서 주식 가격의 급등락 현상이 더욱 심각하게 발생하고 있는지 자연스럽게 깨달을 수가 있겠습니다.

공매도란 용어를 한 번쯤 들어보셨으리라 생각됩니다. 공매도는 글자 그대로 **없는 것을 판다**라는 의미로서, 내가 지금 주식을 가지고 있지도 않으면서 미래에 누군가에게 주식을 팔겠다고 계약을 맺는 것입니다. 팔기로 약속한 날짜가 다가오면 그때 주식을 사서 계약대로 팔아야 하는 것이지요. 이런 공매도 거래를 왜 할까요? 주가가 앞으로 떨어질 것이라는 확신이 있으면, 내가 비록 지금 주식이 없더라도 훗날 주식을 싸게 산 뒤 과거 계약했던 금액에 팔면 이익이 생기기 때문입니다. 따라서 보통 공매도 제도가 허락되는 주식시장은 지나친 가격 상승 기대에 제동을 걸게 해서, 거품이 발생되는 것을 막을 수 있다고 기대합니다.

하지만 공매도 제도가 현실에서 정말 거품을 없애는 데 기여하는지에 대한 찬반 의견은 팽팽합니다. 더욱 정확하게 표현하자면, 공매도가 거품 붕괴의 피해를 경감시키는 효과가 있을지는 몰라도 자산 가격에 거품이 생성되는 것 자체를 막을 수는 없습니다. 더욱이 공매도가 그렇게 생성된 거품이 붕괴되는 현상을 부분적으로 줄일 수는 있어도 생성된 모든 거품을 담당할 수는 없습니다. 공매도로 인해 소멸된 일정 부분을 제외하면, 공매도 제도가 있더라도 자산시장에서의 거품 형성과 붕괴는 불가피하다는 것입니다.

그렇다면 거품이 발생하는 것을 멈출 수 있는 방법은 정녕 없는 것일까요? 현실성이 얼마나 높을지는 모르겠으나, 다수의 연구가 거래자들의 **경험**이 유용한 방법이 될 수 있다고 조언합니다. 가격이 붕괴될 때, 거래자들의 일부는 돈을 잃습니다. 그렇다면 그다음 시장이 열릴 때 똑같이 거품의 덫에 빠졌다가 또다시 붕괴를 당하면서 이 유경험자는 또 동일한 규모의 경제적 피해를 가질까요? 동일한 거래자를 동일한 시장에 참가시키면 거품 형성 및 붕괴의 정도가 약해진다고 합니다. 하지만 역시 그렇다고 해서 자산시장에서의 거품 생성이 완전하게 없어지는 것은 불가능합니다. 결국 인간이 거래자로 참가하는 자산시장에서 자산의 거품이 발생하는 것 자체를 아예 막을 수 있는 방법은 여전히 발견되지 않고 있습니다.

이제는 자산시장의 거품이 일어나는 이유를 보다 면밀하게 탐구하겠습니다. 효율적 시장 가설에 따르면, 주식 거래 가격은 그 주식의 기초 가치와 같아야 하는데 미래의 배당 능력, 즉 이 기업의 기초 가치에 영향을 주는 경제적/비경제적 변수는 매우 예측하기 어렵습니다. 이런 예측 불가능한 변수들이 적절하게 가격에 반영되기 위해, 이 변수들과 관련된 정보를 거래자들은 완벽하게 업데이트하고 해석해야 합니다. 하지만 거래자는 완벽한 이성체의 인간이 아니기에 제한적이고 편향적인 사고 능력을 가지면서 정보 업데이트와 해석에 오차가 발생할 수밖에 없게 됩니다. 예를 들어 자산 가격이 상승할 것이란 미래 정보를 편향적으로 해석하면 과도하게 가격이 상승되는 현상이 나타나고, 하락할 것이란 미래 정보에 과도하게 반응하면 가격 폭락이 발생하게 되는 것이지요.

이러한 인간의 편향성과 과도한 반응은 앞서 학습하였듯이 감성적 인간의 자연스러운 모습이기도 합니다. 합리성도 제한적으로 발동되고, 손실 회피 편향도 강하고, 휴리스틱 편향도 가지는 인간이 자산 가격을 과도할 정도로 높게 거래하기도 하고 아니면 과도하게 낮게 거래하기도 하면서 궁극적으로 자산 가격의 거품과 붕괴는 발생할 수밖에 없는 현상이라는 것입니다.

무리 효과 : Herding Behavior

Herding은 개별 동물들을 한 그룹으로 모으고 유지하여 그 그룹을 다른 장소로 이동시키는 것을 의미하는 단어입니다. 광활한 초원에서 양 떼가 무리를 지어서 움직이는 장면을 본 적이 있으시지요? 이 양들은 대개 작은 무리를 이루어서 풀을 뜯어 먹거나, 아니면 혼자서 풀을 뜯어 먹다가도 양치기가 양 떼를 이동시킬 때에는 몇몇 작은 무리를 모아서 큰 하나의 무리로 만들어 이동하게 됩니다. 개별 동물이 큰 무리에 편승하여 떼를 지어 움직이는 모습과 유사하게 금융시장에서도 개별적 투자보다 큰 투자 무리에 편승하려는 투자 행태가 있습니다. 즉, 금융시장의 개별 투자자들이 자신의 독립적이고 이성적인 판단에 근거한 합리적 투자결정을 내리기보다, 대다수 타인이 투자하는 곳에 맹목적으로 따라가는 비합리적/비이성적 투자 행태를 **Herding Behavior**라고 합니다. 우리말로는 무리 효과, 동조 효과, 편승 효과 등으로 번역됩니다.

무리 효과의 선구자적 실험으로서 1955년 솔로몬 애쉬의 연구가 대표적으로 인용되고 있습니다.[3] 이 실험에는 7명의 남자 대학생들이 참가하였습니다.

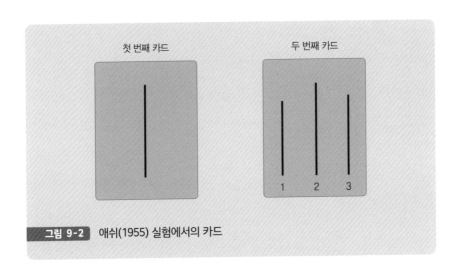

그림 9-2 애쉬(1955) 실험에서의 카드

3) S. Asch, "Opinions and social pressure", *Scientific American*, 193(5), 1955, pp. 31~35.

그리고 이 7명의 참가자들에게 실험 주관자는 두 개의 카드를 보여줍니다(〈그림 9-2〉 참조). 첫 번째 카드에 한 개의 선이 그려져 있으며, 두 번째 카드에는 세 개의 선이 그려져 있습니다. 실험 주관자는 7명의 참가자들에게 첫 번째 카드에 있는 선과 같은 길이를 가진 선이 두 번째 카드에서 어떤 것인지 고르라고 요청합니다.

여러분이 이 실험에 참가한 학생들이라면 어렵지 않게 대답을 할 수 있겠지요? 첫 번째 실험 라운드에서는 대부분 쉽게 대답합니다. 두 번째 카드의 2번 선이 첫 번째 카드의 선과 같은 길이를 가졌다고 말이지요.

자, 그런데 이 실험의 수행 과정에서 숨겨진 비밀이 하나 있습니다. 사실 7명의 참가자 중 실제 실험 참가자는 1명뿐이고, 나머지 6명은 실험 주관자인 애쉬와 미리 협력을 약속한 실험 협력자들이었습니다.

문제는 두 번째 실험 라운드부터 발생합니다. 6명의 실험 협력자들이 갑자기 정답이 아닌 다른 선을 정답이라고 이야기하기 시작합니다. 이 실제 실험 참가자 1명은 당황하게 됩니다. 처음 라운드에서 일부러 협력자들 중 1~2명 정도가 1번이나 3번 선을 정답으로 말하면, 진짜 실험 참가자는 자신의 의견을 적극적으로 강조하면서 2번 선이 정답이라고 말합니다. 하지만 라운드를 거치면서 실험 협력자 6명이 고의적으로 정답을 말하지 않자, 처음에는 매우 적극적으로 2번 선이 정답이라고 설명했던 진짜 실험 참가자의 적극성이 떨어집니다. 6명의 실험 협력자들이 진짜 실험 참가자와 다른 답을 제시하는 상황이 12회 이상 반복되면, 1명의 진짜 실험 참가자는 정답에 대한 신념과 적극성을 거의 상실하는 모습까지 보였다고 합니다.

애쉬는 실제 참가자를 바꾸어 가면서 이 실험을 반복 수행하였습니다. 실험 결과는 놀라웠습니다. 혼자서 참가하였다면 99% 이상이 정답을 이야기할 수 있는 이 매우 단순한 문제가, 대다수의 실험 협력자가 계속 공통적으로 오답을 제시하자 그 정답률이 50% 이하로 떨어진 것입니다. 실험 협력자가 1명이나 2명일 때는 굴하지 않고 90% 이상이 정답을 제시하였지만, 실험 협력자가 3명 이상일 때는 정답률이 70% 이하로 크게 떨어졌습니다. 자기와 반대되는 의견을 가진 사람들의 수가 많아질수록 이 단순하고 명백한 답을 판단하는 인간의 독립성과 합리성도 떨어진 것이지요. 개별적 인간은 대다수 무리의 의견에 동조하려는 경향이 강한 존재임이 발견된 실험 결과입니다.

이처럼 단순하고 명확한 정답이 존재하는 상황에서도 인간은 무리의 의견에 동조하려는 행태를 보이는데, 금융시장과 같이 훨씬 불확실하고 복잡한 상황 아래에서 인간은 얼마나 독립적이고 합리적인 판단과 행태를 유지할 수 있을까요? 많은 사람이 A기업 주식에 투자한다는 소식을 듣고 A기업에 대해 잘 모르면서도 같이 투자하는 사람들을 보면서 어리석은 사람만이 하는 투자 행동이라고 가볍게 생각해서는 안 됩니다. 인간이라면 누구나 쉽게 행할 수 있는 투자 행동이라고 생각하면서, 나도 이런 행동을 하고 있지는 않은지 항상 스스로를 돌아봐야 Herding Behavior를 하지 않게 될 것입니다.

금융자산 투자자의 Herding Behavior는 용어 그대로 무리에 따라가는 비합리적 투자 행위를 뜻하기에, 소위 금융자산의 가격이 급등 혹은 급락하는 자산시장의 **거품과 붕괴** 현상이 만들어지는 매개 역할을 담당합니다. 그래서 만약 어떤 자산시장이 매우 짧은 시간에 급등락의 모습이 보이면, 이 시장에서 Herding Behavior가 있었다고 추측할 수 있습니다. 실제 이런 가격 패턴과 Herding Behavior가 의심되었던 국내외 사례를 소개합니다.

첫 번째 사례는 1997~2002년 미국 주식시장의 급등과 급락 사례입니다. 1990년대 초중반, 미국 산업에는 인터넷 열풍이 불었습니다. 인터넷을 기반으로 하는 IT 벤처기업들이 주식시장에 상장되면서 소위 **닷컴 열풍**이 불었습니다. 갓 태동기를 넘어선 인터넷 산업에 대한 사람들의 관심과 기대는 가히 폭발적이었으며, 이런 인터넷을 기반으로 하는 벤처기업이 엄청난 주목을 받았기 때문이었죠. 이 인터넷 기반 벤처기업들의 인터넷 홈페이지 주소가 '.com'으로 끝나기에 이렇게 닷컴 열풍이라는 표현이 사용되었습니다. 이들 기업에게 투자를 하면 대박이 날 것이란 주장이 언론을 도배하기 시작했으며, 너도 나도 돈만 있으면 투자를 하였습니다. 2000년 초반에 이들 기업이 상장된 나스닥 종합지수는 1995년과 비교하여 무려 5배를 넘어서는 기염을 토했습니다.

당시 로버트 실러와 같은 금융 전문가들은 이러한 상황을 합리적 투자 행태라기보다 소위 **묻지마 투자**의 상황이라고 진단하였고, '남들이 모두 사는 닷컴 주식이라면 나도 산다'라는 생각으로 투자가 이루어지는 Herding Behavior가 금융시장에 팽배해 있으니, 투자자들에게 매우 신중한 투자 행동을 해달라고 경고하였습니다.

금융시장 전문가들의 경고는 현실로 이루어졌습니다. 2000년 3월을 기점으로 나스닥시장은 폭락하기 시작합니다. 2000~2002년 약 2년 동안 나스닥 지수는 1/3 수준으로 폭락합니다. 남들이 팔 때 나도 파는 행동이 이어지면, 자산 가격의 과도한 하락은 또 하나의 피할 수 없는 결과로 이어질 수밖에 없겠지요.

우리나라에서도 미국의 나스닥 열풍 및 폭락과 비슷한 사례가 있었습니다. 우리나라에는 1990년대부터 IT 벤처 열풍이 불었습니다. 당시 많은 젊은이들이 IT 벤처 창업에 뛰어들었습니다. IT 벤처들이 상장된 코스닥시장에 투자가 몰렸으며, 미국에서처럼 1998년부터 2000년 2월 사이 코스닥 지수는 급등하다가 2000년 3월 이후부터 급락하는 현상이 나타났습니다. 역시 우리나라 코스닥시장에서도 투자자들이 벤처기업에 과도한 기대를 보이면서, 이들 기업이 주로 상장되어 있는 코스닥시장에서 투자자들의 Herding Behavior가 있었던 것으로 추측되는 사례입니다.

이번에는 2006~2009년 국제 석유시장에서의 Herding Behavior 사례를 소개합니다. 2006년부터 2008년 7월까지 국제 선물시장에서 석유 가격은 전례 없던 초상승세를 보였습니다. 신흥경제국들이 세계 석유공급 능력을 상회할 정도로 석유 수요를 늘릴 것이라는 전망이 확산되면서, 당시 금융투기세력이 석유 관련 자산에 묻지마식 투자를 하고 있다는 우려가 만연했습니다. 미국 의회에서도, 세계 에너지장관회의에서도, 심지어 2010년 G20 회의에서도 국제 석유선물시장에서 활동하는 투기세력들의 규제 방안이 논의되었습니다. 하지만 석유자산에 대한 묻지마식 투자를 향한 우려와 전례를 찾아볼 수 없던 국제 유가의 초상승세도 2009년의 시작과 함께 급격하게 꺾입니다. 2008년 하반기 글로벌 금융위기 발발로 인해 전 세계 경제성장세에 제동이 걸리고 이로 인하여 석유 수요도 둔화될 수 있다는 전망이 제시되자 국제 유가는 전례 없던 폭락세를 보입니다. 2008년 7월 150달러를 넘보던 국제 유가가 2009년 초 1/5 가격인 30달러 수준으로 폭락합니다. 사람들이 남들 살 때 너 나 할 것 없이 사며 치솟은 석유 가격은 남들 팔 때 너 나 할 것 없이 팔았기에 폭락을 면치 못했던 것이지요.

실제 금융시장에서 투자자들의 Herding Behavior를 직접 추적하고 확인하기는 어렵습니다. 금융시장 투자자들의 개인 정보 확보에 현실적 한계가 있기 때문입니다. 전문가들은 실험실 내에서의 모의 투자 실험을 통해 Herding Behavior를 테스트하고, 아니면 자산 가격 변동의 급등락 현상을 예의주시하며 Herding Behavior를 정황적으로 추론하고 있습니다.

제 **10** 장

넛지 디자인 이야기

이 장에서는 행동경제학자들이 자주 사용하는 용어인 **넛지**Nudge와 이 넛지에 기초한 디자인을 소개합니다. 넛지라는 단어가 대중들에게 널리 알려진 계기는 2017년 노벨경제학상을 받은 리처드 세일러와 캐스 선스타인이 공동 저술한 넛지(2009)라는 책이 베스트셀러가 되면서부터일 것입니다.

세일러는 이제 여러분들에게 더 이상 낯선 이름이 아닐 것입니다. 행동경제학의 역사를 학습하면서 2017년 노벨경제학상 수상자로 이미 소개했고, 전망이론, 하이퍼볼릭 시간할인율 등을 공부하면서 그의 대표적인 실험 논문들도 살펴보았습니다. 선스타인 역시 여러분들에게 낯익은 인물이 되었다고 생각됩니다. 앞서 현상 유지 편향을 설명하면서 그가 무료 잡지 구독 제안에 빠져 유료로 전환된 이후에도 수년 동안 그 잡지를 보았던 사례를 소개했습니다.

이 두 명의 전문가가 쓴 넛지라는 책은 인간의 감성적 특성을 이용하여 보다 효과적인 경영 전략이나 사회 정책 설계 방향을 제시합니다. 그러니까 인간은 인지 시스템 구조상 1차 인지 시스템으로 사고하고 판단하려는 경향이 강하다는 것을 받아들이고, 감성적이고 즉흥적으로 반응하려는 인간의 행동 특성에 맞추어서 경영 전략이나 사회 정책을 설계하는 것이 훨씬 효과가 있을 것이라고 주장하는 책입니다.

넛지라는 단어 자체는 '팔꿈치로 슬쩍 찌르다' '주의를 환기하다'라는 뜻을 가진 동사로서, 행동경제학자들은 이 단어를 '부드럽고 자연스럽게 개입하다' 정도로 해석합니다. 예컨대 정책을 만든 후 이 정책의 필요성을 사람들에게 전달하고 이 정책을 따라주기를 호소하는 것이 일반적인 정책 집행 과정입니다. 하지만 행동경제학자들은 사람들의 일상이 매우 바빠지고 복잡다단해지면서, 이런 일반적인 방법으로 그 정책의 실효성을 거두기가 쉽지 않을 것이라고 우려합니다. 즉 정책을 따라야 하는 사람들에게 그 정책의 목적이나 결과, 필요성 등을 **자세하게, 논리적으로** 설명하는 것은 사람들의 2차 인지 시스템에 호소하는 것이기 때문에, 사람들의 반응을 잘 이끌어 내지 못해서 그 정책의 실현 가능성이 매우 약해질 수 있다는 것이지요. 굳이 그 정책의 목적이나 필요성 등을 자세하게 논리적으로 설명하는 2차 인지 시스템에 호소하는 방법이 아니어도, 사람들의 지각이나 직관과 같은 1차 인지 시스템이 반응하는 방법을 통해 그 정책의 취지가 더욱 실효성 높게 달성될 수 있다는 것입니다.

그런데 과연 그런 방법이 있을까요? 여기 네덜란드 암스테르담의 스히폴 국제공항 사례를 소개합니다. 스히폴 공항은 유럽 각국의 비행기들이 환승역처럼 사용하는 유럽의 대표 공항으로서, 항상 많은 사람들이 북적이는 곳입니다. 이 스히폴 공항은 아주 획기적인 방법으로 화장실 청결 유지 비용을 낮추는 성과를 거둡니다. 바로 남자용 소변기 안의 파리 그림 디자인 설계를 통해서였습니다(〈그림 10-1〉 참조).

남자 소변기에 그려진 이 파리 이미지는 소변을 보려는 남자들의 즉각적이고 일차원적인 반응을 유도하였습니다. 단순히 파리를 향해 소변을 보고 싶어 하는 심리를 자극한 것뿐이었는데 자연스럽게 소변이 밖으로 튀는 정도가 약 80% 감소했으며, 소변기 주위가 청결해졌고 공항의 청결 관리 비용을 크게 절약할 수 있었습니다.[1]

이렇게 인간이 1차 인지 시스템에 반응한다는 특성을 활용하여, 강압적이지도 않고 논리적이지도 않으며, 마치 **부드럽게** 팔꿈치로 툭 치면 **자연스럽게** 반

---

[1] 리처드 세일러, 캐스 선스타인, 넛지, 안진환 역, 리더스북, 2009.

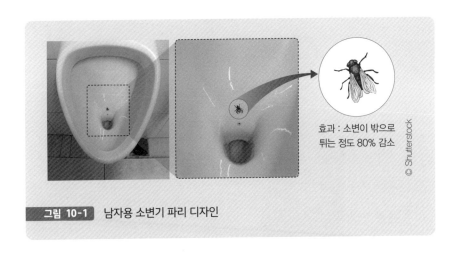

그림 10-1 남자용 소변기 파리 디자인

효과 : 소변이 밖으로 튀는 정도 80% 감소

© Shutterstock

응하는 인간의 특성에 맞추어 전략이나 정책을 설계하는 것을 넛지 전략 혹은 넛지 정책이라고 합니다. 그리고 넛지 전략 혹은 넛지 정책을 만들기 위해 사용되는 디자인이나 이미지를 **넛지 디자인**이라고 부릅니다. 이제부터 본격적으로 우리 일상생활에서 발견되는 다양한 넛지 디자인의 사례들을 소개하겠습니다.

〈그림 10-2〉에 경사로 복도가 있습니다. 이곳은 계명대학교 봉경관에 위치한 층간 이동로입니다. 1층에서 2층으로, 2층에서 3층으로, 3층에서 4층으로 갈 수 있는 계단도 있습니다만, 봉경관을 이용하는 학생 수가 워낙 많다 보니 이렇게 층간 경사로를 이용하여 대규모 학생들의 보다 빠른 이동을 가능케 하고 있습니다. 보통 수업이 끝날 때쯤이나 수업이 시작할 때쯤 되면, 강의실을 찾아 위층으로 올라가려는 학생들과 아래층으로 내려가려는 학생들이 뒤엉켜 일대 혼잡이 발생합니다. 이런 혼잡을 줄이기 위해 사회과학대 학생회가 고민을 좀 하였다고 합니다. 학생들을 상대로 우측통행 캠페인을 벌인다면 얼마나 효과가 있을까에 대하여 고민을 거듭한 결과, 학생회가 결정한 방법은 바로 잔

그림 10-2 계명대학교 사회과학대학 건물의 경사로

디 디자인이었습니다.

이 디자인은 왜 우리가 우측으로 다녀야 하는지 그 이유나 목적을 논리적이고 자세하게 설명하지 않고도 학생들의 우측통행을 유도하였습니다. 이 잔디 디자인과 "잔디를 밟지 마세요"라는 문구는 잔디를 밟으면 안 될 것 같은 사람들의 직관적이고 일차원적인 감성을 부드럽게 자극하였습니다. 이 잔디 디자인의 효과를 정량적으로 계산하지는 않았지만, 제가 관찰한 바로는 이 디자인이 그려진 이후에 이 복도에서의 우측통행률이 거의 100%에 이른 것 같습니다.

이번에는 쓰레기통에 쓰레기를 잘 버리도록 유도하는 넛지 디자인을 소개합니다. 즐거움을 좇고 싶어 하는 인간의 일차원적 감성을 이용하여, 사람들이 쓰레기를 길거리에 그냥 버리지 않고 쓰레기통에 넣게끔 자연스럽게 유도한 설계입니다. 폭스바겐의 2009년 친환경 프로젝트의 일환으로 설계된 이 쓰레기통은 마치 매우 깊은 쓰레기통에 쓰레기를 버리는 것처럼 소리가 나도록 설계되어 있습니다. 인터넷을 통해 동영상을 확인하면 더 실감 나는 소리를 들을 수 있습니다(https://youtu.be/qRgWttqFKu8). 굳이 "쓰레기는 쓰레기통에"라는 플래카드를 곳곳에 설치하지 않더라도, 쓰레기를 버리는 사람을 현장에서 잡아서 벌금 티켓을 끊지 않더라도, 그리고 시민들에게 올바른 쓰레기 버리기 행동을 논리적으로 길게 설명하지 않아도, 이 쓰레기통은 사람들이 쓰레기를 길거리에 버리지 않고 꼭 쓰레기통에 넣고 싶도록 만든 넛지 디자인 설계 작품이라고 말할 수 있습니다. 이 쓰레기통의 쓰레기 수거 효과도 매우 좋았습니다. 1일 평균 72킬로그램의 쓰레기가 모였으며, 근처에 있는 평범한 쓰레기통에 비해 41킬로그램이나 더 많은 쓰레기가 수거될 수 있었다고 합니다.

이번 넛지 디자인 사례는 스웨덴 스톡홀름 오덴플랜 지하철역의 피아노 계단입니다. 이 계단을 이용하는 사람들은 자신이 밟아서 내는 피아노 소리에 흥미를 느끼며, 승강기나 에스컬레이터를 덜 사용하게 되었습니다. 실제로 이전보다 계단을 이용한 사람들의 비율이 66% 증가하는 효과를 낳았다고 합니다. 이 피아노 계단은 지하철, 공공장소 등의 승강기 전력소모를 최소화하는 성공적인 대표 프로젝트로서 자리매김하였습니다.

우리나라에서도 2017년 서울시설공단에서 '지하도 상가, 문화예술 입히기 프로젝트'의 일환으로, 서울 지하철 을지로역에 피아노 계단을 설치하였습니다. 또한 한 걸음 더 나아가 서울 서초구청과 한국야쿠르트는 서초구 고속터미널역에 '기부하는 건강계단'을 만들어 시민들이 계단을 이용할 때마다 피아노 소리가 나는 것에 더해 한 명당 10원씩 건강 취약 계층에 기부되는 프로젝트를

그림 10-3 서울 지하철 고속터미널역의 **기부하는 건강계단**

만들었습니다. 전광판으로 오늘 이용자와 누적 이용자 수를 실시간으로 보여주며 사용자의 행동을 유도하였습니다.

계명대학교 동산병원에도 이와 비슷한 목적으로 설계된 계단이 있습니다. 계단 복도에는 계단을 이용하여 걸을 때 열량 소비량과 건강 수명이 얼마나 좋아지는지를 알려줍니다. 우리는 몸에 이상이 생겨 큰 병원에서 진단 검사를 받을 때마다, 아니면 내 몸에 이상이 생기지는 않았지만 아픈 친구나 친지의 병문안 차원에서 큰 병원에 갈 때마다, 평소에는 잊고 지냈던 건강의 소중함을 다시 한번 되새기며 비장한 다짐들을 합니다. "인생에 있어 건강이 최고야" "건강 관리를 오늘부터 정말 잘해야지"라는 다짐들입니다. 이런 다짐을 하는 순간 병원 계단에서 "계단을 이용하면 얼마의 칼로리를 소모하고 신체 건강도 몇 년 더 젊어지는 효과를 가집니다"라는 문구를 본다면, 대부분의 사람은 계단을 이용하고 싶어질 것입니다. 본인의 건강을 증진시키는 만족감, 전기에너지를 절약하는 효과, 정말 몸이 불편한 환자들 위주로 보다 수월하게 병원 승강기가 사용될 수 있는 장점 등을 동시에 달성할 수 있는 이 병원 계단은 성공적인 넛지 디자인입니다.

이번에는 도시 환경 디자인을 통해 도시 안전 개선에 기여하는 사례를 소개합니다. 도시범죄학자들과 도시환경설계 전문가들은 도시의 어두운 환경을 밝게 바꿔서 범죄를 예방하는 것을 셉테드^{CPTED}라고 부릅니다. 셉테드는 범죄의 심리를 역이용한 도시 환경 설계 기법 **Crime Prevention Through Environmental Design**의 약자입니다. 범죄 발생의 주요한 특징 중 하나로 범죄에 취약한 물리적 환경에서 범죄가 빈발하거나 집중되고 있음이 오랫동안 지적을 받고 있었습니다. 특히 낡은 건물과 방치된 공폐가, 복잡하고 좁은 골목길, 개별 건물의 부실한 보안설비, 가로등과 CCTV 혹은 비상벨 등이 부족한 방범시설(부적절한 위치 선정), 안전시설에 대한 미흡한 유지 관리 등은 범죄가 심각한 지역에서 공통적으로 확인되는 문제점으로 지적을 받아온 것입니다.

이런 지역의 안전 확보를 위한 기존의 전통적인 대응책은 소위 통치를 통한 것들이었습니다. 예를 들면, 발생한 범죄에 대하여 사후적으로 대응한다거나 경찰 등 형사사법기관 중심으로 대응하는 것이었죠. 하지만 범죄에 사전적으로 대응하고, 경찰 등 형사사법기관이 지자체나 주민들과 공동으로 네트워크를 이루어 대응하면서 지역 환경도 개선할 수 있는 셉테드적 접근이 큰 주목을 받고 있습니다. 특히 전통적 접근인 통치적 대응은 결국 경찰 등 형사사법기관의 인력 확충이 중심이 되면서 인력 확충을 위한 정부예산 편성이라는 경제적 부담이 따르지만, 셉테드적 접근은 마을 환경 개선 비용 정도만 마련하면 가능하다는 점에서 경제적 부담도 상대적으로 크지 않은 장점도 있습니다.

2013년 서울의 한 동네에서 시범사업으로 운영되었던 우리나라 셉테드 사업 사례는 대표적인 성공 사례로 인용되고 있습니다. 원래 어두운 무채색 느낌의 골목길이 따뜻하고 아름다운 느낌의 골목길로 단장되었고, 위급한 상황에 처했을 때 사용하는 비상벨도 적소에 설치함으로써 셉테드 사업을 시작한 지 2년 만에 이 동네의 성범죄 등 중요 범죄는 6.4%, 기타 범죄는 13% 가까이 112 신고 건수가 줄어드는 효과를 낳았습니다.

미국은 1970년대부터 셉테드를 도입하여 범죄 예방에 활용해 왔습니다. 도입 이전만 하더라도 주로 주거지와 상업지, 그리고 학교 주변 등에 주력했지만, 각 도시마다 셉테드가 본격적으로 시행되면서 범죄 예방 효과를 누렸다고 합

적용 전   적용 후

그림 10-4 서울 셉테드 사업 사례[2]

2) "범죄예방 환경개선 정책의 바람직한 방향", 경찰청 생활안전국, 2015, p. 6.

니다. 일례로 보스턴시는 1980년대 초 범죄 예방을 위한 셉테드를 도입하였습니다. 가로등 추가 설치로 밝은 분위기를 연출하였으며, 벽에 있던 낙서는 지우고 밝고 아름다운 풍경을 그렸습니다. 동네 불량배들이 자주 모이는 곳에 화사한 정원도 가꾸었습니다. 이 결과 보스턴시의 절도와 강도, 폭력 등의 범죄 발생률이 20% 이상 감소하는 효과를 거두었다고 합니다.

브라질 리우데자네이루의 **페인팅 프로젝트**나 덴마크 코펜하겐 뇌레브로의 **바나나 파크** 등도 성공적인 셉테드 사례로 평가받고 있습니다. 브라질 리우데자네이루의 빈민촌인 파벨라 지역은 폭력과 마약 등의 범죄들로 가득한 슬럼가였습니다. 주민들은 늘 불안과 공포에 시달렸고, 총과 수류탄으로 무장한 범죄 조직이 은둔해 있어 공권력도 쉽게 진입하지 못하였습니다. 이 어두운 동네에 네덜란드에서 온 두 명의 젊은 아티스트, 예로엔 쿨하스와 드레 유한을 통해 변화의 바람이 시작됩니다. 바로 이들과 마을 주민들이 합심하여 집 벽에 무지갯빛 벽화를 그리면서부터였습니다(〈그림 10-5〉 참조). 이 프로젝트가 완료된 이후, 파벨라 지역의 범죄율은 25% 이상 낮아졌고, 관광객들의 방문과 축제가 이어지면서 밝고 활기 넘치는 마을로 변화될 수 있었습니다.

바나나 파크 프로젝트가 수행된 덴마크 코펜하겐 뇌레브로 지역도 범죄가 끊이지 않는 우범 지대였습니다. 폐가는 불량배들의 아지트가 되었고, 총기사고와 마약 거래가 일상적으로 일어나는 대표 슬럼가였습니다. 그러던 이곳에 바나나 파크라는 이름의 공원이 조성되었습니다. 공원에 노란 바나나 모양의 진입로를 만들고, 이 공원에는 넓은 잔디밭과 농구대, 등반 연습을 할 수 있는 인공 암벽 등이 설치되었습니다. 바나나 파크가 제공하는 밝고 건강한 문화 공간은 이 지역의 분위기를 바꾸었고, 범죄 발생율이 줄고 지역 발전에도 활력을

그림 10-5   브라질 파벨라 페인트 프로젝트

주었다고 합니다.

지금까지 성공적인 넛지 디자인 사례들을 살펴보았다면, 이번에는 그다지 효과를 거두지 못한 넛지 디자인 사례를 소개합니다. 주로 넛지 디자인을 설계한 사람의 과도한 욕심이나 판단 착오로 인해 처음 기대와는 달리 유의미한 효과를 거두지 못한 사례입니다. 첫 번째 비성공 사례로서 국내 기차역 남자 화장실의 소변기를 소개합니다.

아마 이 기차역 관리팀은 네덜란드 스히폴 공항의 소변기 파리 디자인 사례를 학습하여 자신들의 기차역에도 적용한 것 같습니다. 하지만 〈그림 10-6〉을 자세히 보면 스히폴 공항의 소변기 디자인과 약간 다른 점이 있습니다. 바로 파리 이미지가 붙어있는 위치가 다릅니다. 스히폴 공항 소변기의 파리는 배수구 근처에 위치하고 있지만, 이 국내 기차역 소변기의 파리는 훨씬 위쪽에 위치합니다. 아마 파리가 훨씬 위쪽에 위치할수록 사람들이 더 소변기 쪽에 서야 할 것이고, 그러면 소변이 밖으로 튀는 가능성을 더 줄일 수 있을 것이라 기대했던

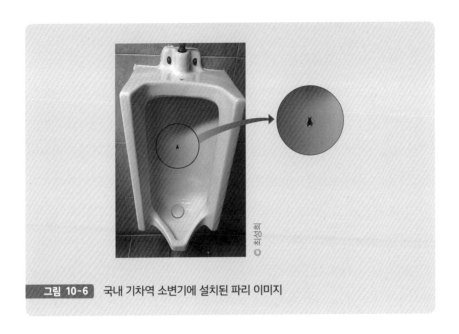

그림 10-6 국내 기차역 소변기에 설치된 파리 이미지

것 같습니다.

하지만 이러한 기대는 기차역 관리팀만의 생각이었을 뿐, 정작 이 소변기를 사용하는 사람의 입장은 전혀 고려하지 않은 짧은 생각이었습니다. 소변기를 사용하는 사람의 시선으로 소변기 앞에 서면, 이렇게 높게 그려진 파리 이미지는 보이지 않습니다. 파리 이미지가 너무 높이 위치해 있기 때문에 정작 사용자 입장에서는 이 파리 이미지가 보이지 않게 되고, 결국 파리를 향한 사용자의 일차원적 심리 자극은 불가능해지고 맙니다.

실제 소변기에 붙이는 파리 스티커 제조업체가 배포한 설명서에서도 배수구 위 약 0.5센티미터 지점이 스티커를 부착하기에 가장 적절한 위치라고 안내하고 있습니다. 기차역 관리팀의 과도한 기대와 사용자의 입장을 고려하지 않은 착오, 그리고 설명서를 제대로 숙지하지 않았던 실수 등이 복합적으로 작용한 대표적인 넛지 디자인 비성공 사례라고 할 수 있겠습니다. 넛지 디자인을 설계할 때, 이 디자인이 적용되는 대상자들의 입장을 고려해야 한다는 가장 기본 중의 기본 조건을 일깨운 사례이기도 합니다.

두 번째 비성공 사례는 일본의 운전면허시험장 대기자 안내 디자인입니다. 〈그림 10-7〉과 비슷한 발바닥 그림이 면허를 갱신하기 위한 창구 앞쪽 바닥에 붙어있었습니다. 시험장 관리팀은 대기 중인 방문자들에게 친근하고 편리한 서비스를 제공하는 차원에서 이렇게 발바닥 그림을 붙여서, 이 그림 위에 서서 자신의 차례가 오기를 기다리라고 유도하고 있습니다. 보통 발바닥이나 발자국 이미지는 그 위에 설 것을 암묵적으로 전달하는 이미지로 널리 사용되는 점을 이용한 것이었죠. 하지만 디자인은 예상 효과를 만들어 내지 못했습니다. 대기자들은 그 발바닥 이미지 위가 아닌 옆에 서서 자기 순서를 기다리고 있었습니다. 오히려 발자국 이미지 공간은 못 쓰는 비효율 공간이 되어버리고, 옆 창구 대기자들과 비좁은 공간 배분을 해야만 하는 더욱 안 좋은 상황을 만들어 버

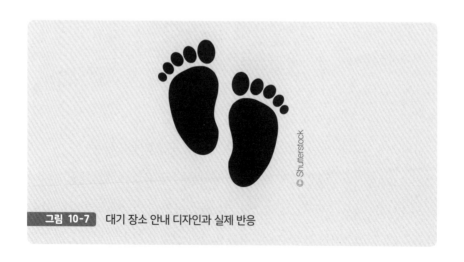

그림 10-7 대기 장소 안내 디자인과 실제 반응

린 것입니다.

왜 대기자들은 발바닥 이미지 위에 서있지 않았을까요? 바로 이 발바닥 그림이 누군가가 손수 정성스럽게 그린 것처럼 보였고, 이렇게 손수 그린 그림 위에 내가 서는 것이 괜스레 꺼려졌기 때문입니다. 이 발바닥 넛지 디자인이 의도와는 달리 효과가 없었던 근본적 원인도 바로 디자인 설계자가 디자인이 적용되는 대상자의 입장에서 생각하고 이해하는 것에 실패했기 때문입니다. 넛지 디자인은 반드시 그 디자인이 적용되는 대상자들의 입장에서 철저히 이해하고 설계되어야 한다는 점, 이것이 가장 중요하다는 것을 잊지 마시기 바랍니다.[3]

추측건대 발자국 이미지를 그냥 단순한 일러스트 스티커로 만들어 바닥 위에 붙였더라면, 대기자들이 그 스티커 위에 서있을 수도 있지 않았을까 하고 생각해 봅니다.

세 번째 비성공 사례는 우리나라에서도 시도되었던 에너지 절약을 유도하는 이웃비교정보 디자인입니다. 사실 이웃비교정보 디자인은 미국의 OPOWER라는 기업에서 〈그림 10-8〉과 같은 디자인을 전기요금 고지서에 삽입하면서 시작되었습니다. OPOWER는 지난달의 나의 전력 사용량이나 요금을 나와 비슷한 소득으로 살고 있는 주변 이웃들과 비교할 수 있는 정보를 보냅니다. 예를 들어 "당신은 지난달 시간당 504킬로와트를 사용하였고, 당신의 이웃 중에서도 나름 효율적으로 절약한 이웃들만 추려서 평균을 내면 596킬로와트를 사용하였고, 전체 이웃 평균은 1092킬로와트였습니다… 당신의 전력 사용량은 'Great'입니다"라면서 스마일 2개를 꽝꽝 찍어서 보내줍니다. 심지어 "지난달

---

3) 마쓰무라 나오히로, 행동을 디자인하다, 우다혜 역, 로고폴리스, 2017.

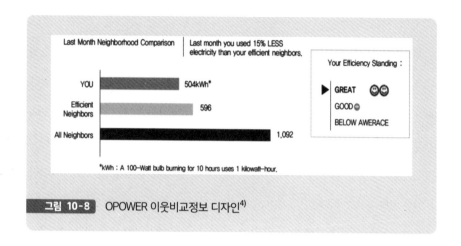

그림 10-8 OPOWER 이웃비교정보 디자인[4]

당신은 효율적으로 절약한 이웃들보다도 15%나 적게 전력을 사용했습니다"라는 구체적인 성과 수치도 알려줍니다.

미국에서 이 디자인은 큰 에너지 절약 효과를 발휘했습니다. 이 디자인이 적용된 고지서를 받은 사람들은 최대 6% 전력 소비 감소를 이루었으며, 평균적으로 약 2%의 절약 효과를 낳았다고 합니다. 2013년 2월 말까지 계산한 결과, 이 디자인을 제공받은 모든 사람이 총 2억 달러 이상 에너지 절약 효과를 달성하였습니다.[5]

사람들이 이웃비교정보에 반응하는 이유는 그것이 바로 사회적 규범을 작동시켰기 때문입니다. 사회적 규범 효과는 우리가 앞서 배웠던 사회적 선호와 일맥상통하는 인간의 선호 현상입니다. 에너지 소비를 단순히 내가 필요해서 내

4) H. Allcott, "Social norms and energy conservation", *Journal of Public Economics*, 95(9~10), 2011, p. 1084.

5) https://slate.com/technology/2013/03/opower-using-smiley-faces-and-peer-pressure-to-save-the-planet. html

마음대로 써도 되는 개인적 소비의 대상으로 해석하는 것이 아니라 나와 이웃, 사회적 존재인 인간들이 서로가 감안해서 소비하는 대상으로 생각하는 것입니다. 마치 제도화된 법칙이 아니지만 우리 사회에 통용되는 규범이 있으면 따라야 하는 규칙들이 있는 것과 같습니다.

우리는 앞 차가 출발하지 않을 경우 경적을 울리면서 빨리 가라고 하지 않고 잠시 동안 조용히 기다려 줍니다. 또한 보행자 건널목 신호등이 빨간색으로 바뀌어 자동차가 갈 수 있어도, 건널목에 사람이 건너고 있으면 그 사람을 치고 가지 않고 보행자가 완전히 건널목을 지나갈 때까지 기다려 주지요. 지하철과 같은 공공장소에서 아무리 반가운 사람이 휴대전화로 아주 오랜만에 연락이 와도, 우리는 다른 사람에게 피해가 가지 않도록 조용히 받거나 아니면 나중에 전화하겠다고 하고 일단 공공장소에서는 전화를 끊습니다. 이런 것들이 사회적 규범입니다. 법으로 문서화된 제도는 아니지만, 성숙된 민주시민들이 서로 합의하고 지켜나가는 일종의 규칙이지요.

나하고 동일한 소득 수준의 이웃들이 전기를 평균적으로 100 쓰는데 나는 그 두 배인 200을 쓴다? 그러면 '내가 지금 사회적 평균 수준보다 더 많이 쓰는구나. 내가 사회적 평균 수준에 맞추어 좀 줄여야겠구나. 혹시 내가 낭비하고 있는 것은 아닌가' 하고 다음 달에는 전력 소비를 줄이도록 노력하는 것이 사회적 규범에 반응하려는 인간의 심리입니다. 우리는 인간이 자신의 이익과 효용 극대화만 추구하는 것이 아니라 사회적 선호, 상호의존적 선호 성향이 있다는 것을 이미 학습했습니다. 사회적 규범에 반응하려는 인간의 의사결정 행동이 바로 이 사회적 선호에 반응하려는 인간의 의사결정 행동과 상통하는 것입니다.

이렇게 간단한 이웃비교정보 디자인을 받아본 사람들이 좀처럼 고치기 어렵다는 에너지 소비 성향을 바꾸고 결국 에너지 절약 행동으로 귀결된다는 미국의 사례를 지켜본 우리나라도, 2011년 서둘러 이 디자인 사업을 국내에 도입합니다. 2011년 당시 대대적인 언론 보도를 통해 이 사업의 주관기관이던 지식경제부(현 산업통상자원부)가 큰 기대를 걸고 있음을 확인할 수 있습니다. 2011년 2월 서울 방배동의 한 아파트 600세대를 대상으로 벌인 시범사업을 나름대로 성공적으로 평가하고, 지식경제부는 이 넛지 디자인이 포함된 전기요금 고지서를 전국적으로 확산시킬 계획을 세웠습니다. 당시 에너지관리공단(현 한국에너지공단)이 이웃비교정보 넛지 디자인 사업의 주관기관으로 나서면서, 2012년 32만 세대에 제공되는 이 넛지 디자인 고지서를 2017년까지 무려 15배가 넘는 500만 세대까지 확장하는 도전적인 계획을 세웁니다.

하지만 도전적인 기대와는 달리, 우리나라의 이웃비교정보 효과는 유의미하게 나타나지 못했습니다. 2012년 사업 시작 이후 만 3년이 지난 2016년 당시 실제 한 대형 아파트 단지에 전달된 이웃비교정보 디자인은 〈그림 10-9〉와 같습니다. 〈그림 10-9〉는 2016년 당시 한 대형 아파트 단지의 전기료 및 관리비 월청구서입니다. 청구서의 왼쪽 하단에 위치한 반원 다이어그램과 글자들이 바로 이웃비교정보입니다. OPOWER가 전달한 디자인과는 달리 시선을 잘 끌지 못하고 있습니다. 이웃비교정보 디자인이 다른 많은 정보에 묻혀있어서 시선을 끌지 못할뿐더러, 위치 역시 왼쪽 하단에 있다 보니 일반적으로 시선이 잘 가지 않습니다. 거주자들을 대상으로 시선 추적 실험을 수행하였더니 이 이웃비교정보는 사람들의 시선을 거의 끌지 못했습니다. 또한 거주자들을 대상으로 인터뷰도 수행하였는데, 대다수의 거주자는 자신의 전기요금 고지서에 이런 이웃비교정보가 제공되는지조차 모르고 있었습니다. 더욱 흥미로운 점

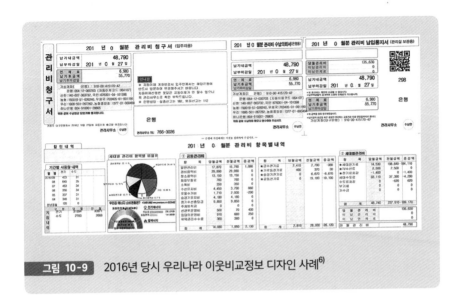

그림 10-9 2016년 당시 우리나라 이웃비교정보 디자인 사례[6]

은 설사 이웃비교정보를 보았을지라도, 자신의 에너지 소비가 바뀌지 않을 것 이라는 답변이 상당히 많았습니다. 이는 미국 사례와 달리 대한민국의 에너지 소비자는 사회적 규범에 반응하지 않는다는 점을 시사합니다. 즉 에너지 소비 에 대한 의사결정이 개인적 선호에 의존하며, 사회적 선호가 거의 영향력을 행 사하지 않음을 의미합니다. 사회적 규범에 의해 개인의 에너지 소비가 영향을 받지 않는다면, 이웃비교정보 넛지 디자인은 아무리 시선을 끄는 매력적인 디 자인으로 만들지라도 에너지 절약을 유도할 가능성이 매우 낮습니다. 디자인 설계라는 기술적 대안보다 사회적 규범에 반응하는 공동체 문화 형성이 우선 되어야 합니다. 우리나라 이웃비교정보 넛지 디자인의 효과는 두 편의 다른 연

---

6) S. Choi, S. Hwang & A. Denzau, "Do Households Conserve Electricity When They Receive Signals of Greater Consumption than Neighbours? The Korean Case", *Energy*, 225(15), 2021, p. 5.

구에서 더욱 자세하게 다루고 있습니다.[7]

마지막으로 성공적인 넛지 디자인과 비성공적인 넛지 디자인을 구별하는 기준을 소개하겠습니다. 마쓰무라 나오히로가 행동을 디자인하다(2017)라는 저서에서 제시한 세 가지 기준으로서, 첫 번째 기준은 공평성Fairness입니다.[8] 넛지 디자인은 그 누구에게도 불이익을 주면 안 됩니다. 넛지 디자인으로 사람을 속여서 불쾌감이나 불이익을 당했다는 느낌을 주면 안 됩니다. SNS나 온라인 뉴스, 특히 인터넷 스포츠 뉴스 사이트에 이런 유형의 광고가 많이 나옵니다. 마치 쉽게 해결할 수 있는 단순한 게임 광고가 팝업창으로 나오는데요. 이 게임 팝업창은 보는 이에게 게임의 흥미로움을 유발하고 또 무료로 이용하는 것처럼 보여서 시선을 잡는데, 이런 도발적인 문구도 함께 나옵니다. "대다수가 이 게임을 깨지 못합니다." 순간, 그럼 내가 한번 도전해 볼까 하고 그 팝업창을 클릭하면, 바로 유료 게임으로 넘어가면서 또 다른 게임 팝업창들이 엄청나게 많이 나옵니다. 전형적인 미끼 광고 디자인이지요.

이 게임 회사는 누리꾼들의 마음을 유혹하는 데는 성공했지만, 대다수가 불쾌감을 느끼게 만든 디자인입니다. 한때 많이 보였는데, 사람들의 불쾌감에 외면을 받았는지 최근에는 거의 눈에 띄지 않더군요. 공평성이 없는 나쁜 넛지 디자인 사례입니다. 반면 앞서 소개해드렸던 깊은 쓰레기통 소리 디자인이나 스

---

7) S. Choi, S. Hwang & A. Denzau, "Do Households Conserve Electricity When They Receive Signals of Greater Consumption than Neighbours? The Korean Case", *Energy*, 225(15), 2021. 그리고 S. Choi, "Does Salience of Neighbor-Comparison Information Attract Attention and Conserve Energy? Eye-Tracking Experiment and Interview with Korean Local Apartment Residents", *Information*(Switzerland), 12(3), 2021, p. 125.

8) 마쓰무라 나오히로, 행동을 디자인하다, 우다혜 역, 로고폴리스, 2017.

히폴 공항의 파리 이미지 소변기는 공평성이 확보된 디자인입니다. 즉 사용자에게 전혀 불쾌감을 주지 않으면서 재미를 선사하는 디자인입니다.

나오히로가 제시한 두 번째 기준은 유도성^{Attractiveness}입니다. 자연스러운 관심을 유도하도록 디자인이 설계되어야 한다는 뜻입니다. 지나친 강제성이 수반되면 위의 공평성에 위배될 수 있음을 유의해야 합니다. 대상자에게 억지로 사용하게 만들면 긍정적인 효과보다 부정적인 효과가 더 커집니다. 예를 들어 우리가 온라인으로 어떤 제품을 살 때 할인 혜택이 있다고 일단 온라인 회원가입부터 하라는 팝업창이 뜰 때가 있습니다. 그래서 온라인 회원가입을 하게 되면, 꼭 과도한 개인 정보 제공이나 향후 마케팅 광고 허락 조건에 응해야 가입될 때가 있습니다. 마케팅 광고 허락을 강제로 요구받다 보면, 나중에 마케팅 광고가 오는 것도 썩 내키지 않을뿐더러 내가 이렇게까지 해서 할인 혜택을 받아야 하는가 하고 온라인 회원가입을 포기하고픈 마음이 들기도 합니다. 이런 사람들이 결국 변심하여 회원가입도 안 하고 할인 혜택도 안 받고 그 제품 구매를 포기하면, 그 제품을 판매하는 기업은 당장 매출도 떨어지고, 중장기적으로 기업 이미지도 나빠져서 미래의 잠재 고객까지 놓치게 됩니다.

나오히로가 제시한 세 번째 기준은 목적의 이중성^{Duality of Purpose}입니다. 행동 디자인을 설정하는 설계자 쪽과 그 설정에 따라 움직이는 쪽(디자인 대상자)이 가능한 한 서로 다른 목적을 가지게 하는 것이 중요하다는 뜻입니다. 앞서 예로 든 폭스바겐의 **세상에서 가장 깊은 쓰레기통**은 이러한 목적의 이중성이 잘 녹아든 설계입니다. 쓰레기통을 설계한 쪽은 공원과 길거리 환경 개선 관리가 주목적이지만, 디자인 대상자의 입장, 그러니까 보행자의 입장에서는 쓰레기를 그 쓰레기통에 버리는 즐거움이나 신기함을 느끼는 것이 주목적입니다.

이 세 가지 기준이 넛지 디자인에 얼마나 잘 반영되었는지 아니면 부족하게 반영되었는지, 그래서 사람들이 이 넛지 디자인을 통해 얼마나 **편익**을 느끼는지 아니면 **부담**을 느끼는지에 따라 넛지 디자인은 강력한 효력을 발휘하기도 하고 매우 약한 효력을 발휘하기도 합니다. 넛지 디자인으로 어떤 행동을 바꿔야 할 때 요구되는 부담이 그 어떤 행동으로 바꿔야 할 때 발생하는 편익보다 크다면 사람들은 그 넛지 디자인으로 행동을 바꾸려 하지 않을 것입니다. 반대로, 넛지 디자인으로 어떤 행동을 바꿔야 할 때 요구되는 부담보다 그 어떤 행동으로 바꿔야 할 때 발생하는 편익이 더 크다면 사람들은 그 순편익을 누리기 위해 넛지 디자인으로 행동을 바꾸려고 할 것입니다.

여기서 말하는 편익이란 넛지 디자인이 가져오는 기쁨, 즐거움, 기대, 성취감 같은 주관적 감정이라고 말할 수 있습니다. 예컨대 피아노 계단의 경우, 밟으면 소리가 날지도 모른다는 기대와 실제로 소리가 날 때 생기는 즐거움은 승강기를 이용하지 않고 이 피아노 계단을 선택하게 되는 편익이 되겠습니다. 그리고 파리 이미지 소변기의 경우, 파리 디자인을 표적처럼 생각하고 맞췄다는 성취감을 편익이라고 말할 수 있겠습니다.

넛지 디자인의 부담은 넛지 디자인에 유도되어 행동을 했을 때 요구되는 체력적·시간적·비용적 부담을 말합니다. 예를 들면 피아노 계단 옆에는 승강기가 함께 설치되어 있는데, 승강기를 이용하는 대신 피아노 계단을 밟고 올랐을 때 발생하는 신체적·시간적 부담이 있을 것입니다. 만약 계단을 올라가는 행동을 선택했을 때, 이렇게 발생한 부담이 피아노 계단을 밟음으로써 나오는 적절한 편익(즉 만족감)을 압도한다면 이 피아노 계단은 사람들로부터 외면을 받는 성공적이지 못한 넛지 디자인이 될 것입니다.

나오히로는 넛지 디자인이 제공하는 편익과 부담을 접촉빈도에 따라 〈그림 10-10〉의 그래프와 같이 표현하였습니다. 아무리 좋은 넛지 디자인이라도 자꾸 접할수록 흥미와 만족감은 떨어지기에 편익 곡선은 접촉빈도에 따라 우하향하게 그려질 수 있습니다. 그러나 넛지 디자인에 대한 부담은 접촉빈도에 영향을 받지 않으므로, 이렇게 접촉빈도가 1회이든 100회이든 일정한 부담을 가지는 것으로 표현합니다. 그림 수평선과 같은 직선으로 그려질 수 있습니다. 따라서 오랫동안 사랑받는 넛지 디자인이 되기 위해서는 편익의 하락 정도가 약해야 합니다. 즉 편익 곡선의 기울기가 완만할수록 좋은 넛지 디자인이 될 수 있습니다. 반면, 부담 곡선은 0에 가까울수록 좋은 넛지 디자인이 될 것입니다.

정부의 새로운 정책이나 기업의 새로운 경영 전략이 그 효과를 발휘하기 위

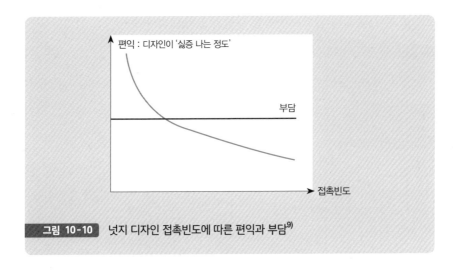

그림 10-10 넛지 디자인 접촉빈도에 따른 편익과 부담[9]

---

9) 앞의 책(2017), p. 82.

해서는 정책이나 전략의 피대상자들의 협조가 필요합니다. 하지만 사람들의 행동은 관성의 법칙에 따라 기존의 행동을 유지하려고 하지, 새로운 정책이나 경영 전략이 요구하는 행동으로 바꾸기가 쉽지 않습니다. 지금까지 대부분의 정책결정자나 기업 최고경영자는 자신의 정책이나 전략의 효과를 거두기 위해서 사람들에게 정책과 전략이 요구하는 행동을 하도록 강요하는 방식을 사용해 왔습니다. 세금이나 벌금, 기업 조직의 성과 점수 같은 제도가 그런 강요적 방식입니다. 하지만 세금이나 벌금, 성과 점수 체계를 설계하는 작업에도 큰 비용이 들어갑니다. 누구한테 어떤 행동을 했을 때 얼마를 매겨야 하는지, 그리고 매겨진 그 세금이나 벌금 규모가 얼마나 될지 모두 계산하는 작업에도 막대한 시간적·금전적 비용이 필요합니다. 넛지 디자인은 비용이 상대적으로 적게 들어가면서도 사람들의 1차 인지 시스템이 반응하도록 설계되었기에 저비용 고효율의 정책 목적 달성도가 높은 정책 보조 수단입니다. 앞으로 넛지 디자인을 활용한 정부 정책 설계와 기업 전략 설계가 더욱 활성화될 것으로 기대됩니다. 독자 여러분들도 자신만의 독창적인 넛지 디자인을 설계해서 여러분의 각자 일상뿐만 아니라 주변 공동체의 일상이 더욱 즐거워질 수 있는 계기를 마련해 보면 어떨까요?

제**11**장

편견과 혐오에
대한 이야기

세계 곳곳에서 특정 계층의 사람들에 대한 반감이 심해지고 있습니다. 이들 특정 계층은 주로 저소득층이나 이민자, 성소수자와 같은 사회적 약자들입니다. 2016년 미국 대선 당시 "저소득 이민자들은 미국의 일자리를 가로챌 뿐만 아니라, 백인 사회를 위협하는 범죄자이고 강간범"이라는 말이 서슴없이 나오기도 했습니다. 하버드대학교 알베르토 알레시나 교수 연구팀이 수행한 설문조사에 따르면, 미국인들은 미국 내 이민자의 수를 실제보다 크게 추정하고, 그들의 교육 수준은 과소평가하며, 그들의 정부 보조금 수급 여부는 과대평가하고 있었습니다.[1]

우리나라 역시 이주민에 대한 부정적 인식이 만연되어 있는 것으로 조사됩니다. 외국인 이주민 인구는 실제보다 2배 이상, 외국인 범죄율은 실제보다 3배 정도 과대추정하고 있으며, 특히 중국 동포에 대한 부정적 인식이 다른 이주민 집단에 비해 강하다고 보고되었습니다.[2]

이민자와 같은 사회적 약자에 대한 편견과 혐오의 행동은 분명 이성적이지 않습니다. 오히려 사실에 기반을 두지 않는 지극히 감정적인 의사결정 행위입니다. 더욱 흥미로운 점은 사실을 알지 못하는 사람일수록 더욱 강한 편견과 혐오를 가지고 있는 것입니다. 미국의 조사에 따르면, 이민자에 대한 적대감이 오히려 이민자의 수가 적은 주State에서 더욱 크게 나타난다고 합니다. 소위 **잘 알지도 못하면서 미워하는** 인간의 심리가 적나라하게 드러나는 조사 결과입니다.

미국 내 이민자에 대한 반감은 트럼프 대통령 당선 이후 더욱 심화되었다

---

1) A. Alesina, A. Miano & S. Stantcheva, "Immigration and Redistribution", National Bureau of Economic Research Working Paper, 24733, 2022.
2) 최정윤, 김성훈, 최승주, "한국인의 이주민에 대한 인식 및 정책 선호", 한국경제포럼, 14(3), 2021.

고 많은 전문가가 우려의 목소리를 냅니다. 벌스틴 연구팀은 트럼프 대통령 당선 이후 저소득 국가 출신의 이민자에 대한 적대감이 더욱 노골적으로 드러나는 상황을 실험을 통해 발견합니다.[3] 공화당 성향이 매우 강한 8개 주(앨라배마 등)에서 참가자를 모집한 후 이들을 두 개의 그룹(A/B)으로 분류해 놓습니다. 이 두 그룹에게 반이민자 단체에 돈을 기부하도록 금전적 인센티브를 제공하였습니다. 반이민자 단체란 이민자들을 싫어하고 이민자들이 미국에서 사는 것을 어렵게 만드는 단체라고 생각하시면 되겠습니다. 연구팀은 참가자가 온라인상으로 반이민자 단체 기부에 동의하면 그를 대신해 연구팀이 반이민자 단체에 1달러를 기부하고, 또 추가로 그 기부 동의자에게 50센트를 주겠다고 했습니다. 즉 반이민자 단체에 기부를 유도하도록 금전적 인센티브를 설계한 것입니다. 단, A그룹에 속한 참가자에게는 "당신의 기부 결정 여부는 당신 이외에는 아무도 모를 것"이라고 알려줍니다. 하지만 B그룹에 속한 참가자에게는 "당신이 기부 결정을 하고 난 후 연구팀 중 한 명이 그 기부 결정을 확인하기 위해 따로 당신에게 연락할 수 있다"라고 알려줍니다. 그러니까 B그룹에 있는 사람들은 자신의 결정을 적어도 자신 이외의 누군가 한 명이 알게 되고 이 결정에 대해 그와 이야기도 나눌 수 있음을 인지한 것입니다.

이 실험을 2016년 대선 이전과 대선 이후에 각각 수행하였습니다. 결과는 다음과 같습니다. 대선 이전에 수행되었던 실험에서는, B그룹(내가 반이민자 단체에 기부하는 것을 남이 알고 있는 경우)이 A그룹(반이민자 단체에 기부하는

3) L. Bursztyn et al., "From extreme to mainstream : The erosion of social norms", *American Economic Review*, 110(11), 2020, pp. 3522~3548.

것을 나만 알고 있는 경우)보다 반이민자 단체에 기부하기로 결정할 가능성이 현저하게 낮았다고 합니다. A그룹은 54%가 기부하였지만 B그룹은 34%가 기부했다고 하네요. 같은 보수 성향의 공화당 지지자라도, 반이민자 단체에 기부했다는 사실을 나 말고 다른 사람이 알게 된다면 기부가 상대적으로 위축된다는 것을 의미합니다. 하지만 트럼프가 대통령에 당선된 이후 수행한 실험에서는 B그룹과 A그룹 간의 차이는 거의 사라졌습니다. 다시 말해서 반이민자 단체에 기부하는 것을 나 말고 남이 알 수 있을 것이라고 인지했던 B그룹 기부자들의 수가 눈에 띄게 증가하였다고 합니다. 반이민자 정책을 전면에 내세운 트럼프가 대선에서 승리하면서, 이민자들을 반대했던 기존의 보수 성향 미국인들을 조심하도록 만들었던 사회적 규범Social Norm이 쇠퇴Erosion해 버린 것이지요. 트럼프의 대통령 당선이 몇몇 미국인들로 하여금 이민자에 대해 적대적인 견해를 가지고 있음을 남들이 알아도 **전혀** 개의치 않는 상황을 만들어 버렸습니다.

특정 계층에 대한 반감과 혐오는 인간에 내재된 근본적 심리 현상이지만, 사회지도자들에 의해 그 사회 내 반감과 혐오는 증폭되기도 하고 조정되기도 합니다. 벌스틴 연구가 바로 정치지도자에 의해 증폭되는 현실을 잘 묘사하고 있습니다.

혐오 공급자들은 혐오 스토리를 생산합니다. 사회적 약자에 대한 복지 프로그램을 반대하는 정치인은 수혜자 집단을 혐오하게 하는 스토리를 생산합니다. 혐오 스토리 생산을 통해 혐오 공급자들은 이득을 취합니다. 정치인이라면 권력을 얻을 수 있고, 정치행정가라면 정책집행력을 얻을 수 있으며, 교육적·종교적 지도자들도 혐오 스토리를 만들어 자신들의 권위와 입지 강화에 이용합니다.

어떤 사람들은 특정 그룹에 반감과 적대감을 가지는 행동이 단순히 혐오 공급자가 만들어 낸 혐오 스토리에 감정적으로 반응하는 행동이 아니라고 주장합니다. "내가 얼마나 이성적이고 합리적인 인간인데, 그런 혐오 스토리에 단순히 감정적으로 반응하겠느냐? 나도 다 근거를 가지고 특정 그룹에 대해 이성적이고 합리적으로 반감을 가지는 것이다"라고 말이지요. 이런 사람들이 주장하는 나름대로의 이성적이고 합리적인 근거 혹은 이유는 바로 통계적 근거입니다. "특정 그룹의 사람들이 통계적으로 이런 문제를 일으켜 왔으니, 그 통계적 결과에 따라 반감을 가질 수밖에 없다"라는 논리이지요. 일견 이성적이고 합리적인 이유인 듯 보이지만, 많은 경제학자들은 이를 **통계적 차별**이라고 지적합니다. 노벨경제학상을 수상한 아브히지트 바네르지와 에스테르 뒤플로는 **힘든 시대를 위한 좋은 경제학**(2020)을 통해 이 통계적 차별에 대하여 자세한 설명을 해주고 있습니다.[4] 바네르지와 뒤플로는 미국의 범죄자 중에서 흑인이 많다는 통계적 사실이 미국 경찰이 흑인 운전자를 더 자주 불러 세우는 것을 정당화하는 배경으로 작동되고 있음을 지적합니다. 이 통계적 차별은 결코 통계적 사실을 올바르게 적용시킨 행동이라고 평가할 수 없습니다. 왜냐하면 통계적 사실이 인간이 올바른 추론으로 귀결되는 것을 보장하는 역할을 하는 것이 아니라, 특정 집단에 대한 불신과 혐오가 통계적 사실을 근거로 하여 올바르지 않은 추론으로 귀결되도록 오도하기 때문입니다. 특정 집단에 대한 불신과 혐오가 통계적 사실을 근거로 올바르지 않은 추론으로 귀결되어 나타나는 행동(이하 **통계적 차별**)들은 해외 토픽 뉴스를 통해 종종 목격됩니다.

미국 경찰이 교통 단속 중 흑인 미군 장교에게 최루액을 뿌리고 강압적 대응

---

4) 아브히지트 바네르지, 에스테르 뒤플로, 힘든 시대를 위한 좋은 경제학, 김승진 역, 생각의힘, 2020.

을 한 일이 벌어져 국내외적으로 많은 주목을 받았던 뉴스가 있습니다. 당시 상황에 대한 경찰의 주장은 다음과 같습니다. 흑인 장교는 번호판 없는 차를 운전하였으며, 차를 세우라는 경찰의 명령을 따르지 않고 약 2킬로미터를 달렸기 때문에 최루액을 뿌리고 강제 대응을 할 수밖에 없었다고 합니다. 하지만 결국 번호판이 없는 것이 아니라 임시번호판을 단 새 차였으며, 흑인 장교는 차를 세우라는 경찰의 요구를 들었지만 주위가 밝은 곳에 세우기 위해 바로 세우지 않고 주유소까지 차를 몰았던 사실이 밝혀지면서 이 흑인 장교는 곧 무혐의로 풀려납니다. 이 뉴스에 나오는 경찰은 일반 번호판을 달지 않은 차를 운전하는 흑인들 중 범죄자가 많다는 통계를 가지고 이 흑인 장교가 범죄자일 것이라 강하게 추측했을 것입니다. 그리고 경찰 스스로는 이 판단이 합리적이고 과학적인 근거에서 이루어졌다고 생각하기에(통계적 차별이라고 생각하지 않고), 비록 미국 육군 장교 제복을 입고 있는 흑인일지라도 "전기의자에 앉힐 것"이라는 위협과 최루액 살포와 강압적 연행까지 감행했던 것입니다. 이 사례를 통해 증명되듯, 통계적 사실이 인간이 올바른 추론으로 귀결하는 것을 보장하지 않습니다. 오히려 특정 집단에 대한 불신과 혐오가 통계적 사실을 근거로 하여 올바르지 않은 추론으로 귀결되도록 오도할 수 있다는 통계적 차별 행동이 더욱 명확하게 드러날 뿐입니다.

때로는 자신에 대한 뿌리 깊은 열등감이 자신과 자신이 속한 집단에 대하여 편견과 차별을 실현시키기도 합니다. 이를 **자기실현적 차별**이라고 합니다.[5] 보

---

5) 원어로는 Discrimination as a Self-Fulfilling Prophecy이다. 힘든 시대를 위한 좋은 경제학(2020)에서는 '자기강화적 차별'로 표현되기도 하였다.

다 정확한 이해를 돕기 위해 자기실현적 차별을 주제로 하는 대표적 실험 연구 세 개를 소개합니다.

첫 번째 실험 사례로서, 클로드 스틸과 조슈아 애런슨은 백인과 흑인 학생을 대상으로 과제 풀기를 실험하였습니다.[6] 과제 풀기의 목적이 단순히 실험용 문제 풀기 과제라고 이야기하면, 흑인과 백인 학생 간 성과 차이(점수 차이)는 거의 나지 않았다고 합니다. 그런데 똑같은 과제 풀기 실험임에도 이번에는 그 목적을 **지능 테스트**라고 말해주면, 흑인 학생이 백인 학생보다 현저히 낮은 점수를 기록하였습니다. 흑인 학생들이 자기 스스로에게 "나는 지능이 그렇게 좋지 못하지"라는 차별을 발동시켜 동일한 과제임에도 **지능 테스트**가 목적이었던 과제는 낮은 점수를 기록하게 된 것입니다.

두 번째 대표 실험 연구로서, 애런슨 연구팀은 1999년 실험에서 수학을 전공하는 백인 남성 대학생 중에서도 대입시험과목에서 수학 성적이 특히 좋았던 학생들을 모집했습니다.[7] 이렇게 모집된 학생들은 나름대로 자신의 수학 실력에 매우 자신감을 가지고 있는 학생들이었습니다. 이들에게 수학 문제를 풀게 하면서, 이 문제 풀이의 목적이 **아시아인이 왜 수학시험을 잘 보는지 알아보는 테스트**라고 알려주자, 수학 실력이 아주 우수했던 백인 수학 전공생들의 시험 점수가 낮아지는 경향이 발견되었습니다. 스스로 수학을 잘한다고 생각한 학생들에게 이 문제가 수학 잘하는 아시아인들을 대상으로 하는 문제라고 알려

---

6) C. Steele & J. Aronson, "Stereotype Threat and the Intellectual Test Performance of African Americans", *Journal of Personality and Social Psychology*, 69(5), 1995, pp. 797~811.

7) J. Aronson et al., "When White Men Can't Do Math : Necessary and Sufficient Factors in Streotype Threat", *Journal of Experimental Social Science*, 35(1), 1999, pp. 29~46.

주자, 갑자기 '아~ 나는 아시아인들보다는 수학을 그렇게 잘하지는 못하지'라고 생각하는 자기 스스로의 차별이 발동되어 나타난 결과로 해석됩니다.

마지막 세 번째 실험 연구로서, 글로버 연구팀은 아프리카 출신 직원들이 감독관이 누구냐에 따라 업무 성과가 달라지는 상황을 포착하였습니다.[8] 아프리카인에 대해 편견을 가진 감독관이 배정되는 날에는 아프리카 출신 직원들의 결근이 많아졌고, 결근을 하지 않은 아프리카 출신 직원들은 평상시보다 바코드를 더 느리게 스캔하고 고객을 응대하는 시간도 오래 걸렸다고 합니다. 반면 비아프리카 출신 직원들은 감독관이 누구이냐에 따라 업무 성과와 결근에 차이가 발생하지 않았는데요. 이는 아프리카 출신 직원들이 아프리카인에 대한 비호감을 가지고 있는 감독관으로 인해 스스로를 비호감적이라고 믿어버리고, 스스로에 대한 비호감은 근로 욕구를 떨어뜨려 업무 성과가 낮아지게 되고, 결국에는 아프리카인인 자신에 대한 차별과 편견이 공고해지는 상황으로 계속해서 이어지는 것입니다. 마치 〈그림 11-1〉처럼, 막연하게 예상되었던 타인의 편견이 자신에게 믿음으로 받아들여지면서 실제 현실에서 그 믿음이 발현되고, 자신이 스스로 발현시킨 편견 예상이 저조한 성과에 영향을 주면서 결국 자신에 대한 차별이 만연화되는 구조를 가지며 악화되는 것입니다.

마키아벨로 외 3인의 2020년 연구는 자기실현적 차별과 통계적 차별이 종합된 현상을 묘사합니다.[9] 방글라데시에서 작업 감독이 되기 위한 교육을 받은

---

8) D. Glover, A. Pallais & W. Pariente, "Discrimination as a Self-Fulfilling Prophecy : Evidence from French Grocery Stores", *Quarterly Journal of Economics*, 132(3), 2017, pp. 1219~1260.

9) R. Macchiavello et al., "Challenges of Change : An Experiment Training Women to Manage in the Bangladeshi Garment Sector", National Bureau of Economic Research Working Paper, 27606, 2020.

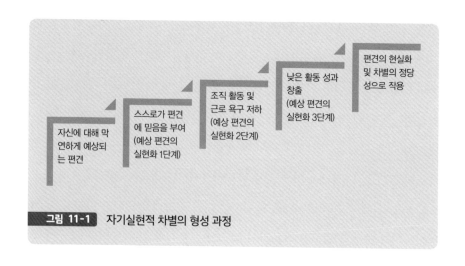

그림 11-1 자기실현적 차별의 형성 과정

여성 노동자들은 리더십과 실무 능력에 대하여 객관적인 평가에서 남성과 동일한 능력이 있는 것으로 확인되었습니다. 하지만 그들의 감독을 받게 된 노동자들은 여성 감독을 덜 유능하다고 생각하였고 여성을 감독관으로 덜 선호하였습니다. 그러자 실제 여성 감독이 이끄는 작업팀의 성과는 더 낮게 나오게 됩니다. 이러한 결과는 여성 감독은 리더십과 역량이 떨어진다는 편견을 입증하는 증거로 해석되는 **통계적 차별**의 근거가 됩니다. 처음에는 여성에 대한 **부당한** 편견이었던 것이 정작 그 여성들에게는 아무런 잘못이 없었는데도 여성들이 **실제로** 더 무능해지는 결과로 이어지게 된 것입니다. 더욱이 이러한 자기 스스로에게 내린 차별의 결과는 나중에 통계적 차별의 근거로 다시 사용되고, 여성의 무능력에 대한 편견과 선입견이 악순환을 통해 고착화되는 상황으로 전개됩니다.

그러므로 특정 집단에 대한 선입견과 반감을 가지고 혐오의 행동으로 이어지는 인간의 모습은 개인의 합리적 선호의 결과라고 보기 어렵습니다. 냉철한 이성으로 완벽한 합리성을 가진 존재라면 정치지도자의 혐오 표현에 선동되지도 않을 것이며, 통계적 차별이나 자기강화적 차별 같은 행동들도 하지 않겠지요. 하지만 현실에서의 인간에게는 특정 대상을 선호하고 선호하지 않음을 결정하는 과정에서 이성적 요인보다는 감성적 요인이 크게 영향력을 발휘하고 있는 것입니다. 따라서 인간의 감성적이고 불안정적인 선호 결정 시스템은 특정 집단에 대하여 편견과 혐오를 느낄 수 있으며, 자의성을 가지면서 그들로부터 분열을 원하고 그들과 반목하는 행태로 귀결될 수 있습니다. 우리가 자신만을 완벽한 이성 체계를 갖춘 합리주의자라고 생각할수록 오히려 사회 구성원 간 분열과 반목, 갈등이 커질 수 있음을 반드시 명심해야 합니다. 상대방이 완벽한 합리성을 갖추지 못한 부족한 사람이라고만 생각하지 말고, 나를 포함한 인간 모두가 제한된 합리성을 가지고 정서적 요인에 불안정한 선호 체계를 가진 존재라는 인식만 공유하여도 우리 사회의 위험 요소인 반감과 혐오를 줄이는 데 크게 기여할 것입니다.

제**12**장

신뢰에 대한 이야기

신뢰와 경제 발전 : 신제도경제학파

우리는 앞서 신뢰 게임을 통해 신뢰와 관련된 인간의 의사결정을 학습하였습니다. 만약 신뢰 게임의 참여자들이 호모 에코노미쿠스라면, 참여자들의 전략적 행동은 내쉬 균형으로 예측이 가능합니다. 즉 제안자와 수신자 모두 상대방에게 아무것도 주지 않는 결정이 가장 합리적인 결정이 됩니다.

하지만 실제 실험실에서 신뢰 게임을 수행해 보았을 때, 제안자와 수신자 모두 자신이 가지고 있는 돈의 50%에 가까운 몫을 상대방에게 나눠주었습니다. 자신은 신뢰하였지만 상대방이 신뢰하지 않았을 때 자신에게 발생할 수 있는 경제적 손실의 위험을 감수하고, 대부분의 제안자들은 신뢰적 행동을 선택하였습니다. 수신자는 제안자의 이런 신뢰를 무시하고 자신의 이익만을 위한 결정을 내릴 수 있었지만, 수신자 역시 제안자에게 신뢰적 행동으로 보답합니다. 제안자와 수신자의 상호 신뢰는 결국 둘 다 신뢰하지 않았을 때 얻을 수 있는 보상보다 더 큰 보상을 얻을 수 있게 하였습니다. 따라서 신뢰 게임 실험을 통해 우리는 "상대방을 신뢰하고 상호 경제적 교류를 확대하면, 상대방을 신뢰하지 않고 교류를 하지 않을 때보다 더욱 큰 경제적 이익을 낳을 수 있다"라는 교훈을 얻을 수 있었습니다.

신뢰는 자유시장경제를 번영시키기 위한 근본적 역할을 담당합니다. 전통적 경제 요소(예를 들어 자본, 노동력, 자원 등과 같은 생산 요소)의 풍부함만이 경제 번영에 기여하는 것이 아니라, 이렇게 풍부한 경제 요소가 원활하게 사용되기 위한 윤활유의 역할을 담당하는 것이 바로 신뢰입니다.

제도경제학파는 국가와 조직의 경제 성과를 결정짓는 중요한 제도로서 신뢰를 지목합니다. 제도경제학파 역시 우리가 앞서 학습한 개념입니다. 바로 제1장에서 합리적 인간에 대한 경제학의 역사를 학습하면서, 1700년대 애덤 스미스 이후 인간의 비합리적 의사결정의 심리적 특성을 제도라는 관점에서 논의한 경제학파로 이야기를 나누었습니다. 이때에도 소개했다시피, 제도경제학파는 100년이 넘는 매우 유구한 학문적 역사를 가지고 있지만, 신뢰라는 개념을 경제학 연구의 핵심 주제로 부상시키는 데 있어서는 **신제도경제학파**들의 공이 컸습니다.

1972년 노벨경제학상을 수상한 케네스 애로는 신제도경제학파를 대표합니다. 애로는 1972년 연구를 통해 한 사회의 신뢰 수준을 보면 그 사회가 경제적 성공을 달성할 수 있을지 예측이 가능하다고 말하였습니다.[1] 신뢰 수준이 높은 사회일수록 그 사회는 경제적으로 성공할 가능성이 높다고 예측한 것이지요. 이후 수많은 경제학자들이 국가와 사회, 그리고 조직의 경제적 성과에 있어 신뢰의 역할을 본격적으로 탐색합니다.

이들 중 1993년 노벨경제학상 수상자인 더글러스 노스의 업적은 반드시 주목할 가치가 있습니다. 노스는 신제도경제학파를 대표하는 경제학자이면서도 미국 근현대사에 정통한 역사학자였습니다. 노스는 한 국가의 경제 발전은 그 국가가 가지고 있는 **제도들의 수준**Degree of Institutions에 따라 결정된다고 보았으며, 제도들의 수준이 높아질수록 투자나 거래 시 거래 비용이 낮아진다고 주장하였습니다.[2] 노스는 제도란 법과 같이 문서화된 정형적인 제도뿐만 아니라 특

1) K. Arrow, "Gifts and Exchanges", *Philosophy and Public Affairs*, 1(4), 1972, pp. 343~362.

2) D. North, *Structure and change in economic history*, Norton, 1981.

히 신뢰 등과 같이 문서화되지 않은 비정형적 제도에 더욱 관심을 가지는 신제도경제학파의 리더였습니다.

신제도경제학파를 비롯한 많은 경제학자들은 신뢰가 어떤 경로로 경제성장에 영향을 주는지 그 경로를 찾기 위해 많은 노력을 기울여 왔습니다. 신제도경제학파는 신뢰와 경제성장 간의 경로로서 거래 비용^{Transaction Cost}에 주목하였습니다. 거래 비용이란, 표현 그대로 경제적 거래자 간 거래를 할 때 수반되는 비용입니다. 거래자 간 신뢰가 적을수록 거래 비용이 많이 들어갑니다. 거래자 간 상호 신뢰가 부족하면, 상대방이 거래계약을 위반할지도 모른다는 걱정으로 안전장치 차원에서 수많은 서약서와 계약서를 작성해야 할 것입니다. 게다가 이렇게 쓴 계약서 내용이 잘 지켜지고 있는지, 혹시 꼼수를 써서 나에게 불이익이 발생할 수 있는 건 아닌지를 감시해야 하는 비용이 발생하기도 합니다. 소위 모니터링 비용이라고 하지요. 그러나 거래자 간 신뢰가 높아질수록 이런 비용들은 점점 적어질 것입니다. 계약서 작성 횟수도 기본적으로만 요구될 테니 계약서 작성 비용도 줄어들 것이고, 만약의 사태에 대비할 각종 모니터링 비용 및 대응 비용도 줄어들 테니까요. 그래서 신제도경제학파는 사회 구성원 간 높은 신뢰를 가질수록 경제적 거래 비용이 낮아지고 그만큼 경제적 교류는 활성화되어 경제성장이 촉진된다고 주장합니다.

1991년 거래 비용 이론으로 로널드 코스가 노벨경제학상을 받고 바로 2년 뒤 1993년 더글러스 노스가 신제도경제학에 기여한 공로로 노벨경제학상을 받으면서, 비문서화된 제도인 신뢰나 사회적 자본 등이 경제학자들에게 높은 관심을 받았습니다. 특히 신뢰와 경제성장 간의 체계적 이론 연구와 실증분석 연구는 매우 인기 있는 연구 주제였습니다.

그 당시에는 신뢰와 경제성장 간 연관성을 실증적으로 증명하기 위한 자료 확보가 핵심 이슈였습니다. 기존의 정통 경제학자들은 신뢰를 어떻게 측정할 것인지에 대하여 매우 비판적인 의견을 제시하기도 했습니다. 1987년 경제성 장론에 기여한 공로로 노벨경제학상을 받은 로버트 솔로는 신뢰를 관찰하고 측정하는 작업은 현실적으로 매우 어렵다고 주장했습니다. 그는 1995년 논평 에서 신뢰에 대하여 이렇게 말합니다. "신뢰는 'a buzzword'이다." 쉽게 말하자 면, 신뢰가 요즘 경제학계에서 매우 인기 있는 용어이긴 하지만, 그 개념은 모 호하고 정의하기가 어려운 용어라는 뜻입니다. 그는 또 "Measurement seems far away"라고 말합니다. 신뢰는 경제학자들이 생각하는 것보다 훨씬 멀리 떨어져 있기에, 정확하게 관찰하고 측정하기가 매우 어려운 대상이라는 뜻을 담고 있 습니다. 기존의 정통 경제학자들은 신뢰와 경제성장 간의 연관성을 가설로서 받아들일 수 있지만, 과연 이 가설을 어떻게 현실 데이터로 증명할 수 있느냐에 대하여 매우 비판적인 의견을 제시하였던 것입니다.

하지만 신뢰에 대한 실증 연구 가능성에 제기되었던 비판적 의견과 의구심 에도 해답이 제시되기 시작합니다. 1997년 스티븐 낵과 필립 키퍼는 세계가치 관조사World Values Survey(https://www.worldvaluessurvey.org/wvs.jsp)에 축적된 자 료를 사용하여 신뢰와 경제성장 간의 연관성을 실증적으로 분석하였습니다.[3] 세계가치관조사는 세계 각국의 사회적, 문화적, 윤리적, 종교적, 정치적 가치 를 조사하기 위한 설문조사를 통해 데이터를 축적하고 있습니다. 1981년 단체

---

3) S. Knack & P. Keefer, "Does social capital have an economic payoff? A cross-country investigation", *The Quarterly Journal of Economics*, 112(4), 1997, pp. 1251~1288.

가 설립된 이후 이 연구 프로젝트를 통해 전 세계의 사회과학자들이 네트워크를 구성하여 거의 100여 개의 국가에서 다양한 분야의 조사를 시행해 오고 있는데요. 조사 분야는 각국의 신뢰 수준과 함께 각국의 민주주의 수준이 얼마나 되는지, 외국인 및 소수 민족에 대한 관용 수준이 얼마나 되는지, 성 평등 지원 수준은 얼마나 되는지 등 매우 다양합니다. 낵과 키퍼는 이 자료를 이용해서 신뢰의 표준편차 값이 1 상승하면 경제성장의 표준편차 값은 1.5 이상 증가한다는 것을 계산하였습니다.

1997년 4월, 미국 클레어몬트에서 '경제성장의 정치경제학' 콘퍼런스가 열렸습니다. 로버트 솔로를 비롯한 세계적 수준의 저명한 경제성장론 학자들과 신제도경제학자들이 모인 학술 콘퍼런스였습니다. 낵과 키퍼의 논문은 이 콘퍼런스에서 발표되었고, 마침 이 콘퍼런스가 열렸던 클레어몬트대학교에서 첫 교수직을 잡은 폴 잭은 그들의 논문에서 신뢰와 경제성장 간의 인과성을 규명할 수 있는 아이디어를 얻습니다.

폴 잭은 스티븐 낵과의 공동 연구를 통해, 왜 어떤 국가는 번영하는 반면에 다른 국가는 가난한지를 설명하기 위해 신뢰가 가장 강력한 요소라는 사실을 밝혀냈습니다.[4] 신뢰가 높은 국가에서는 신뢰가 낮은 국가에서보다 사회적 상호작용이 더 많이 이루어지며, 이러한 상호작용은 부를 창출하는 경제적 거래를 더 많이 발생시킨다는 것을 규명한 것입니다. 이를 규명한 폴 잭과 스티븐 낵의 논문은 신뢰와 경제성장을 거시경제학 관점으로 실증한 대표 연구가 되었으며, 2001년 발표한 이후 지금까지 무려 4190번이 넘는 인용수를 기록하고

---

4) P. Zak & S. Knack, "Trust and growth", *The Economic Journal*, 111(470), 2001, pp. 295~321.

있습니다.

폴 잭과 스티븐 낵은 2003년에 또 다른 논문을 발표합니다.[5] 2003년 논문은 "신뢰가 높아지면 그 국가의 경제도 발전하겠다는 것을 밝혀냈고, 그럼 신뢰가 높아질 수 있는 정책을 만들어 내야 경제 발전이 가능해지는 것 아닌가"에 의문을 가지고 어떤 정책을 만들어야 신뢰 증진과 경제 발전에 기여하는지를 탐구하였습니다. 이 논문은 사람들 간 교류의 자유를 높이고, 시민 중심의 문화가 구축되고, 법적 안정성 확보를 통해 계약 집행력이 높아지도록 만들고, 소득 불평등이 개선되어야 하며, 교육 수준이 높아지게 만드는 정책을 설계한다면 그 사회의 신뢰가 증진됨을 이론적으로 밝혀냈습니다. 그리고 실제 자료분석을 통해 이론적 가설 중에서 사람들 간 교류의 자유, 소득 불평등 해소, 교육 수준 증진이 신뢰를 증진시키고 경제 번영에도 기여하고 있음을 확인하였습니다.

폴 잭과 스티븐 낵의 두 개 논문은 세계 신뢰 증진에 관심이 많았던 세계은행 World Bank과 같은 국제기구에 큰 도움을 주었습니다. 2000년대 초반부터 세계은행은 신뢰와 경제성장에 대한 데이터 축적과 보고서 발간에 관심이 키우고 있습니다. 지금 세계은행 웹사이트로 가면, 세계은행이 보유한 세계 수준의 신뢰 정보 축적 및 분석 등을 편리하게 찾아볼 수 있습니다.[6] 예를 들어, 국가별로 1993~2014년 동안 사람 간 신뢰Interpersonal Trust를 검색할 수 있으며, 각국 정부에 대한 국민들의 신뢰도도 검색할 수 있습니다.

---

5) P. Zak & S. Knack, "Building trust : Public policy, interpersonal trust, and economic development", *Supreme Court Economic Review*, 10, 2003, pp. 91~107.

6) https://ourworldindata.org/trust

신뢰 발생의 근원과 신경경제학

신뢰는 경제 발전의 핵심 요인이라는 주장은 더 이상 가설이 아닌 범사회과학
계가 인정하는 입증된 이론이 되었습니다. 그리고 그 이론을 지지하기 위한 다
양한 자료들은 공신력 있는 국제기구들에 의해 공유되고 있습니다. 이제 신뢰
를 연구하는 사회과학자들은 더욱 근본적인 질문을 향해 파고듭니다. "신뢰의
발생 근원은 무엇일까?"

신뢰 발생의 근원에 대하여 경제학자들은 다양한 의견을 제시하고 있습니
다. 첫 번째, 타인에게 신뢰감이 발생되는 근본적 이유는 그 보답으로 발생될
기대이익 때문이라는 의견이 존재합니다. "내가 저 사람을 신뢰하면, 저 사람
도 나의 신뢰에 대한 보답으로 나를 신뢰해 주겠지. 그러면 나에게 어떤 이익이
생기겠지"라는 기대감으로 타인을 신뢰한다는 의견입니다. 이 첫 번째 의견은
인간의 이기심, 사익 추구 동기에 근거를 둔 주장입니다. 이 의견을 주장하는
경제학자들은 신뢰 게임에서 제안자가 수신자에게 돈을 나눠주는 이유가 바로
제안자 자신에게 이익이 될 것이라는 기대 때문이라고 말합니다. 만약 수신자가
돈을 나눠주지 못할 것이라고 기대하면 신뢰하지 않을 것이라고 주장하지요.

이러한 주장에 힘을 실어주는 실험 연구 결과들이 많습니다. 유대인을 대상
으로 한 이스라엘 실험 연구가 있는데요. 제안자와 수신자가 동일한 유대인 계
열의 사람일 경우(둘 다 아슈케나지 유대인) 제안자는 수신자에게 충분히 많은
돈을 나눠주었는데, 제안자와 수신자가 다른 유대인 계열의 사람일 경우(아슈
케나지 유대인 대 동방 유대인) 제안자는 수신자에게 동일한 계열이었을 때보
다 절반 수준으로 줄여서 나눠주었다고 합니다. 왜 자신과 다른 민족 계열인 수

신자에게는 동일 계열 수신자에게 했던 신뢰적 행동(나눠준 돈의 액수로 측정)을 반으로 줄였냐는 질문에, 제안자는 수신자가 자기가 나눠준 돈을 다시 나눠주지 않을 것이라고 생각했기 때문이라고 했답니다.

신뢰는 우리가 앞서 배웠던 하이퍼볼릭 시간할인율 실험에서도 중요한 주제입니다. 하이퍼볼릭 시간할인율 실험 중 마시멜로 테스트를 소개했습니다. 선생님이 어린이에게 1개의 마시멜로를 주고, 15분 있다가 돌아올 테니 그때까지 안 먹고 기다리면 1개를 더 줄 것이라는 테스트를 기억하시리라 믿습니다. 15분 후의 2개보다 현재 1개에 높은 가치를 두고 선생님이 오기 전에 그냥 1개를 먹어버리는 어린이와, 15분의 기다림이라는 그 큰 고행을 마치고 마시멜로 2개를 성취했던 어린이가 있었지요. 자, 이 후자의 어린이에 집중해 봅시다. 이 어린이들은 선생님이 말한 15분을 어떻게 견디어 낼 수 있었을까요? 선생님은 분명히 지금 마시멜로를 먹지 않으면 15분 뒤에 1개를 더 주겠다고 약속했기 때문입니다. 선생님에게 신뢰를 보내면, 나는 15분 뒤에 더 큰 이익을 얻을 수 있다는 기대감이 생긴 것이지요.

그런데 선생님이 15분 뒤에 나타나서 약속대로 1개를 더 주지 않았습니다. 다시 말해서 미래의 내 경제적 이익이 발생할 것이라는 기대감이 무참히 깨져버리게 됩니다. 그리고 선생님이 다시 이 어린이에게 말합니다. "선생님이 다시 나갔다가 15분 뒤에 돌아올 텐데, 그때까지 안 먹고 기다리면 1개를 더 줄게…" 이 어린이는 이번에도 선생님을 기다렸을까요? 대부분의 어린이는 더 이상 선생님을 신뢰하지 않았습니다. 선생님을 기다리지 않고 주어진 마시멜로를 먹어버립니다. 두 번째 기다림에서 선생님을 신뢰하지 않았던 그 대부분의 어린이들은 기대이익이 성사되지 않을 것이라는 의미의 답변을 하였습니다.

하지만 타인에 대한 신뢰 행동의 이유가 나의 경제적 이익 기대와는 무관하다는 의견도 있습니다. 바로 인간의 순수한 이타성이 신뢰 발생의 근원이라는 주장입니다. 2006년 아슈라프 연구팀과 2004년 콕스 연구팀의 실험은 이타심이라는 인간의 근원적 감성 특징을 탐구하고 자신의 사적 이익 추구와는 무관하게 남을 믿고 경제적 이익을 공유하려는 따뜻한 마음인 이타성이 신뢰 발생의 근원임을 밝혀냈습니다.[7]

사회과학적 관점에서 신뢰 발생의 근원은 인간의 사적 이익 기대감과 순수한 이타심이 공히 인정을 받고 있습니다. 어느 한쪽이 더 지배적이라고 단정을 지을 수 없습니다. 여전히 열띤 논쟁이 이어지고 있는 상황이지요.

생물과학적 관점에서도 신뢰 발생의 근원이 탐구되고 있습니다. 이를 최초로 탐구한 학자는 바로 폴 잭이었습니다. 그는 2001년 스티븐 낵과 신뢰가 경제성장을 견인한다는 거시경제 논문을 출판한 이후, 신뢰의 발생 근원에 대한 연구를 바로 이어갔습니다. 사회과학적 접근법보다는 생물학적 접근법을 택한 의과대학의 신경과학자들과 협동 연구를 수행하였는데요. 인간이라는 생물이 경제적 의사결정을 할 때 신뢰가 발생되는 신경과학적 특징을 규명하려고 노력하였습니다. 그리고 마침내 노력의 결과가 세상에 알려졌습니다. 2005년 에른스트 페르와 함께 경제학 역사 중에서 가장 두드러지는 실험 결과를 *Nature*에 발표하게 됩니다.[8] 폴 잭은 옥시토신Oxytocin이라는 인간의 호르몬이 있는데,

---

7) N. Ashraf, I. Bohnet & N. Piankov, "Decomposing trust and trustworthiness", *Experimental Economics*, 9, 2006, pp. 193~208; J. Cox, "How to identify trust and reciprocity", *Games and Economic Behavior*, 46(2), 2004, pp. 260~281.

8) M. Kosfeld et al., "Oxytocin increases trust in human", *Nature*, 435, 2005, pp. 673~676.

이 호르몬의 활성화가 신뢰 발생과 증진에 기여하고 있음을 밝혀냈습니다. 구체적으로, 사람들이 신뢰를 얻으면 뇌에서 신경화학적으로 옥시토신이라는 호르몬을 합성하게 되며, 이 옥시토신이 우리를 신뢰할 수 있는 사람으로 만들어 타인의 신뢰에 반응하고 보답하려는 행동을 하는 것으로 확인되었습니다. 옥시토신은 인간의 공감 능력, 이타주의, 도덕성이 발휘되는 데 중요한 역할을 담당하는 호르몬으로 알려져 있습니다.

옥시토신의 역할에 대한 폴 잭의 발견은 사람들이 자신의 이익을 위해 신뢰적 행동을 하는 것이라는 의견과 배치됩니다. 자신의 이익을 위해 다른 사람을 신뢰하는 것이라는 주장은 인간은 자신의 이익과 관련이 없다면 다른 사람을 신뢰하지 않는다는 것을 뜻합니다. 즉 인간의 본성은 남을 순수하게 신뢰하지 않음을 의미합니다. 오로지 나의 이익을 위해 남을 신뢰할 뿐이지요.

하지만 폴 잭의 연구는 모든 인간은 생물학적으로 옥시토신이라는 호르몬을 가지고 있기에 다른 사람을 신뢰하려는 본성을 생물학적으로 가지고 있음을 밝힌 것입니다. 즉 나의 이익이 될 것이라는 기대감 없이, 생물학적으로 보유한 옥시토신이라는 호르몬으로 인해 모든 인간은 타인을 신뢰하는 도덕성을 가지고 있다는 것입니다. 더욱이 만약 옥시토신 호르몬이 신체 내에서 왕성하게 활동한다면 타인을 신뢰하려는 도덕적 감성이 더욱 강해질 수 있기에, 만약 인간이 이기심을 가지고 있더라도 옥시토신 활성화로 더욱 신뢰감을 강하게 만들 수 있습니다. 폴 잭의 주장은 인간이 이렇게 강해진 신뢰감으로 이기심을 충분히 조절할 수도 있다는 점에서 오히려 인간의 신뢰 근원이 도덕적 이타성에 있다고 주장한 학자들과 유사하지만, 인간의 신뢰 근원이 이기심에 있다는 학자들과는 상반되는 입장을 가집니다.

인간의 경제적 의사결정에 있어 신경과학적 근원이 무엇인지를 밝히는 경제학을 신경경제학Neuroeconomics이라고 합니다. 폴 잭은 신경경제학이라는 용어를 공식적으로 처음 사용한 학자로, 신경경제학 분야를 개척하고 발전시키는 데 큰 기여를 한 대표적인 신경경제학자입니다. 기존 실험실에서 수행하던 의사결정 실험 활동에 인지과학적·신경의학적 방법론이 합해져서 실험 결과의 배경 원인으로 인간의 생물학적 증거 자료를 도출하는 분야라고 이해하면 되겠습니다. 그러면 신경경제학에 대하여 좀 더 자세한 내용을 소개하겠습니다.

신경경제학의 핵심 연구대상은 인간의 뇌와 신경세포인 뉴런Nouron입니다. 신경경제학은 우리가 의식적이든 무의식적이든 의사결정을 할 때 뇌를 사용할 수밖에 없는 인간의 생물학적 특징에 주목하는 학문입니다. 만약 두뇌 활동이 어떻게 이루어지는지에 대해 이해한다면, 인간의 의사결정 행위에 대해 보다 잘 이해할 수 있을 것입니다. 따라서 신경경제학 분야에서는 뇌와 뉴런의 활동을 관찰하기 위해 전문 이미지 촬영 기법을 반드시 익혀야 합니다. 신경경제학에서 가장 많이 사용하는 대표적인 뇌와 뉴런 이미지 촬영 기법 세 가지를 소개합니다.

첫 번째, EEG로 불리는 뇌파도 촬영 기법으로 뇌의 활동을 직접적으로 측정하는 방법입니다. 〈그림 12-1〉 좌측 상단 사진에서 보이다시피, 머리에 뇌 활동을 감지하는 장치를 쓰고, 실시간으로 컴퓨터에 뇌 활동 정보를 보내서 분석하는 방법입니다. 뇌를 포함한 신경세포, 즉 뉴런이 활성화될 때 두피에 부착된 전극을 통해 전류를 감지하는 기법을 이용하는 것입니다.

두 번째, PET로 불리는 양전자 단층 방사 촬영 기법입니다. PET는 "뉴런은 에너지를 필요로 하고, 이 에너지를 혈액에 있는 포도당으로부터 얻는다"라는

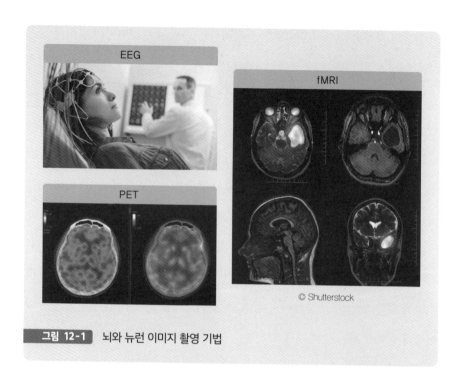

그림 12-1 뇌와 뉴런 이미지 촬영 기법

사실을 이용한 기법입니다. 즉 뉴런의 활동은 혈액의 흐름을 빠르게 하기에, 이 혈액의 속도에 따라 색깔이 달라지는 이미지로 촬영하여 분석하는 기법입니다. 그래서 〈그림 12-1〉의 좌측 하단 사진과 같이, 스캐너는 뇌에 있는 혈액의 속도를 측정하여 이렇게 모니터로 이미지를 만들어 줍니다. 이 혈액의 속도를 측정하기 위해, 방사성 동위 원소 추적자를 혈액에 주입시킵니다. 이 동위 원소가 혈액 내에서 반응하여 광자를 방사시키며, 방사된 광자의 수를 세어보는 방법을 통해 뇌의 서로 다른 부분에서 혈액의 흐름 속도와 정도의 차이가 분석되는 것입니다.

세 번째, fMRI로 불리는 기능성 자기공명영상 촬영 기법입니다. fMRI는 혈액 속 산소를 측정하는 방법으로, 신경경제학에서는 주로 뇌와 뉴런을 촬영합니다. 혈액이 자기장과 상호작용하는 방법은 혈액의 산소 함유량에 따라 다르게 발생합니다. 따라서 뇌의 산소 함유량이 적거나 많을 때, 뉴런 활동이 더 빠르거나 혹은 더 느리다는 것을 확인할 수 있습니다.

물론 이 세 가지 방법이 신경경제학에서 가장 대표적으로 사용되는 뇌 이미지 촬영 기법이기는 하지만, 여전히 뇌의 활동을 측정하는 최선의 방법은 아닙니다. EEG는 뇌의 활동 시간을 밀리세컨드, 즉 1000분의 1초까지 매우 짧은 시간에서도 관찰할 수 있기로 유명하지만, 뇌의 어느 부분에서 이런 활동이 이루어지고 있는지 그 세부 위치를 파악하지는 못합니다. 반면 PET나 fMRI는 어느 위치에서 뇌의 활동이 발생하고 있는지를 알 수 있지만, 활동 시간에 있어서는 덜 정밀합니다. 그래서 뇌의 이미지 촬영 기법이 아닌 혈액 속 호르몬 수치 분석을 통해 뉴런의 반응을 연구하기도 합니다. 예를 들어 앞서 언급한 옥시토신은 등뼈 동물과 무척추 동물을 포함하는 다양한 동물들의 뇌하수체 후엽 가운데에서 분비되는 호르몬입니다. 혈액 속에 옥시토신이 얼마나 많아졌는지를 확인함으로써 현재 이 사람의 뇌에서 얼마나 상대방을 신뢰하는 감정이 생기고 있는지를 확인할 수 있습니다. 혈액 속 호르몬 검정을 위한 장비로서 혈액 채취 및 보관 시설 등이 기본적으로 필요합니다(〈그림 12-2〉 참조).

이런 분석 기법을 통해서 신경경제학이 발견한 주요 실험 연구 사례들을 소개합니다. 첫 번째 사례는 최후통첩 게임 사례입니다. 앞서 배운 최후통첩 게임을 기억하시리라 믿습니다(제7장 참조). 제안자가 자신이 가진 몫의 일부분을 응답자에게 나누어 주고, 응답자는 이 할당된 몫을 본 후에 마음에 들면 받아들이지만 마음에 들지 않으면 거절할 수 있습니다. 하지만 만약에 거절을 하게 되

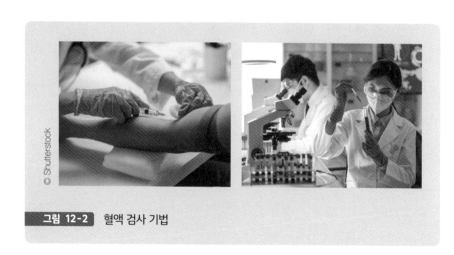

그림 12-2 혈액 검사 기법

면 응답자 본인과 제안자 모두 아무것도 얻지를 못하는 게임이었습니다. 우리는 최후통첩 게임에서 제안자가 자신의 총액 중 평균적으로 약 30%는 응답자에게 나누어 주어야 응답자가 받아들인 것을 학습하였습니다. 특히 인도네시아 사례의 경우에는, 3주 치 생활비에 해당하는 금액이 제안되었음에도 이 금액이 제안자의 총액 중 30%가 되지 않아서 거절되었던 결과도 확인하였습니다. 그래서 일반적으로 최후통첩 게임에서 응답자는 제안자의 총액 중 30% 정도를 받아야 제안자가 응답자 자신을 불공정하게 대우하지 않는다고 생각할 것이라고 추론했었지요. 만약 제안자로부터 총액의 30% 미만을 제안받았을 경우, 자신이 불공정하게 취급받았다는 분노로 이어져 여전히 응답자 자신이 가져갈 수 있는 경제적 이익마저 포기하고 제안자를 응징하는 결정을 보였습니다. 그리고 자신이 불공정하게 취급받았다고 생각되었을 때 발생되는 분노는 매우 거대하며, 이때의 분노는 마치 악취를 맡았을 때 느끼는 메스꺼움과 비슷한 불쾌감처럼 느껴질 것이라고 설명했습니다.

신경경제학자들은 최후통첩 게임에서 불공정하게 취급받았다고 느낀 응답자의 뇌를 관찰하였습니다. 그들은 복잡하고 다양한 뇌의 영역 중에서도 특히 뇌섬엽이라는 **인슐라**Insula에 주목하였습니다. 인슐라에 대한 간략한 설명부터 하겠습니다. 〈그림 12-3〉은 뇌 단면도로서 인슐라의 위치를 보여줍니다.

뇌의 중앙에 위치하여 조개 모양처럼 보이는 것이 바로 인슐라입니다. 인슐라는 조개처럼 생겼으며, 마치 바다 위의 섬처럼 뇌에서 홀로 구별되어 보입니다. 그래서 인슐라는 **섬**이라는 뜻을 가진 라틴어입니다.

인간의 뇌를 fMRI로 촬영하면, 속임수를 알아차릴 때나 응징을 결정할 때 인슐라는 매우 활성화되어 밝게 촬영됩니다. 인슐라와 일반적으로 관련된 인간의 느낌이나 감정은 고통, 괴로움, 배고픔, 목마름, 그리고 맛이나 냄새에서 오는 혐오감과 같은 부정적인 감정 상태를 포함합니다. 따라서 속임수를 알아

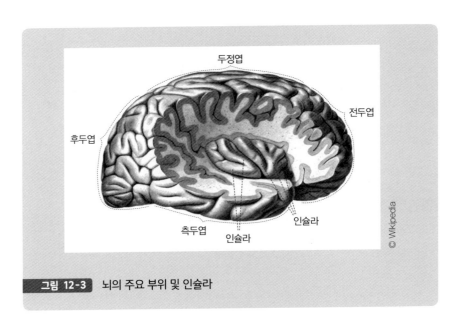

그림 12-3 뇌의 주요 부위 및 인슐라

차릴 때나 응징을 결정할 때 인슐라는 활성화되어, 인슐라가 관여하는 맛이나 냄새의 감지 기능을 통해 속임수의 혐오감을 극대화시킵니다. 최후통첩 게임에서 응답자가 제안자로부터 받은 돈을 보고, "어 이게 아닌데… 나를 무시하나… 불공정한데…"라고 인지할 경우, 응답자의 뇌에서 인슐라가 활성화되어 응답자는 마치 악취를 맡았을 때의 혐오감을 느끼는 것입니다. 이런 불공정한 제안에 대한 혐오감을 느낀 응답자는 제안자를 응징하는 결정을 내립니다.

〈그림 12-4〉의 그래프는 샌피 연구팀이 2003년에 최후통첩 게임에서 응답자들의 뇌를 fMRI로 촬영한 결과입니다.[9] 최후통첩 게임에서 응답자가 제안자로부터의 제안금액을 승인하였을 때 응답자의 인슐라는 약 0.4의 활성화 수치를 가졌지만, 거절했을 때에는 인슐라가 0.9까지 활성화되었습니다. 즉 제안을 거절할 때의 응답자의 인슐라는 승인했을 때보다 두 배 이상 활성화된 결과를

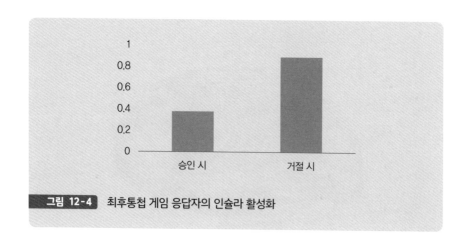

그림 12-4 최후통첩 게임 응답자의 인슐라 활성화

9) A. G. Sanfey et al., "The neural basis of economic decision-making in the Ultimatum Game", *Science*, 300, 2003, pp. 1755~1758.

보여줍니다. 제안자로부터의 제안금액을 거절했을 당시 응답자는 제안금액에 큰 혐오감과 거부감을 느꼈다는 생물학적 반응 증거입니다. 제안자에 대해 이런 부정적 감정이 발생하게 되면 응답자는 제안금액을 거절하고 제안자 역시 아무것도 얻지 못하도록 처벌하고 싶은 결정에 다다르게 되는 것입니다.

이번에는 전전두엽의 기능과 인간의 경제적 의사결정을 연구한 실험 사례를 소개합니다. 〈그림 12-5〉에서 보이듯이 전전두엽은 전두엽 중에서도 머리의 이마 앞부분에 해당합니다. 전두엽은 인간의 이성적인 판단, 추상적 사고, 감정 조절, 창의성, 공감 등의 역할을 담당합니다. 우리가 학습한 인간의 인지 시스템 분류 체계로 접근한다면(제2장의 〈표 2-1〉 참조), 2차 인지 시스템의 역할을 담당한다고 생각하면 되겠습니다. 인간의 체계적 학습 능력과 기능을 담당하기에 우리가 어떤 목표를 세우고 이 목표를 달성하기 위해 계획표를 작성

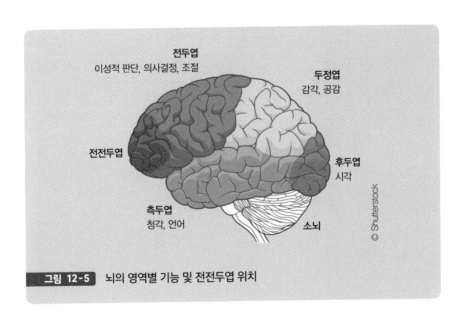

그림 12-5 뇌의 영역별 기능 및 전전두엽 위치

하고, 그 계획표를 실행하려고 노력하는 행동들을 이 전두엽에서 관리하는 것이지요.

전두엽 자체가 인간의 이성적 사고와 판단의 기능을 담당하고 있는데, 전두엽의 가장 앞쪽에 위치한 전전두엽은 전두엽의 이성적 기능보다 더욱 고등 행동을 관장하는 기능을 담당합니다. 전전두엽은 기억력·사고력 등의 고등 행동을 관장하며, 다른 영역으로부터 들어오는 정보를 조정하고 행동을 조절하는 역할까지 담당하고 있습니다. 우리 두뇌는 영역별로 다양한 사고와 판단 기능을 담당하고 있는데, 전전두엽은 이를 총괄하는 최고사령관의 역할까지 담당하는 두뇌의 CEO라고 생각하면 됩니다.

소위 부자라고 불리는 고소득자들과 일반인들의 전전두엽 표면을 덮고 있는 전전두엽 피질을 fMRI로 촬영하여 비교한 실험[10]이 있습니다. 이 전전두엽 피질에는 신경세포들이 집합되어 있습니다. 똑같은 과제를 풀 때 일반인들에 비해 고소득자들의 전전두엽 피질이 더 많이 활성화되는 현상이 발견되었습니다. 전전두엽은 전두엽의 기능을 더욱 고등적으로 활성화시키는 영역으로서, 고소득자들에서 목표를 설정하고 계획을 세우고 그 계획을 실행하는 의사결정이 훨씬 활발하게 진행되었던 것입니다. 예를 들어, 신문을 읽게 하는 과제에서 고소득자들은 헤드라인 위주로 기억한 후에 이를 한편의 소설처럼 이야기를 만들 수 있을 정도로 여러 사건들이나 사물들에 자기 나름대로의 규칙을 부여하는 능력이 일반인보다 뛰어났는데요. 이런 능력이 발휘될 때 전전두엽 피질이 일반인에 비해 더욱 활성화되는 모습이 fMRI 촬영으로 확인되었다고

---

10) 유상우, 부자가 되는 뇌의 비밀, 21세기북스, 2010, pp. 52, 87에서 인용.

합니다.

인간은 여러 가지 생각과 가능성을 시나리오처럼 구성하여 거짓말을 합니다. 거짓말도 그럴듯하게 해야 하니까요. 거짓말을 할 때도 여러 가지 사고들을 연결하고 정리하는 과정에서 이 전전두엽 피질이 활성화된다고 합니다. 전전두엽 피질은 안쪽과 바깥쪽의 색깔이 다른데요. 바깥쪽이 안쪽에 비해 색깔이 더 어둡습니다. 그래서 전전두엽 피질의 바깥쪽을 회백질이라고 하고 안쪽을 백질이라고 부릅니다. 사기꾼들은 거짓말을 상습적으로 하면서도 매우 그럴듯하게 꾸며내는 능력이 탁월합니다. 그래서 사기꾼들은 전전두엽 피질의 안쪽인 백질이 일반인보다 더 많다고 합니다. 영국 출신 실험심리학자인 펜실베이니아대학교 교수 에이드리언 레인은 사기꾼들의 전전두엽에서 백질이 일반인보다 22~26%가량 더 많았음을 발견하였습니다.

전전두엽의 상태에 따라 인간의 의사결정은 영향을 받게 됩니다. 정상적인 일반인도 이곳이 손상되면 폭력적이고 반사회적인 행동을 하게 됩니다. 전전두엽이 관장하는 인간의 감정을 조절하는 기능이 손상되기 때문입니다. 우리가 잠을 설치고 나면 피곤함을 느끼면서 짜증도 나고, 의사결정도 예전 같지 않게 무척 짜증나고 귀찮게 느껴집니다. 이는 수면 부족으로 인해 전전두엽의 활동이 저하되었기 때문입니다. 이렇게 수면이 부족한 상태에서 신경을 써야 하는 일이나 부정적인 일에 직면하게 되면 평소보다 과잉반응을 일으키게 됩니다. 결국 수면 부족 상태에서의 의사결정은 실패로 이어지며, 부정적인 일에는 폭력성까지 보이게 됩니다. 여러분이 시험을 볼 때 밤새워서 공부하는 전략은 신경과학적 관점에서 추천하고 싶지 않은 전략입니다. 밤을 새울 만큼 준비했으니 시험 결과가 좋을 것이란 생각은 비과학적인 접근입니다. 밤을 꼬박 새우고 시험장에 들어간 사람은 자신의 전전두엽을 비활성화시켜, 오히려 잠을 충분히 잤던 평상시에는 맞힐 수 있는 문제까지 실수로 틀릴 가능성이 높을 것입니다. 잔소리처럼 들리겠지만, 잠을 충분히 자면서 규칙적으로 공부하는 것이야말로 여러분에게 최고의 시험 결과를 가져다줄 것임을 잊지 마시기 바랍니다.

이번에는 신경경제학의 대표적 실험 사례로서, 사람들이 다이어트에 종종 실패하는 이유를 규명한 실험을 소개합니다. 다이어트에 실패하는 사람들 대부분은 눈앞에 놓여있는 음식의 유혹을 잘 이기지 못하는 사람들입니다. 이런 사람들은 음식 섭취를 통한 만족감이나 즐거움을 매우 크게 느끼지만, 반대로 음식 섭취를 원하는 대로 못하면 불만족이나 괴로움을 크게 느끼는 사람들이지요.

인간의 만족감이나 즐거움을 관장하는 호르몬은 도파민Dopamine이라는 호르몬입니다. 도파민은 뇌신경세포의 흥분을 전달하는 역할을 하는 신경전달물질의 하나입니다. 흥분성 전달물질이기 때문에 사람의 기분을 좋게 만들어 **행복 호르몬**이라고도 불립니다. 도파민은 VTA라고도 불리는 복측피개영역Ventral Tegmental Area에서 생성됩니다. 〈그림 12-6〉은 복측피개영역의 위치를 보여줍니다. 중앙에 동그라미로 표시된 부분이 복측피개영역이 위치한 곳입니다.

어떤 행동을 하는지에 따라, 그리고 개인에 따라 복측피개영역에서 생성되는 도파민의 양은 다릅니다. 만약 굉장히 맛있다고 느끼는 음식을 먹었다거나, 매우 쾌락적인 행동을 했다면 도파민은 엄청나게 생산됩니다. 대개 다이어트에 실패하는 사람들이 음식을 먹을 때 생성되는 도파민이 일반인에 비해 많습니다.

이렇게 생성된 도파민은 뇌의 4개 영역으로 전달됩니다. 첫 번째, 측좌핵NAc으로 보내집니다(〈그림 12-6〉 참조). 측좌핵은 보상(쾌락)회로로서, 어떤 행동을 했을 때 그 보상을 요구하는 기능을 합니다. 측좌핵은 도파민을 받으면 활성

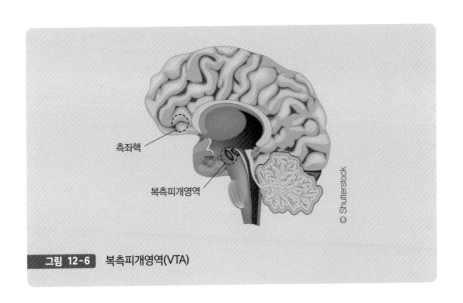

그림 12-6 복측피개영역(VTA)

화됩니다. 그리고 활성화된 측좌핵은 더 많은 도파민을 보내달라고 요구합니다. 생성된 도파민이 보내지는 두 번째와 세 번째 영역은 편도체와 해마입니다. 편도체는 당시의 행동을 감정적으로 느끼고, 해마는 이를 기억합니다. 복측피개영역에서 생성된 도파민이 보내지는 네 번째 영역은 바로 뇌의 총사령관 역할을 담당하는 전전두엽입니다(〈그림 12-5〉 참조). 전전두엽은 총체적으로 음식 섭취라는 쾌락의 가치를 판단하고, 앞으로 이 쾌락의 음식 섭취를 계속할 것인지도 판단합니다.

결국 이 전전두엽은 다이어트 성공의 열쇠를 쥐고 있습니다. 음식 섭취라는 행동을 통해 쾌락이라는 보상을 계속 받을 건지, 아니면 다른 가치를 위해 쾌락을 억누를지 판단하는 과정을 담당하고 있기 때문입니다. 전전두엽은 도파민을 전달받은 다른 영역들의 정보를 종합적으로 수집하여, 음식 섭취라는 행동이 자신에게 이로울지 혹은 해로울지를 판단합니다. 예를 들어 도파민이 전달되는 해마로부터 그 행동에 대한 기억, 그리고 편도체로부터 그 행동이 야기한 감정에 대한 정보를 얻어 전전두엽이 종합적 결론을 내리는 것이지요.

만약 전전두엽에서 지금처럼 먹어대는 취식 행동이 즐거운 행동이 아니라 해로운 행동이라고 판단하면, 또 다른 신경전달물질인 **글루타메이트**Glutamate를 만들어 측좌핵에 보냅니다. 글루타메이트는 취식 행동을 더 이상 하지 말라고 몸에 신호를 보내는 역할을 합니다. 하지만 보상 및 쾌락을 결정하는 측좌핵에서는 복측피개영역에서 온 도파민이 전전두엽에서 온 글루타메이트와 갈등을 겪습니다. "먹는 것은 즐거운 일이야. 계속 먹어"라는 도파민과 "먹는 것은 해로운 일이야. 그만 먹어"라는 글루타메이트가 서로 자신의 판단이 맞다고 싸우는 것입니다. 결국 복측피개영역에서 온 도파민의 양이 전전두엽에서 보내는 글루타메이트의 양보다 많아지면 다이어트는 실패하게 됩니다. 물론 글루타메이트가 더 많을 경우에는 다이어트에 성공할 수 있겠지요.

일반적으로 쾌락 중독과 연관된 행동들이 잘 고쳐지지 않는 이유도 도파민과 글루타메이트 간 갈등 상황으로 설명이 가능합니다. 특히 청소년들이 성인보다 쾌락적 중독 위험에 더 잘 빠지는 이유는 바로 전전두엽이 뇌의 여러 영역 중에서도 가장 늦게 발달하는 영역이기 때문입니다. 미성년 시기에는 아직 전전두엽이 발달하지 않아 상대적으로 쾌감 통제를 담당하는 글루타메이트 생성을 도파민보다 적게 할 수 있으며, 그렇게 되면 도파민이 글루타메이트와의 갈등 상황에서 항상 승리하게 됩니다. 측좌핵에서 도파민의 승리는 더 많은 도파민을 원할 것이고, 결국 쾌락적 행동은 지속되고 더욱 강화될 것입니다.

신경경제학자들은 실제로 다양한 실험을 통해 피실험자들에게 금전적 보상이 전달될 때, 피실험자들의 측좌핵이 활성화되는 것을 확인하였습니다. 보상으로 인해 측좌핵이 활성화되고 있다는 사실은 곧 복측피개영역에서 생성된 도파민이 지금 측좌핵에 제대로 전달되면서 쾌락에 대한 보상을 잘 받고 있다는 것을 증명하는 것이지요.

　신경경제학의 마지막 실험 사례로서 옥시토신과 신뢰와의 연관성을 확인한 폴 잭의 실험을 재차 언급하겠습니다. 폴 잭은 신뢰 게임을 수행하면서, 옥시토신 호르몬을 투여받은 제안자가 평균적으로 약 17% 이상 더 많은 돈을 수신자에게 제공하였음을 밝혀내었습니다. 이는 우리 인간의 몸속에 도덕성이라는 분자가 존재함을 밝혀낸 연구였습니다. 오로지 이기적인 동기와 목적으로 다른 사람을 신뢰하는 것이 아니라, 이 지구상에서 인간이라는 존재는 도덕적·신뢰적 행동을 하고 사랑의 행동을 하는 생물학적 분자를 보유하고 있음을 확인한 실험이었습니다. 인간이 보유한 그 도덕과 신뢰와 사랑의 행동을 유발하는 분자는 바로 옥시토신이라는 호르몬이지요. 그의 실험 연구도 흥미롭지만, 그의 TED 강연도 일반인들이 더욱 알기 쉽게 옥시토신에 대한 정보를 제공합니다. 한글 자막 서비스도 되고 있으니 참조하시길 바랍니다.[11]

신경경영학

주류 경제학자들에게는 다소 회의적인 연구 주제였던 인간 신뢰와 도덕성에 대한 연구는 제도경제학자들과 행동경제학, 실험경제학자들의 주도로 지금까

---

11) https://www.ted.com/talks/paul_zak_trust_morality_and_oxytocin?language=ko

지 괄목할 만한 연구 성과를 만들고 있습니다. 최근에는 신뢰와 도덕성, 배려와 같은 인간의 감성적 이슈를 기업이나 조직의 성과와 접목시키려는 시도도 나타나고 있습니다. 기업경영학 관점에서 신뢰 문화의 중요성을 탐구하려는 시도입니다.

최근 많은 경영학 및 심리학 연구들은 구성원 간 신뢰도가 높은 기업이나 조직일수록 경영 성과도 높아짐을 밝혀내고 있습니다. 1998년 존스와 조지는 구성원 간 신뢰가 높아지면 상호 교류가 활발해지며, 이러한 선순환 구조는 업무에서 다양한 협력적 행동들을 잉태하여 조직의 성과가 제고될 수 있음을 발견하였습니다.[12] 미국 Great Place to Work Institute는 *Fortune*과 협력하여 일하기 좋은 100대 기업을 선정하는데, 이 100대 기업에 선정되기 위한 주요 기준이 바로 구성원들 간 신뢰가 높은지 여부입니다.[13] **일하기 좋은 직장**을 규정하는 미국인들의 최근 판단 기준이 바로 **구성원들 간 신뢰**임을 엿볼 수 있습니다. 신뢰를 기준으로 선정된 100대 기업은 심지어 뛰어난 기업 성과를 자랑하고 있습니다. 이들 100대 선정 기업의 수익률이 S&P 500의 평균 연간수익률을 무려 3배 이상 초과하였기 때문입니다.

이렇게 신뢰와 기업 성과에 대한 연관성은 풍부한 실증조사들로 증명되고 있습니다. 옥시토신 연구를 수행했던 폴 잭은 신뢰와 기업 성과에 대한 보다 체계적인 학술 연구가 필요하다고 생각하여, **신경**의 **Neuro**와 **경영학**의

---

12) G. R. Jones, J. M. George, "The experience and evolution of trust : Implications for cooperation and teamwork", *Academy of Management Review*, 23(3), 1998, pp. 531~546.

13) S. Covey, D. Conant, "The connection between employee trust and financial performance", Harvard Business Review, July 18, 2016. https://hbr.org/2016/07/the-connection-between-employee-trust-and-financial-performance

Management를 합성한 **Neuromanagement**라는 학술 용어를 만들고 이 새로운 연구 분야를 개척하고 있습니다. 아직 공식적인 우리말 번역 표현이 나오지는 않았지만, **Neuromanagement**는 **신경경영학**으로 번역할 수 있습니다. 인간의 신경세포에서 만들어지는 신뢰라는 감정이 기업 내 신뢰 문화로 구축되었을 때, 과연 이 신뢰의 문화가 기업 성과에 얼마나 긍정적인 영향력을 발휘하는지를 연구하는 학문이 **Neuromanagement**라고 할 수 있습니다. 기업의 성과 달성 및 성장을 위해 기존 전통적 경제학 및 경영학이 자본이나 재무적 관리와 같은 **돈**의 중요성, 아니면 **노동**과 같은 인적 자원의 중요성 등 물질적 요소에만 초점을 맞추었다면, 신경경영학은 비물질적이면서 인간의 심리적·감성적 요소인 신뢰 문화의 중요성을 집중 조명합니다.

폴 잭은 **트러스트 팩터**$^{Trust Factor}$(2018)를 통해, 기업 조직 내 신뢰 문화를 구축할 수 있는 8개 방안을 제안하고 있습니다. 바로 찬사^{Ovation}, 기대목표^{Expectation}, 자율성^{Yield}, 위임^{Transfer}, 개방성^{Openness}, 배려^{Caring}, 투자^{Invest}, 자연스러움^{Natural}입니다. 이 8개 방안은 조직의 신뢰 문화 구축에 기여하고, 이를 통해 기업의 경영 성과가 개선되며 기업의 지속 가능 발전이 도모되는 것입니다(〈그림 12-7〉참조). 이 8개의 개별 방안이 무엇인지를 설명하기 위해서, 폴 잭의 저서 **트러스트 팩터**의 주요 관련 내용을 선별 및 요약하여 소개하겠습니다.[14]

첫 번째, **찬사**는 훌륭한 성과를 보여준 사람에게 모든 사람이 기립 박수를 보내주는 것 같은 큰 칭찬을 의미합니다. 큰 칭찬을 공개적으로 받게 되면 우리의 뇌는 보상과 행복의 신경전달물질인 도파민을 생성합니다. 앞서 '신뢰 발생의

---

14) 폴 잭, 트러스트 팩터, 이주영 역, 매일경제신문사, 2018.

근원과 신경경제학' 절에서 도파민 생성과 뇌 영역의 반응을 학습하였습니다. 만약 당신이 함께 일하는 구성원들로부터 이러한 큰 칭찬을 받고 행복감을 느끼게 된다면, 당신도 구성원들에게 행복감을 느끼게 하고픈 동기가 생길 것입니다. 구성원들이 서로에게 행복감을 느끼게 해주고픈 마음이 든다는 것은 구성원들 간 신뢰가 증진되었음을 의미합니다. 구성원들 간 신뢰 증진은 더욱 원활한 팀워크를 조성하고 업무 성과도 더욱 제고할 수 있습니다. 이러한 효과가 극대화되는 칭찬의 형태는 **개인적** 혹은 **사익 추구적**으로 이루어지기보다는 **사회적** 혹은 **사회 환원적**으로 이루어지는 것이 개인에게도 조직 전체에도 더욱 높은 성과를 달성하는 데 도움이 된다고 알려져 있습니다. 예를 들어, 2013년

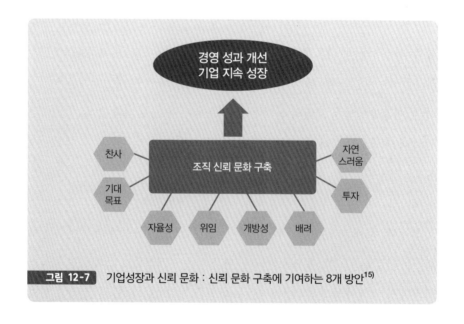

그림 12-7 기업성장과 신뢰 문화 : 신뢰 문화 구축에 기여하는 8개 방안[15]

---

15) 앞의 책(2018) 내용 재구성.

랄린 아닉 연구팀은 벨기에 제약회사의 영업 직원들에게 다음 두 가지 유형의 금전적 보너스 중 하나를 선택하게 하는 실험을 하였습니다.[16] 첫 번째 유형의 **개인적 조건**에서는 금전적 보너스 15유로를 자기 자신에게 쓰게 하였고, 또 다른 두 번째 유형의 **사회적 조건**에서는 보너스 15유로를 팀 동료에게 쓰게 하였습니다. 연구팀은 다음 달 판매 실적을 추적한 결과, 자기 자신을 위해 보너스를 사용한 직원들의 평균 판매 실적은 4.5유로가 높아진 반면, 사회적 조건의 유형으로 팀 동료를 위해 보너스를 쓴 직원들의 판매 실적은 무려 78유로가 높아졌다고 합니다.

폴 잭은 기업 조직 내 신뢰 문화 구축을 위한 두 번째 방안으로서 **기대목표**가 적절하게 설정될 필요가 있다고 주장합니다. 도전적이지만 달성이 가능한 기대목표치를 설정하면, 뇌의 보상 시스템이 작동하여 조직 구성원들은 이 목표 달성을 위하여 최선을 다할 것이고 이렇게 최선을 다하는 작업이 매우 매력적이고 즐겁게 느껴질 수 있다는 것입니다. 그래서 조직 구성원들이 각자의 환경과 부합된 기대목표를 설정하여 상호 협동을 통해 목표를 달성하면 자연스럽게 조직의 성과물도 만들어질 수 있습니다.

폴 잭이 주장하는 세 번째 방안인 **자율성**은 조직의 직원들로 하여금 자신의 업무 프로젝트를 어떻게 수행할지에 대한 선택권을 가지게 하는 것을 의미합니다. 직원들이 자신이 현재 수행하고 있는 업무에 대하여 이러한 선택권을 가지지 못하는 조직 문화에서는, 관리자가 시키는 대로만 일을 하게 되는 매우 수

---

16) L. Anik et al., "Prosocial Bonuses Increase Employee Satisfaction and Team Performance", *PLOS ONE*, September 18, 2013. https://doi.org/10.1371/journal.pone.0075509. 폴 잭, 트러스트 팩터, p. 62에서 재인용.

동적인 직원으로 전락하게 될 것입니다. 직원들에게 업무 자율성을 부여한다는 것은 곧 직원들을 신뢰한다는 것을 의미합니다. 자율성 부여로 신뢰 문화가 구축된 기업일수록 성공 가능성과 발전 가능성은 더욱 높아질 것입니다. 물론 직원들에게 무작정 자율성을 부여하고 그들이 하는 일을 방치하는 것도 바람직한 방법이라 할 수 없습니다. 반드시 업무담당자와 경영진 간의 공식적이고 정기적인 피드백을 통해 자율성과 업무 진행 방향성, 업무 달성 가능성이 조화를 이룰 수 있도록 수평적 업무 소통 시스템이 설계되어야 할 것입니다.

네 번째 방안인 **위임**은 자율성의 발전된 형태로서, 직원들에게 언제, 어디서, 어떻게 일할지 선택할 수 있는 자유, 즉 업무 수행의 **자기경영권**Self Management을 위임하는 것입니다. 위임은 최근 코로나 팬데믹과 같이 예상치 못한 상황이 발생하였을 때 빛을 발합니다. 코로나 팬데믹 시대에는 사회적 거리두기로 인해 일정한 시간에 일정한 장소에서 일정한 수의 근로자가 반드시 일률적인 근로 규칙에 얽매여 근무하기보다는 각자의 개인 공간에서 자신이 설계한 업무 환경 시스템을 이용하여 필요한 시간에 따라 원거리 소통을 통해 근무할 수 있는 능력을 갖춘 조직이 생존할 수 있었습니다. 코로나 팬데믹과 같은 특별한 재난 상황이 아닌 일상적 시대에도, 자신의 업무를 위임받은 직원일수록 자신의 업무에 더욱 큰 책임감을 가질 수 있을 뿐만 아니라 업무에 대한 전문성을 더욱 발전시킬 수 있도록 노력하기도 합니다. 따라서 자율성을 위임받은 직원은 자신이 조직으로부터 신뢰받고 있다는 느낌을 가질 것이며, 결국 업무 성과도 크게 제고될 수 있습니다. 이렇게 위임 경영을 실현하기 위해서는 앞서 제안한 세 가지 방안 즉 찬사, 기대목표, 자율성이 조직 업무 문화로 이미 마련되어 있어야 합니다. 이 세 가지 방안이 미리 구축되어 있지 않고서는 위임은 시도될 수 없습니다. 그리고 앞으로 시시각각 임시직 섭외를 필요로 하는 **긱 경제**^{Gig Economy}가 활성화될수록, 경영 문화에서 위임의 필요성은 더욱 강하게 요구될 것입니다. 위임은 이제 기업 경영의 선택 조건이 아니라 필수가 될 것입니다.

다섯 번째 방안인 **개방성**은 조직 내 정보가 특정인들만이 공유하는 것이 아니라 모든 구성원들에게 전달될 수 있는 조직 문화를 의미합니다. 즉 고용인만 정보를 독점하다가 시간이 지나면 일방통행식으로 피고용인들에게 이 정보가 전달되는 것이 아니라, 고용인-피고용인 양쪽 모두에게 조직 내 정보가 자유롭게 전달되고 상호 피드백이 이루어지는 **정보**의 개방성을 의미합니다. 상대적으로 폐쇄적 문화를 가진 조직에 비해 자신의 조직과 관련된 정보가 모두에게 공유될 수 있는 환경에서 구성원 간 신뢰 형성을 촉진시킬 수 있다는 논리를 담고 있습니다. 여섯 번째 방안인 **배려**는 조직 내 구성원들이 자신이 조직으로부터 배려받고 있다는 느낌을 받을 수 있는 조직 문화의 중요성을 이야기합니다. 직장에서든 일상의 삶에서든, 자신에게 최선을 다하고 성공을 위하여 노력하는 역량은 주변 사람들의 공감과 배려에서 나옵니다. 인간은 사회적 동물이고 사회적 선호와 상호의존적 선호를 가지고 있기에(제7장 참조), 우리는 직장 동료로부터 배려가 아닌 무례함을 받았다고 느끼게 되면 그들에게 최선을 다해 행동할 필요를 느끼지 않으며 최대한 빨리 그 직장을 떠날 생각만 하게 됩니다. 배려가 없는 조직에서 훌륭한 성과를 기대할 수 없습니다. 하지만 조직 구성원으로부터 받는 배려는 조직으로부터 신뢰를 받고 있다는 느낌을 가지게 하여 우리로 하여금 결국 최선을 다해 자신의 업무에 몰입하게 합니다. 배려가 있는 조직 문화는 그 조직의 성과 제고에 기여할 수밖에 없다고 말할 수 있는 것이지요.

폴 잭은 일곱 번째와 마지막 여덟 번째 방안으로 **투자**와 **자연스러움**을 역설하였습니다. **투자**는 직원들에게 자기 개발 기회를 제공하는 **직원에 대한 투자**를 의미합니다. 사실 고용주들은 신입 직원을 뽑을 때 최소 5~10년은 이 신입 직원이 가지고 있는 새로운 능력과 열정을 활용하려는 욕심을 가지고 있습니다. 하지만 이제 고용주들은 이러한 욕심을 버리고 신입 사원이 현재 가지고 있는 새로운 능력과 열정이 앞으로도 계속 유지될 수 있도록 지속적인 교육 개발 투자를 해야 하는 시대임을 깨달아야 할 것입니다. 만약 과거와 같은 마인드를 가지고 직원들의 자기 개발 투자를 등한시한다면, 조직에 대한 구성원들의 신뢰 부족이 야기될 것입니다. 물론 직원들의 교육 및 복지 증진을 위해 투자를 하고 싶어도 재정적으로 여력이 되지 않는 소규모 기업이나 조직도 있을 것입니다. 기업의 재정적 여건상 대기업만큼의 교육 및 복지 증진 프로그램 운영은 불가능하더라도, 할 수 있는 범위 내에서 직원들이 공감할 수 있는 직원에 대한 투자 문화는 충분히 만들어 낼 수 있습니다. 폴 잭은 자신의 연구소 직원 중 취미 활동으로 달리기를 매우 좋아하는 직원에 대하여 조깅 시간 투자를 통해 긍정적인 업무 성과가 나왔음을 증명하였습니다.[17] 여건이 허락되는 범위에서 최대한 직원들이 공감할 수 있는 직원 투자는 현실적으로 가능하고 효과도 만점임을 증명한 사례입니다.

여덟 번째 방안인 **자연스러움**은 표현 그대로 구성원들이 자연스러운 인간의 모습을 가지는 조직일수록 조직 내 신뢰가 형성될 수 있음을 말합니다. 조직 활동을 하다 보면, 자연스러운 인간의 모습을 남들에게 보이기가 점점 어려워집

---

17) 폴 잭, 트러스트 팩터, p. 209 참조.

니다. 직원들 앞에서 왠지 카리스마 있고, 결단력도 강하고, 위기에도 의연한 모습을 보이고, 성과를 내도 별것 아닌 것처럼 쿨한 모습을 보여야 한다는 강박관념에 휩싸이곤 합니다. 특히 리더의 위치에 있는 사람들에게 이런 모습을 더욱 강하게 요구하는 분위기가 있지요. 하지만 자연스러움이 결여된 모습을 억지로 만들어 낼 때마다 인간은 스트레스를 받습니다. 또한 이런 부자연스러운 모습을 연출해야 한다는 강박관념은 스스로에게 왜 나는 거짓된 모습을 보여야 하는지 회의를 가지게 하고, 이런 거짓된 모습으로 자신의 자연스러운 본모습을 숨기는 직장생활이 지속될수록 당연히 조직 구성원 간 신뢰도는 옅어질 수밖에 없습니다. 따라서 인간으로서의 자연스러움을 숨기지 않고 드러낼수록 구성원 간 신뢰도는 높아지게 되며 결국 구성원 간 신뢰감 형성은 조직 성과의 제고로 연결될 수 있습니다.

자연스러운 조직생활은 피고용인뿐만 아니라 고용인에게도 필요합니다. 조직의 중심부를 점령하고 조직원들을 통제하려는 지배자로서의 리더가 아니라, 조직원들의 의사를 경청하며 그들이 필요로 하는 것을 채워주려고 노력하는 리더가 오히려 조직의 신뢰도를 향상시키고 조직의 성과도 크게 제고할 수 있다고 합니다.[18] 소위 **하인 리더십**Servant Leadership의 시대가 도래하였음을 시사합니다.

위의 8개 신뢰 문화 형성 방안에 따른 기업성장에 대하여 더욱 자세한 정보와 설명이 필요하다면 폴 잭이 저술한 **트러스트 팩터**를 참조하길 바랍니다.

---

18) Sen Sendjaya & Andre Pekerti, "Servant Leadership as Antecedent of Trust in Organizations", *Leadership and Organization Development Journal*, 31(7), 2010, pp. 643~663.